STUDIES IN GLOBAL EQUITY

New Patterns for Mexico

Nuevas Pautas para México

STUDIES IN GLOBAL EQUITY

New Patterns for Mexico

OBSERVATIONS ON REMITTANCES, PHILANTHROPIC GIVING, AND EQUITABLE DEVELOPMENT

Nuevas Pautas para México

OBSERVACIONES SOBRE REMESAS, DONACIONES FILANTRÓPICAS Y DESARROLLO EQUITATIVO

EDITOR / COMPILADORA
BARBARA J. MERZ

Distributed by Harvard University Press
Cambridge, Massachusetts, and London, England 2005

Library of Congress Cataloging-in-Publication Data

New patterns for Mexico : observations on remittances, philanthropic
    giving, and equitable development = Nuevas pautas para México :
    observaciones sobre remesas, donaciones filantrópicas y desarrollo
    equitativo / editor/compiladora, Barbara J. Merz.
        p. cm. – (Studies in global equity)
    Includes bibliographical references and index.
    ISBN 0-674-01975-X (alk. paper)
        1. Emigrant remittances—Mexico. 2. Emigrant remittances—
    United States. 3. Mexico—Emigration and immigration. 4. United
    States—Emigration and Immigration. I. Title: Nuevas pautas para
    México. II. Merz, Barbara J. (Barbara Jean), 1974- III. Series

HG3916.N49 2005
332.4′5′0869120973—dc22
                                                        2005050309

Cover design by Jill Feron/FeronDesign, South Hamilton, MA.

Contents / Índice General

Preface

Building upon our research on diaspora giving to India and China,[1] the Global Equity Initiative at Harvard University began this investigation on the role of cross-border giving from the United States to Mexico. The aim of this work is to increase understanding, and thereby ultimately enhance the effectiveness of private support for equitable development. We commissioned a set of research papers, and in November 2004 a group of 20 researchers, scholars, and practitioners gathered in Zacatecas, Mexico, to review the findings. Researchers and advisory board members drew together to share and refine thinking on issues related to remittances, migration, and private social investment. From that shared conversation sprang this volume.

As the conversation about these ideas has grown, we owe a tremendous debt of gratitude to many for sharing their knowledge and talents. Foremost, the Global Equity Initiative would like to thank the authors who join us in this volume: Katrina Burgess, Emmanuelle Bouquet, Rodolfo García Zamora, Doris Meissner, Manuel Orozco, and Katherine Welle. Each has shared perspectives and insights to push forward this work.

Our advisory board has proved invaluable in this process, and its members deserve our deep appreciation: Patricia Boero, director, Transnational Programs, Hispanics in Philanthropy; Adriana Cortés Jiménez, director, the Bajío Community Foundation; Óscar A. Chacón and Amy Shannon, directors, Enlaces América at the Heartland Alliance for Human Needs and Human Rights; Rafael Fernández de Castro, academic dean of the Department of International Studies, Instituto Tecnológico Autónomo de México (ITAM); Mario Luis Fuentes, professor of political and social sciences, Universidad Nacional Autónoma de México (UNAM); Roberto Ramírez, founder, the Jesús-Guadalupe Foundation; Rodrigo Rubio, deputy director for Commercial Business, Telmex; and Martha Smith de Rangel, co-founder, Fundación del Empresariado en México (Fundemex).

In particular, we have been fortunate to have the support of Mexican researchers who have provided guidance for this project: Alejandro Villanueva, Felicia Knaul, José Cuauhtémoc Valdés Olmedo, Héctor Arreola Ornelas, and Luz María Moreno. For sharing ideas and information that

---

[1] The findings of that research are reported in *Diaspora Philanthropy and Equitable Development in China and India*, edited by Lincoln Chen, Peter Geithner, and Paula Johnson (Cambridge, MA: Harvard University Press, 2005).

were helpful in the writing of her chapter, Emmanuelle Bouquet would also like to acknowledge Isabel Cruz, Asociación Mexicana de Uniones de Crédito del Sector Social (AMUCSS); Solène Morvant, University of Lyon; Guadalupe Mendoza, the Hewlett Foundation; Marcela Gessaghi, ProDesarrollo; and David Myhre, the Ford Foundation.

Of course, this book would not have come together without the tireless publication team: Juan de Dios Barajas Cárdenas, Sandra del Castillo, Jill Feron, Linda Gregonis, Patricia Rosas, Mario Samper, and Laura Temes. Patricia deserves our special thanks for her indefatigable management of this bilingual process. It has been a marvel to see this team polish and hone the words, carriers of these ideas, as they flow back and forth between Spanish and English.

Carrying these ideas forward into action has been an important unifying theme for the project. The participants at the Harvard workshop in Cocoyoc, held April 5–6, 2005, deserve our thanks for contributing ideas for addressing equity, especially with regard to increasing the availability of financial services. New faces that joined the effort at the Cocoyoc conference include: Pilar Campos Bolaños, Óscar Chacón, Carola Conde Bonfil, Carmelino Cruz, Isabel Cruz, Ramón Enríquez, Vincente Fenoll, Efraín Jiménez, Alejandro Junco de la Vega, Richard Kiy, Mónica Medel, Guadalupe Mendoza, Gabriel Monterrubio, Clemencia Muñoz-Tamayo, David Myhre, Mary O'Keefe, Germán Palafox, Alma Quintero, Daniel Reséndiz, Jorge Terrazas, and Gregory Watson.

The Global Equity Initiative gratefully acknowledges the financial support of the World Bank and the Government of the Netherlands for this project. We would like to thank the Ford Foundation for its support for the Global Equity Initiative's Philanthropy Program, and the Rockefeller Foundation for its general support of the organization, which makes the Philanthropy Program possible. We would also like to express our deep gratitude to the Hewlett Foundation for its support of this investigation and, more broadly, for its belief in the importance of research on international giving and strategic philanthropy. The Hewlett Foundation's work in Mexico reflects a deep appreciation of the time and dedication required of foundations to understand, and therefore effectively support, complex social change.

Personally, it has been a pleasure to work with the entire team at the Global Equity Initiative, especially those who have dedicated their time to this project: Lincoln Chen, Peter Geithner, Paula Johnson, Carol Kotilainen, Susan McHone, Erin Judge, Victoria Manuelli, and Iris Tuomenoksa. I would like to thank my colleagues at the Hauser Center at Harvard University, a place where academic rigor and camaraderie allow for important explorations of philanthropy and civil society. Finally, I would also like to thank CR Hibbs, for her encouragement and grace; the Núñez family, for sharing their home in Mexico; and, of course, David Grayce, for his love.

NOTES ON THE TEXT

Three brief notes on the structure of the volume: First, this is a bilingual volume. In order to get richer, more articulate reflections on complex issues, the chapters were commissioned in the author's preferred language—either Spanish or English. Each chapter was then translated, and we have published both versions here since our intended readership spans the two languages. Second, to avoid redundancy, the bibliography for each chapter is printed only once, following the Spanish version. Finally, each chapter is meant as a stand-alone piece for those interested in specific aspects of this research agenda. However, each of the authors has noted, through parenthetical references, those places where a given topic has been examined in greater depth elsewhere in the volume.

This volume is intended to inspire debate and dialogue on both sides of the border about how to increase the quantity and effectiveness of resources dedicated to equitable development in Mexico. This project demonstrates that by stimulating exchange and widening the circle of stakeholders, we begin to unearth areas where understanding may catalyze equity advancements. It is an honor to be in the company of talented thinkers, writers, and practitioners devoted to these issues.

—Barbara J. Merz, Cambridge, 2005

Prefacio

Apoyándose en nuestro estudio sobre las donaciones de la diáspora a India y China,[1] la Global Equity Initiative de la Universidad de Harvard comenzó esta investigación sobre el papel de las donaciones transfronterizas entre Estados Unidos y México. El propósito de este trabajo es mejorar la comprensión y por consiguiente, en última instancia, la eficacia del apoyo privado al desarrollo equitativo. Encargamos para ello un conjunto de trabajos de investigación, y en noviembre del 2004 se reunió en Zacatecas, México, un grupo de 20 investigadores, académicos y profesionales vinculados a la problemática con el fin de revisar los resultados obtenidos. Los investigadores y los miembros del comité asesor se integraron para compartir y redefinir la reflexión sobre cuestiones atinentes a las remesas, las migraciones y la inversión social privada. Esta obra surgió de esa conversación conjunta.

A medida que ha ido creciendo el intercambio de opiniones en torno a estas ideas, hemos adquirido una enorme deuda de gratitud con muchos por compartir su conocimiento y sus talentos. En primer lugar, la Global Equity Initiative agradece a los autores y autoras que se incorporan a nuestro grupo en este volumen: Katrina Burgess, Emmanuelle Bouquet, Rodolfo García Zamora, Doris Meissner, Manuel Orozco y Katherine Welle, quienes han aportado sus perspectivas y discernimiento para impulsar esta obra.

Nuestro comité asesor ha sido de incalculable valía en este proceso, y estamos profundamente agradecidos con sus miembros: Patricia Boero, directora de Programas Transnacionales en Hispanics in Philanthropy; Adriana Cortés Jiménez, directora de la Bajío Community Foundation; Óscar A. Chacón y Amy Shannon, directores de Enlaces América en la Heartland Alliance for Human Needs and Human Rights; Rafael Fernández de Castro, académico decano del Departamento de Estudios Internacionales del Instituto Tecnológico Autónomo de México (ITAM); Mario Luis Fuentes, profesor de ciencias políticas y sociales en la Universidad Nacional Autónoma de México (UNAM); Roberto Ramírez, fundador de la Fundación Jesús-Guadalupe; Rodrigo Rubio, subdirector comercial de

---

Traducido por Mario Samper.

[1] Los resultados de esa investigación se presentan en *Diaspora Philanthropy and Equitable Development in China and India*, editado por Lincoln Chen, Peter Geithner y Paula Johnson (Cambridge, MA: Harvard University Press, 2005).

negocios en Telmex, y Martha Smith de Rangel, cofundadora de la Fundación del Empresariado en México (Fundemex).

Hemos sido especialmente afortunados por contar con el apoyo de investigadores mexicanos que nos han orientado en el desarrollo de este proyecto: Alejandro Villanueva, Felicia Knaul, José Cuauhtémoc Valdés Olmedo, Héctor Arreola Ornelas y Luz María Moreno. En particular, Emmanuelle Bouquet agradece a Isabel Cruz, de la Asociación Mexicana de Uniones de Crédito del Sector Social (AMUCSS); a Solène Morvant, de la Universidad de Lyon; a Guadalupe Mendoza, de la Fundación Hewlett; a Marcela Gessaghi, de ProDesarrollo, y a David Myhre, de la Fundación Ford, por compartir ideas e informaciones que fueron de gran ayuda en la redacción de su capítulo.

Por supuesto, este libro no hubiera visto la luz sin el incansable equipo de publicación: Juan de Dios Barajas Cárdenas, Sandra del Castillo, Jill Feron, Linda Gregonis, Patricia Rosas, Mario Samper y Laura Temes. Agradecemos especialmente a Patricia por su infatigable labor de conducción en este proceso bilingüe. Ha sido maravilloso ver a este equipo pulir y afinar las palabras, portadoras de las ideas, a medida que fueron fluyendo en una y otra dirección entre el castellano y el inglés.

La conversión de estas ideas en acciones ha sido un importante tema unificador del proyecto. Debemos agradecer a los participantes en el taller que Harvard organizó en Cocoyoc los días 5 y 6 de abril de 2005 por aportar ideas para abordar el tema de la equidad, especialmente en lo referente al incremento de la disponibilidad de los servicios financieros. Entre los nuevos rostros que se unieron a este esfuerzo en la conferencia de Cocoyoc se cuentan los siguientes: Pilar Campos Bolaños, Óscar Chacón, Carola Conde Bonfil, Carmelino Cruz, Isabel Cruz, Ramón Enríquez, Vicente Fenoll, Efraín Jiménez, Alejandro Junco de la Vega, Richard Kiy, Mónica Medel, Guadalupe Mendoza, Gabriel Monterrubio, Clemencia Muñoz-Tamayo, David Myhre, Mary O'Keefe, Germán Palafox, Alma Quintero, Daniel Reséndiz, Jorge Terrazas y Gregory Watson.

La Global Equity Initiative agradece el apoyo financiero que brindaron al proyecto tanto el Banco Mundial como el gobierno de los Países Bajos. De igual forma, agradece la ayuda de la Fundación Ford al Programa de Filantropía de Global Equity Initiative y el apoyo de la Fundación Rockefeller a la organización en general, el cual hace posible el referido programa. También queremos expresar nuestro profundo agradecimiento a la Fundación Hewlett por su apoyo a esta investigación y, en forma más amplia, por creer en la importancia de la investigación en el tema de las donaciones

internacionales y la filantropía estratégica. El trabajo de esta fundación en
México refleja una clara valoración del tiempo y la dedicación que se requieren de las fundaciones para comprender la complejidad del cambio
social y, por consiguiente, para apoyarlo con eficacia.

Personalmente, ha sido un placer trabajar con el equipo de la Global
Equity Initiative, en especial con quienes han dedicado su tiempo a este
proyecto: Lincoln Chen, Peter Geithner, Paula Johnson, Carol Kotilainen,
Susan McHone, Erin Judge, Victoria Manuelli e Iris Tuomenoksa. Quiero
agradecer a mis colegas del Hauser Center de la Universidad de Harvard,
un lugar donde el rigor académico y la camaradería propician que se reali-
cen importantes exploraciones acerca de la filantropía y la sociedad civil.
Finalmente, también quiero agradecer el estímulo y la gentileza de CR
Hibbs; a la familia Núñez, por compartir su hogar en México, y por supuesto, a David Grayce, por su amor.

NOTAS SOBRE EL TEXTO

Tres breves anotaciones sobre la estructura de la obra: Primero, éste es un
volumen bilingüe. A fin de obtener reflexiones más ricas y expresivas sobre
cuestiones complejas, los capítulos fueron encargados en el idioma original
del autor o autora, ya fuese el español o el inglés. Cada capítulo fue después traducido, y hemos publicado aquí las dos versiones puesto que nos
dirigimos a lectores de ambos idiomas. Segundo, para evitar la redundan-
cia, la bibliografía de cada capítulo se imprime solamente una vez, ajus-
tándose a la versión en español. Finalmente, cada capítulo constituye una
unidad independiente para quienes se interesan en aspectos específicos de
esta agenda de investigación. Sin embargo, cada autor o autora ha señalado, mediante referencias en paréntesis, aquellos puntos en los que determinado tema se analiza con mayor profundidad en otra parte del libro.

Esperamos que esta obra genere debate y diálogo entre ambos lados de
la frontera sobre cómo incrementar la cantidad y eficacia de los recursos
dedicados al desarrollo equitativo en México. Este proyecto demuestra que
con el estímulo a los intercambios y la ampliación del círculo de partes
interesadas se comienza a sacar a luz áreas cuya comprensión puede fungir
como catalizador de avances en lo referente a la equidad. Es un honor estar
en compañía de tan talentosos pensadores, escritores y profesionales dedicados a estas cuestiones.

—Barbara J. Merz, Cambridge, 2005

CHAPTER 1

New Patterns for Mexico

BARBARA J. MERZ

Most thinking about philanthropic giving focuses on the transfer of financial resources from the wealthy to the poor. New patterns of giving to Mexico challenge this narrow conception. While traditions of giving in Mexico have deep, historic roots—dating back to pre-Hispanic communal assistance, nineteenth-century charitable associations, and the more recent expansion of civil society and the philanthropic sector—the growing migration of Mexicans to the United States has fundamentally reshaped patterns of giving.

Increasing attention is being paid to cross-border flows into Mexico. It is well established that remittances to Mexico are significant—recently estimated to be over $16 billion annually—and growing. Remittances exceed foreign direct investment and dwarf overseas development aid to the country. Although Mexican migrants have garnered attention for the scale of the remittances they send back to their families and relatives in Mexico, there is also mounting interest in the small, yet rapidly growing, trend of migrant philanthropy.

Through many small, local initiatives, Mexican migrant communities in the United States have organized themselves into groups—often referred to as "hometown associations" (HTAs)—to raise money for their communities of origin in Mexico. Throughout the United States, over one million Mexican immigrants are financing community benefits by purchasing buses and ambulances, supplying seed funding for small-scale business endeavors, and building local schools, roads, bridges, and water and electric systems in Mexico. HTA giving, although growing, constitutes a small share of cross-border transfers. However, unlike family remittances, these resources are explicitly directed to community development in Mexico.

The Mexican government, recognizing the public value of these efforts, has attempted to stimulate this giving through programs that match three pesos for each peso invested by a hometown association in community projects. The government, however, is not the only actor supporting migrant philanthropy. Philanthropic foundations and civil society organizations are also seeking ways to augment the positive benefits of HTA engagement.

Although these migrant philanthropists are not wealthy in the same way as high-profile philanthropists, such as Bill Gates, George Soros, or Ted Turner, the collective impact of migrant giving raises questions related to the role of the state, the consequences for local governance and accountability, and the sustainability of this source of funds for development. Migrant philanthropic activity also tests long-held notions about how various stakeholders may align to achieve development goals.

Given the engagement of new actors and emerging partnerships, the time is ripe for a deeper examination of how cross-border giving can enhance equitable development. Two framing questions guide this inquiry: (1) How can equitable development be defined? and (2) how does that definition apply to Mexico? Based upon this framework, the contributors to this volume illuminate various aspects of the emerging patterns of cross-border giving and equitable development in Mexico.

HOW CAN EQUITABLE DEVELOPMENT BE DEFINED?

Equity is about justice, impartiality, and fairness. The concept of equity differs from equality in that equalities describe objective differences. Equity takes a normative stance regarding inequality. Not all inequality is bad; indeed some may be necessary, but some forms and degrees are offensive or unacceptable. When a child is abused or denied basic education, it is both inequitable and offensive. Given the capacity for worldwide distribution of life-saving drugs, that many HIV+ people are denied the benefits of those drugs is inequitable. Global equity is a moral issue, an economic issue, a security issue, and a political issue. Any development effort that seeks to address inequity, therefore, must determine which inequalities are unfair and which demand public intervention.

Nobel Prize–winning economist Amartya Sen, senior fellow with the Global Equity Initiative at Harvard University, has conceptualized equitable development as the effort to promote human capability through expanding the range of things that all people can choose to be or to do with their lives. Equitable development seeks to remove obstacles, such as illiteracy, ill health, lack of access to basic resources, or lack of civil and politi-

cal freedoms (Fukuda-Parr 2003). Thus, indicators of equitable development are those that affect people's lives and capabilities, such as nourishment, a respectable standard of living, health, longevity, opportunities to
acquire individually and socially valuable knowledge, basic human rights
protections, and the ability to participate meaningfully in community life.
These challenges are disproportionately, though not exclusively, borne by
the most vulnerable members of society.

In seeking to redress inequities, a focus on human capability and
achievement requires that we consider not only individuals but also the
social structures and policies that enhance or diminish the distribution of
individual freedoms. An equity approach calls on the responsibility of the
powerful as well as of the marginalized. Chronic inequity might stem from
a poor educational system, a lack of investment capital, regressive taxation,
or a corrupt political system. Remedying these inequities requires a systemic approach, one that addresses combinations of these individual and
societal factors.

Any examination of equitable development must consider the global
agenda related to equity charted at the turn of the millennium. In September 2000, at the United Nations Millennium Summit, world leaders agreed
to a set of time-bound and measurable goals and targets for combating
poverty, hunger, disease, illiteracy, environmental degradation, and dis-
crimination against women. Placed at the heart of the UN agenda is a set of
eight aspirations, known as the Millennium Development Goals (MDGs).
Governments around the world have publicly committed themselves to
these goals, and they have galvanized domestic activity to achieve them.
The MDGs represent a broad commitment by UN member states to reach
this agreed-upon set of global targets. The onus for achieving these goals
falls in part to national and subnational leaders.

WHAT ARE SOME OF MEXICO'S KEY EQUITY CHALLENGES?

The Millennium Declaration was signed by President Vicente Fox and rati-
fied by the Mexican Congress. The Mexican government has articulated its
commitment to achieving the goals and to disaggregating the indicators to a
subnational level in order to identify disparities between the Mexican states
and to create a tailored list of development goals that extend beyond the
MDGs (Fuentes and Montes 2003). Questions remain regarding how to
support these efforts, the quantity of resources required, and whether or how
private giving might facilitate the emerging domestic development agenda.

Although Mexico is a much more prosperous country today than it was just decades ago, its economic gains have been accompanied by grave, and growing, economic and social inequities. Inequities exist in access to health care and educational opportunity and in less tangible areas, such as democratic freedoms and human security. Economic and social disparities are exacerbated by gulfs between North and South, urban and rural populations, men and women, and ethnic divides. It appears that many of these gaps are widening.

Some 45 million Mexicans out of a total population of 105 million are poor (living on less than $2 per day), while 10 million of those survive in extreme poverty (living on less than $1 per day), without a reliable supply of basic foodstuffs or clean water. Although there have been substantial improvements in the country's development indicators, national achievements mask vast demographic disparities. For example, the incidence of preventable illness, such as respiratory disease, doubles among poor families. Infant mortality rates range from nine deaths per 1,000 live births in the richest municipalities to 103 in the poorest areas (Barraza-Lloréns 2002). Market opportunity, too, is gravely unequal: The rural economy generates barely 5% of GDP but employs one-fifth of Mexico's labor force (World Bank 2001, 12).

Equitable educational achievement in Mexico, another fundamental lever for development, also fares poorly. On average, four out of five individuals in Canada and the United States have attained at least upper secondary education, as compared to only one in five in Mexico (Reimers 2003, 46). Over the last generation, education in Mexico has expanded, and most children have had the opportunity to surpass their parents' educational levels (Reimers 2002). Nevertheless, despite the expanded enrollment, ultimate educational achievement remains inequitably determined by the socioeconomic status of the child's household.

Cultural inequities exacerbate social and economic disparities. About one in 10 Mexicans self-identifies as indigenous. The country's indigenous communities are often based in remote rural areas where native languages, rather than Spanish, may be spoken. These geographic and linguistic characteristics can limit indigenous peoples' access to mainstream development programs. The southern states of Chiapas, Guerrero, and Oaxaca have the highest percentages of indigenous people. Life expectancy, educational attainment, and per capita GDP in those states are significantly lower than elsewhere in Mexico.

Although regional disparities within Mexico are vast, they are over-shadowed by the scale of opportunities available on the other side of its northern border. The income gap between the United States and Mexico is the largest between any two contiguous countries in the world. This ine-quality gives rise to a flood of emigration by Mexico's working-age popula-tion to pursue economic opportunities in the United States. Several chapters in this volume consider the consequences of migration for communities of origin in Mexico and examine the emerging role that Mexico's diaspora plays in promoting equity in migrants' home communities. The geographic proximity of Mexico and the United States enables Mexican immigrants to maintain strong familial, cultural, economic, and political ties to their homeland. This has, in part, contributed to the growing quantity of re-sources flowing across the border.

Both movement across borders and giving back to one's community are centuries-old traditions, but the vastness of the current scale, in both hu-man and economic terms, makes today's cross-border giving from the United States to Mexico particularly pertinent for development. With ac-celerating transnational financial flows and increasing numbers of migrant communities in the United States, disparities have grown between those who have been fortunate enough to emigrate and those who have not, or cannot. Possible equity issues confronting those left behind include heavier familial burdens, less demographically balanced communities, and an increasing dependence on transfusions of cash from abroad.

The chapters that follow represent a range of perspectives, yet they share certain principles. They share a view, espoused by many in the field, that the first principle of development is to "do no harm." This principle requires recognition that remittances are private resources, privately earned and privately owned. These funds belong to the migrants who worked to earn them or to the families to which they are sent. Despite the promising potential for remittance flows, migrants cannot and should not assume primary responsibility for development in the communities they left behind. The research in this volume explores the role of those resources already committed to equitable development.

The volume begins with an analysis of data collected in Fall 2004 by Rodolfo García Zamora and his team of researchers at the Universidad Autónoma de Zacatecas. Their research helps us to better understand the impact of remittances at the micro level. To collect data on the effect of international migration and remittances at the household level, researchers administered 270 household surveys in Jerez, a town in northern Mexico that has experienced high out-migration for many decades. The results reveal that although those households receiving remittances experience higher standards of living, inequity within the community as a whole has also increased, due to new disparities with respect to households that do not receive remittances.

In order to stimulate local development, most experts agree that Mexico needs to foster entrepreneurship and investment. Emmanuelle Bouquet presents a compelling case that equitable development depends, in part, on the reform of Mexico's banking sector, particularly by improving access to the financial system for Mexico's rural communities. In her chapter, she argues that limited financial access for the working class and the poor presents an opportunity. Financial institutions in the United States and Mexico could begin to link remittance transfers to deeper penetration and more widespread availability of financial services on both sides of the border. Philanthropic foundations, in particular, she argues, could support efforts to facilitate access to financial services for migrants and their communities of origin.

Katrina Burgess situates current inequities within a historic pattern of centralized decision-making and concentrated wealth. A small minority has long controlled Mexico's political power and resources. Consequently, local government has been largely ineffectual in addressing persistent gaps between the haves and the have-nots. The chapter raises a series of provocative questions that examine whether political decentralization and the influx of new resources from migrants may contribute to the emergence of democratic local governance in some Mexican municipalities.

Manuel Orozco and Katherine Welle assess the opportunities and challenges for HTA development projects by setting forth a framework using four criteria—ownership, correspondence, sustainability, and replicability—to analyze selected HTA projects in Jerez, Zacatecas. This chapter is based on extensive interviews with HTA leaders and provides concrete examples of productive projects that HTAs currently support.

In our chapter, Lincoln Chen and I examine the evolution of philanthropic activity in Mexico by leading American foundations. We maintain that foundations can play a pivotal role in advancing equity, but the potential for American foundations operating in Mexico has not yet been realized. The chapter highlights avenues for leveraging philanthropy's role in promoting equitable development. We recommend that foundations continue to work strategically with Mexico's civil society sector and to create deeper links with HTA leaders to promote equitable development.

In the concluding essay to this volume, Doris Meissner, Immigration and Naturalization Service (INS) Commissioner under President Clinton, discusses the implications of these research findings for U.S. and Mexican policymakers. She looks ahead and observes that amid a rapidly evolving migration landscape, policymakers must ask: What are the likely consequences for individuals, families, and communities in Mexico when remittance flows wane or disappear? In order to leverage the development potential of current cross-border flows, policies on both sides of the Mexico-U.S. border require fuller analysis and understanding of the realities of migration, the utilization patterns and unintended externalities of those funds, and the extent of inequity.

In an era characterized by the frequent movement of people within and across national borders, growing awareness of the regional disparities in earning power, and the presence of technology to facilitate long-distance communication and financial transfers, it should be no surprise that migration between two major modern nations would affect our preconceptions of both the "who" and "how" of cross-border giving. Although private giving from the United States to Mexico is growing in significance, the impact of these resources remains insufficiently understood.

The research in this book raises important but unresolved questions, inviting further discussion and analysis. Areas of future inquiry include a closer examination of the opportunity costs of investments by Mexican immigrants who are shouldering part of the development burden for their homeland; a deeper study of the current and lasting legacy of the government's Three-for-One matching program, especially in light of political uncertainty; and vigorous debate over what to do when cross-border flows shift or greatly diminish. The chapters that follow are part of a continuing conversation. Each seeks to advance understanding and highlight potential implications for policy and practice in both the United States and Mexico.

As Carlos Fuentes wrote in A New Time for Mexico: "We do not choose our parents or our neighbors. But we do choose our friends. We must find ways to live together, cooperate, understand our differences, respect them, but also work for all the things that build our friendship, our common interests, our mutual responsibilities" (Fuentes 1997, 179). Perhaps today, as emerging giving patterns connect communities across the Mexico-U.S. border, we may begin to realize Fuentes's challenge at a transnational level by building friendships, advancing common interests, and better serving our mutual responsibilities to address inequity.

CAPÍTULO 1

Nuevas Pautas para México

BARBARA J. MERZ

La mayor parte del pensamiento acerca de las donaciones filantrópicas está centrada en la transferencia de recursos financieros de los ricos a los pobres; pero las nuevas pautas de las donaciones a México contravienen esta estrecha concepción. Si bien las tradiciones de donación en México tienen hondas raíces históricas –que se remontan a la ayuda comunal prehispánica, a las asociaciones caritativas decimonónicas y a la más reciente expansión de la sociedad civil y del sector filantrópico–, la creciente migración de mexicanos a los Estados Unidos ha replanteado de manera fundamental las pautas de donación.

Los flujos transfronterizos hacia México han sido objeto de atención creciente. Se ha documentado con amplitud que esas remesas a México son significativas –una reciente estimación indica que superan los US$16 mil millones por año– y que se están incrementando. Su monto sobrepasa al de la inversión extranjera directa y supera con creces el que recibe el país del exterior como ayuda para su desarrollo. Aunque la atención a los migrantes mexicanos se ha enfocado en el tamaño de las remesas que envían a sus familias y parientes en México, también hay un cada vez mayor interés en la pequeña, pero rápidamente creciente, tendencia hacia la filantropía de migrantes.

A través de muchas pequeñas iniciativas locales, las comunidades de migrantes mexicanos en los Estados Unidos se han organizado en grupos – a menudo llamados "clubes de migrantes"– para recaudar fondos para sus comunidades de origen. En toda la Unión Americana, más de un millón de inmigrantes mexicanos están financiando mejoras para esas comunidades mediante la compra de autobuses y ambulancias, con capital semilla para pequeñas iniciativas empresariales y con la construcción de escuelas, carre-

Traducido por Mario Samper.

teras, puentes y sistemas de agua y electricidad. Las donaciones de los clubes de migrantes, aunque crecen rápidamente, todavía constituyen una pequeña proporción de las transferencias transfronterizas; sin embargo, a diferencia de las remesas familiares, se orientan explícitamente al desarrollo comunal en México.

El gobierno mexicano, consciente del valor público de estos esfuerzos, ha procurado estimular estas donaciones mediante programas que dan una contrapartida de tres pesos por cada peso que invierten los clubes de migrantes en proyectos comunales. Sin embargo, el gobierno no es el único actor que apoya a la filantropía de migrantes. Las fundaciones filantrópicas y las organizaciones de la sociedad civil también están buscando formas de aumentar los efectos positivos del involucramiento de los clubes de migrantes.

Aunque estos filántropos migrantes no son tan ricos como los filántropos de elevado perfil, como Bill Gates, George Soros o Ted Turner, el impacto colectivo de las donaciones de migrantes plantea cuestiones acerca del papel del Estado, las consecuencias para la gobernanza local y la rendición de cuentas, y la sostenibilidad de esta fuente de fondos para el desarrollo. La actividad filantrópica migrante también pone a prueba concepciones de larga data acerca de cómo pueden alinearse diversas partes interesadas para lograr metas de desarrollo.

Debido al involucramiento de nuevos actores y a las alianzas que están surgiendo, el momento es oportuno para analizar con mayor profundidad cómo pueden las donaciones transfronterizas intensificar el desarrollo equitativo. Dos preguntas delimitadoras orientan esta reflexión: (1) ¿cómo puede definirse el desarrollo equitativo? y (2) ¿cómo se aplica a México esa definición? Con base en este marco de referencia, los autores de esta obra arrojan luz sobre diversos aspectos de las pautas emergentes en cuanto a las donaciones transfronterizas y el desarrollo equitativo en México.

¿CÓMO PUEDE DEFINIRSE EL DESARROLLO EQUITATIVO?

La equidad se refiere a la justicia, la imparcialidad y el trato justo. El concepto de *equidad* difiere del de *igualdad* por cuanto las igualdades describen diferencias objetivas. La equidad asume una postura normativa acerca de la desigualdad. No toda desigualdad es mala, y de hecho algunas desigualdades pueden ser necesarias, pero ciertas formas y grados de desigualdad son ofensivos o inaceptables. Cuando un niño sufre abuso o se le niega la educación básica, esto es a la vez inequitativo y ofensivo. Dada la capacidad de distribución mundial de medicamentos que pueden salvar vidas, el hecho de que a muchas personas seropositivas se les nieguen los beneficios de esas medicinas es inequitativo. La equidad mundial es una cuestión moral, una cuestión económica, una cuestión de seguridad y una cuestión política. Por consiguiente, cualquier esfuerzo de desarrollo que pretenda abordar la inequidad debe definir cuáles desigualdades son injustas y cuáles requieren de intervención pública.

El economista Amartya Sen, ganador del Premio Nobel e investigador distinguido de la Global Equity Initiative, en la Universidad de Harvard, ha conceptualizado el desarrollo equitativo como el esfuerzo por fomentar las capacidades humanas mediante la expansión de la gama de cosas que las personas pueden escoger ser o hacer con sus vidas. El desarrollo equitativo busca eliminar obstáculos tales como el analfabetismo, la mala salud, la falta de acceso a recursos básicos o la carencia de libertades cívicas y políticas (Fukuda-Parr 2003). Así, los indicadores del desarrollo equitativo son aquellos que afectan las vidas y capacidades de las personas, como la nutrición, un nivel de vida respetable, la salud, la longevidad, oportunidades para adquirir conocimiento social e individualmente valioso, la protección de los derechos humanos básicos y la capacidad de participar significativamente en la vida de la comunidad. Estas dificultades las enfrentan en forma desproporcionada, aunque no exclusiva, los miembros más vulnerables de la sociedad.

Al tratar de corregir inequidades, un enfoque centrado en las capacidades y logros humanos requiere que consideremos no sólo a los individuos sino también a las estructuras sociales y políticas que mejoran o deterioran la distribución de las libertades individuales. Un enfoque centrado en la equidad hace un llamado a la responsabilidad tanto de los poderosos como de los marginados. La inequidad crónica puede derivarse de un mal sistema educativo, de una falta de capital de inversión, de impuestos regresivos o de un sistema político corrupto. La corrección de estas inequidades requiere un enfoque sistémico que enfrente las combinaciones de estos factores individuales y sociales.

En cualquier análisis del desarrollo equitativo se debe tener en cuenta la agenda global referente a la equidad trazada en el cambio de milenio. En septiembre del 2000, en la Cumbre del Milenio de las Naciones Unidas, los dirigentes del mundo acordaron un conjunto de objetivos y metas mensurables y delimitadas en el tiempo para combatir la pobreza, el hambre, la enfermedad, el analfabetismo, la degradación ambiental y la discriminación contra las mujeres. En el corazón de la agenda de la ONU hay un conjunto de ocho aspiraciones, conocidas como las Metas de Desarrollo del Milenio (MDM), con las que se han comprometido públicamente los gobiernos de todo el mundo y han impulsado acciones en el plano nacional para lograrlas. Las MDM representan un amplio compromiso de los Estados miembros de la ONU con miras a lograr este conjunto de metas globales acordadas. La responsabilidad de lograr estas metas recae en parte en dirigentes nacionales y subnacionales.

¿CUÁLES SON ALGUNOS DE LOS RETOS FUNDAMENTALES DE MÉXICO EN LO REFERENTE A LA EQUIDAD?

La Declaración del Milenio fue firmada por el Presidente Vicente Fox y ratificada por el Congreso mexicano. El gobierno de México ha expresado su compromiso de lograr las metas y desagregar los indicadores en el plano subnacional a fin de identificar las disparidades entre los estados mexicanos y generar un listado de metas de desarrollo ajustado que vaya más allá de las MDM (Fuentes y Montes 2003). Quedan por responder preguntas acerca de cómo apoyar estos esfuerzos, qué cantidad de recursos se requieren y si las donaciones privadas podrían facilitar –y cómo– la naciente agenda de desarrollo interna.

Aunque México es un país mucho más próspero hoy que hace unas pocas décadas, sus logros económicos se han visto acompañados por graves y crecientes inequidades económicas y sociales. Hay inequidades en el acceso a los servicios de salud y a las oportunidades educativas, como también las hay en áreas menos tangibles, tales como las libertades democráticas y la seguridad humana. Las disparidades económicas y sociales se ven exacerbadas por las grandes brechas entre Norte y Sur, entre poblaciones urbanas y rurales, entre hombres y mujeres, y entre grupos étnicos. Todo parece indicar que muchas de estas brechas se están ensanchando.

Unos 45 millones de mexicanos, de una población total de 105 millones, son pobres (viven con menos de US$2 diarios), en tanto que 10 millones de estos pobres sobreviven en la pobreza extrema (con menos de US$1 al día), sin una fuente confiable de alimentos básicos o agua potable. Aunque ha habido mejoras sustanciales en los indicadores de desarrollo del país, los logros nacionales encubren grandes disparidades demográficas. Por ejemplo, la incidencia de males que es posible prevenir, tales como las enfermedades respiratorias, se duplica entre las familias pobres. Las tasas de mortalidad infantil varían entre nueve muertes por cada mil nacimientos vivos en los municipios más ricos y 103 en las zonas más pobres (Barraza-Lloréns

2002). Las oportunidades de mercado también son sumamente desiguales: la economía rural genera apenas un 5% del producto interno bruto (PIB) pero emplea a una quinta parte de la fuerza laboral de México (World Bank 2001, 12).

Los logros equitativos en educación en México, otra palanca fundamental para el desarrollo, también han tenido un pobre desempeño. En Canadá y Estados Unidos, en promedio, cuatro de cada cinco individuos han logrado al menos una educación secundaria avanzada; en comparación, sólo uno de cada cinco lo han logrado en México (Reimers 2003, 46). Durante la última generación se ha expandido la educación en México, y la mayoría de los niños han tenido la oportunidad de superar los niveles educativos de sus padres (Reimers 2002). No obstante, a pesar de la ampliación de la población matriculada, los logros educativos a fin de cuentas se ven determinados, en forma inequitativa, por la condición socioeconómica del hogar del niño.

Las inequidades culturales acentúan las disparidades sociales y económicas. Alrededor de uno de cada 10 mexicanos se identifica como indígena. Las comunidades indígenas del país a menudo se encuentran ubicadas en zonas rurales remotas donde quizás, en lugar del español, se hablen idiomas autóctonos. Estas características geográficas y lingüísticas pueden limitar el acceso de los pueblos indígenas a la corriente principal de los programas de desarrollo. Los estados sureños de Chiapas, Guerrero y Oaxaca tienen los más altos porcentajes de población indígena, y en ellos la esperanza de vida, los niveles educativos y el PIB per cápita son significativamente menores que en otras partes de México.

Aunque las disparidades regionales al interior de México son muy grandes, son aún mayores las diferencias respecto a la escala de oportunidades disponibles del otro lado de su frontera norte. La disparidad de ingresos entre los Estados Unidos y México es la mayor del mundo entre dos países contiguos. Esta desigualdad da origen a un fuerte flujo emigratorio de la población mexicana en edad de trabajar en busca de oportunidades económicas en los Estados Unidos. Varios capítulos de esta obra analizan las consecuencias de la migración para las comunidades de origen en México y el naciente papel de la diáspora mexicana en el impulso a la equidad en esas comunidades. La proximidad geográfica entre México y los Estados Unidos permite a los migrantes mexicanos mantener fuertes lazos familiares, culturales, económicos y políticos con su tierra natal. Esto ha contribuido, en parte, al creciente flujo transfronterizo de recursos.

Tanto el movimiento transfronterizo como las donaciones a la comunidad de origen son tradiciones que se remontan varios siglos, pero la vastedad de las dimensiones de ahora, tanto en el plano humano como en el económico, hace que las actuales donaciones transfronterizas desde los Estados Unidos hacia México sean especialmente pertinentes para el desarrollo. Con la aceleración de los flujos financieros transnacionales y el creciente número de comunidades de migrantes en los Estados Unidos se han incrementado las disparidades entre quienes han tenido la suerte de emigrar y quienes no quieren o no pueden hacerlo. Las posibles cuestiones de equidad que enfrentan quienes quedaron atrás incluyen mayores cargas familiares, comunidades demográficamente menos equilibradas y una creciente dependencia de las transfusiones de efectivo desde el exterior.

Los siguientes capítulos muestran una gama de perspectivas, pero comparten ciertos principios. Comparten el punto de vista, adoptado por muchos en este campo, de que el primer principio del desarrollo es "no hacer daño." Este principio requiere el reconocimiento de que las remesas son recursos privados, obtenidos en forma privada y de propiedad privada. Estos fondos pertenecen a los migrantes que trabajaron para ganárselos o a las familias a las que son enviados. A pesar del prometedor potencial de los flujos de remesas, los migrantes no pueden y no deben asumir la responsabilidad principal en el desarrollo de las comunidades que dejaron atrás. Los estudios presentados en esta obra exploran el papel de aquellos recursos que ya se han destinado al desarrollo equitativo.

La obra comienza con un análisis de los datos recopilados en el otoño de 2004 por Rodolfo García Zamora y su equipo de investigadores de la Universidad Autónoma de Zacatecas. Este estudio nos ayuda a comprender mejor el impacto de las remesas en el plano microanalítico. Para recopilar datos sobre los efectos de la migración internacional y de las remesas en el plano del hogar, los investigadores encuestaron a 270 hogares en Jerez, un pueblo del norte de México que ha tenido una fuerte emigración por muchas décadas. Los resultados muestran que, aun cuando los hogares receptores de remesas tienen niveles de vida más altos, también se ha incrementado la inequidad al interior de la comunidad como un todo, debido a las nuevas disparidades que se han generado respecto a los hogares que no reciben remesas.

A fin de estimular el desarrollo local, la mayoría de los expertos concuerda en que México necesita impulsar el empresarialismo y la inversión. Emmanuelle Bouquet presenta una argumentación convincente en el sentido de que el desarrollo equitativo depende, en parte, de la reforma del sector bancario de México, especialmente mediante un mejor acceso de las comunidades rurales al sistema financiero. En su capítulo, Bouquet plantea que el limitado acceso financiero de la clase trabajadora y de los pobres en general constituye una oportunidad. Así, instituciones financieras estadounidenses y mexicanas podrían comenzar a vincular a las transferencias de remesas con una mayor penetración y una más amplia disponibilidad de servicios financieros en ambos lados de la frontera. En específico, plantea que las fundaciones filantrópicas podrían apoyar las iniciativas para facilitar el acceso a servicios financieros a los migrantes y sus comunidades de origen.

Katrina Burgess sitúa las actuales inequidades en un patrón histórico de toma de decisiones centralizada y concentración de la riqueza. Una pequeña minoría ha controlado desde hace mucho los recursos y el poder político en México. En consecuencia, los gobiernos locales han sido por lo general ineficaces para eliminar las brechas persistentes entre quienes tienen y quienes no tienen recursos. El capítulo de Burgess plantea una serie de interrogantes provocadoras que abordan la cuestión de si la descentralización política y el impacto de los recursos que envían los migrantes pueden contribuir al surgimiento de una gobernanza local democrática en algunos municipios mexicanos.

Manuel Orozco y Katherine Welle evalúan las oportunidades y retos para los proyectos de desarrollo de los clubes de migrantes proponiendo un marco de referencia que utiliza cuatro criterios –pertenencia, concordancia, sostenibilidad y replicabilidad– a fin de analizar una selección de proyectos de clubes de migrantes en Jerez, Zacatecas. Su capítulo se basa en amplias entrevistas con dirigentes de clubes de migrantes y brinda ejemplos concretos de proyectos productivos apoyados actualmente por esos clubes.

En nuestro capítulo, Lincoln Chen y yo analizamos la evolución de las actividades filantrópicas que llevaron a cabo las principales fundaciones estadounidenses en México. Afirmamos que las fundaciones pueden desempeñar una función crucial en el mejoramiento de la equidad pero que el potencial de las fundaciones estadounidenses que operan en México aún no se ha alcanzado cabalmente. El capítulo destaca las vías para apalancar el papel de la filantropía en el fomento del desarrollo equitativo. Recomendamos que las fundaciones sigan trabajando estratégicamente con la sociedad civil de México y que fortalezcan sus lazos con los dirigentes de los clubes de migrantes a fin de impulsar el desarrollo equitativo.

En el ensayo que cierra este volumen, Doris Meissner, comisionada del Immigration and Naturalization Service (INS) bajo el Presidente Clinton, comenta el significado de los resultados de estos estudios para las personas responsables de la formulación de políticas en los Estados Unidos y en México. Mirando hacia adelante, Meissner señala que, en medio de un paisaje migratorio que evoluciona rápidamente, los responsables de la formulación de políticas deben hacerse esta pregunta: ¿cuáles serán las consecuencias probables para individuos, familias y comunidades en México cuando los flujos de remesas decrezcan o desaparezcan? A fin de apalancar el potencial de desarrollo de los actuales flujos transfronterizos, es necesario que las políticas de ambos lados de la frontera mexicano-estadounidense se basen en un más completo análisis y comprensión de las realidades de la migración, de los patrones de utilización y las externalidades no intencionales de esos fondos, así como de los alcances de la inequidad.

En una era que se caracteriza por el frecuente movimiento de personas dentro y a través de las fronteras nacionales, en la cual hay conciencia creciente de las disparidades regionales en la capacidad de generación de ingresos, y cuando la presencia de la tecnología facilita la comunicación a larga distancia y las transferencias financieras, no debe sorprendernos que la migración entre dos importantes naciones modernas pueda afectar nuestras preconcepciones acerca del "quién" y el "cómo" de las donaciones transfronterizas. Aunque las donaciones privadas desde los Estados Unidos a México están incrementando su importancia, la comprensión del impacto de estos recursos resulta aún insuficiente.

Los resultados de investigación presentados en este libro plantean cuestiones importantes pero no resueltas, con lo cual invitan a mayor discusión y análisis. Entre las áreas para investigaciones posteriores cabe mencionar un examen más detenido de los costos de oportunidad de inversiones de los inmigrantes mexicanos que están llevando una parte de la carga de desarrollo de su tierra natal; un estudio más profundo del legado actual y perdurable del programa gubernamental de contrapartida Tres por Uno, especialmente en vista de la incertidumbre política, y un vigoroso debate acerca de qué hacer cuando los flujos transfronterizos se desplacen o disminuyan fuertemente. Los siguientes capítulos son parte de una conversación continua. Cada uno busca avanzar en la comprensión y resaltar los potenciales significados para las políticas y para la práctica tanto en los Estados Unidos como en México.

Como escribió Carlos Fuentes en *Nuevo tiempo mexicano:* "No escogemos a nuestros padres ni a nuestros vecinos. Pero sí escogemos a nuestros amigos. Debemos encontrar formas de convivir, cooperar, comprender nuestras diferencias, respetarlas, pero también trabajar por todas las cosas que construyen nuestra amistad, nuestros intereses comunes, nuestras responsabilidades mutuas" (Fuentes 1997, 179). Quizás hoy, cuando las pautas de donación emergentes establecen conexiones entre comunidades de uno y otro lado de la frontera mexicano-estadounidense, podamos empezar a asumir el reto de Fuentes en el plano transnacional construyendo amistades, impulsando intereses comunes y cumpliendo mejor nuestras respectivas responsabilidades para enfrentar la inequidad.

Bibliography/Bibliografía

Barraza-Lloréns, Mariana, Stefano Bertozzi, Eduardo González-Pier, and Juan Pablo Gutiérrez. 2002. Addressing Inequity in Health and Health Care in Mexico. *Health Affairs* 21 (3): 47–56.

Fuentes, Carlos. 1997. *A New Time for Mexico*. Berkeley and Los Angeles: University of California Press.

Fuentes, Ricardo, and Andres Montes. 2003. Country Case Study Towards the Millennium Development Goals at the Sub-National Level: Mexico. *Journal of Human Development* 5 (1): 97–120.

Fukuda-Parr, Sakiko. 2003. The Human Development Paradigm: Operationalizing Sen's Ideas on Capabilities. *Feminist Economics* 9 (2–3): 301–17.

Reimers, Fernando. 2000. *Unequal Schools, Unequal Chances*. Cambridge, MA: The David Rockefeller Center for Latin American Studies, Harvard University.

———. 2003. The Politics of Educational Inequality. The Struggle for Educational Opportunity in Latin America. Working Papers on Latin America Series, No. 02/03-2. Cambridge, MA: The David Rockefeller Center for Latin American Studies, Harvard University.

World Bank. 2001. *Mexico: A Comprehensive Development Agenda for the New Era: Synthesis*, edited by Marcel M. Giugale, Olivier Lafourcade, and Vinh H. Nguyen. Washington, DC: World Bank.

CHAPTER 2

The Impact of Remittances in
Jerez, Zacatecas

RODOLFO GARCÍA ZAMORA

The effects of international migration and remittances in the town of Jerez, Zacatecas, have had major implications for family well-being and equity. Research based on fieldwork in Jerez during September 2004 shows that remittances improve quality of life for the recipient families, by contributing to improved nutrition, housing, and education. However, remittances have also increased inequity for those families that do not receive them. This chapter describes changes in migration patterns and remittance flows, and it analyzes some of the unresolved questions relating to the effect of remittances on both recipient households and households that do not receive these transfers.

Jerez, population 37,558, is located 45 kilometers west of the city of Zacatecas, the state capital (INEGI 2000). Its municipality, also called Jerez, lies in the region of Zacatecas that historically has experienced strong out-migration to the United States. It also has one of the lowest population growth rates in the state and suffers from chronic economic stagnation and high underemployment, a pattern that is similar to other communities in Zacatecas as well as in Jalisco, Michoacán, and Guanajuato. Jerez is characterized by obvious economic inequities due partly to its low level of urbanization (40% of the population lives in rural communities). Compared to the municipalities of Guadalupe and Fresnillo and the city of Zacatecas, where the state's growth is concentrated, Jerez is no longer economically competitive (Padilla 2004).

Because of the duration and size of its out-migration, remittance flows, and strong binational social networks, the population of Jerez today forms

---

Translated by Patricia Rosas.

a truly transnational community. As its migratory pattern has evolved over many decades, shifting from temporary to permanent, the quantity and frequency of remittances sent to Jerez, the characteristics of the recipients, and the impact on family well-being have also changed.

We need to take a historical perspective in order to understand how international migration and remittances have substantially improved the well-being of families in Jerez, especially in terms of equitable housing and education. Jerez, like other west-central cities in the states of Guanajuato, Michoacán, and Jalisco, is characterized by a long tradition of migration and the predominance of a pattern of permanent emigration involving the entire family. In contrast, in the states of Veracruz, Yucatán, and Chiapas, the situation is qualitatively different because these areas are in the initial stages of migration, when the father and older children migrate temporarily while the rest of the family remains behind in Mexico. As noted in other studies (Conapo 2000), in these early stages, migrants supply major flows of remittances, which they send home to improve the living conditions for relatives in the communities of origin. This leads to inequity between those families that receive remittances and those that do not. Today, the residents of Jerez are predominantly elderly former migrants, and the remittances they receive function like a pension plan, financed by their relatives in the United States. This situation is distinct from that seen in many of the municipality's rural communities, where a flood of young men, most without documents, are going to the United States.

Thus two migration patterns—permanent and circular—coexist in the municipality of Jerez, and as a result, the remittances behave differently and have distinct impacts. In the former pattern, that of permanent emigration of an entire nuclear family, the remittances sent back home are sporadic, being used generally to support grandparents. The latter, circular, pattern involves the migration of only the father of the family or the older children, who migrate to the United States with the goal of saving to build a family home in Jerez or to accumulate assets so that the family in the community of origin will be better off. The sending of remittances to support family members staying behind establishes a strong tie between the communities of origin and destination.

Beginning in the 1970s, numerous Zacatecan hometown associations began to be established in the United States. These groups have sent donations, called "collective remittances," which are used for social projects in the communities of origin. In 1992, this form of remittance was institutionalized with the establishment of the Programa Dos por Uno (Two-for-One

Program): for every dollar that migrant associations invested in basic infrastructure projects in their community, the state and federal governments each gave a matching dollar. In 1999 a national policy to strengthen municipalities financially made it possible for them to contribute an additional dollar (see Burgess in this volume). Finally, in 2001, after the Partido Acción Nacional (National Action Party, PAN) won the presidency, and in response to demands from Mexican migrant associations in the United States, President Vicente Fox converted the Two-for-One Program into a national-level program called the Iniciativa Ciudadana–Tres por Uno (Citizen Initiative–Three-for-One-Program), which is administered by the Secretaría de Desarrollo Social (Ministry of Social Development, Sedesol). Under the Three-for-One Program, the local, state, and federal governments each match every dollar invested by a hometown association in community projects.

Recognizing that migratory patterns and types of remittances vary greatly opens the possibility of designing differential public policies for specific cases, with the goal of capitalizing on the positive impacts of international migration while reducing its costs. This is of major importance in rural communities, where many social projects have recently been implemented under the Three-for-One Program. Today, the Jerez hometown associations in the United States and their communities of origin are interested in making a qualitative step toward implementing productive projects. Private remittances have provided individual families with improved housing and educational opportunities, and collective remittances have provided communities with basic infrastructure, such as water, electricity, sewer systems, and roads. The next step is to investigate the possibility of using remittances to finance productive, business-oriented investments. Such investments would help to solve the most serious structural problem for the municipality and the state: weak job creation. By creating productive projects, resources generated by international migration would have a greater positive impact on employment, income, and local development (García Z. 2003a).

SHIFTING MIGRATION PATTERNS AND INEQUITY

Since the 1990s, the source points of migration from Zacatecas to the United States have moved to the northwestern and the southern parts of the state (INEGI 2000; Conapo 2003). This is the result of several factors: the ongoing national agricultural crisis, which began in the mid-1970s; the adoption of a neoliberal economic model in December 1982; the implementation of the North American Free Trade Agreement in January 1994; and the dismantling of public policies supporting the rural sector. In 2003, remittances to Mexico reached US$353 million (Banco de México 2004). However, the municipality of Jerez has not shared in the bonanza. In 1988, it captured over 24% of the state's remittance flows, but by 2000, that figure had dropped to 5%. In absolute terms, Jerez received US$41.4 million in 1988 but only US$13.9 million in 2000 (INEGI, various years). This reduction is largely a consequence of the impacts of the U.S. Immigration Reform and Control Act of 1986 (IRCA). Because IRCA had family reunification as one of its goals, in parts of Mexico such as Jerez, there was a shift to permanent emigration by entire families. In contrast, in the areas of emerging migration, the family remains behind, creating a moral obligation to send money. IRCA enabled more than 2 million Mexicans to regularize their migrant status and gave them the right to bring their families to the United States legally. This pattern of permanent emigration by the entire family reduced the motives that had previously existed for sending family remittances on a regular basis to support those who had not emigrated. These changing patterns of migration explain why Zacatecas, and the municipality of Jerez in particular, have recently lost ground on remittance flows in comparison to neighboring communities.

RECEIPT AND USE OF FAMILY REMITTANCES

The economic role of remittances in Jerez is best appreciated by comparing the amounts received to other Mexican economic indicators. In 1988, remittances accounted for 81.24 billion pesos, 2.9 times the value of agricultural output in the municipality and equal to one-half of the state's total agricultural output. Jerez's importance as a magnet for remittances is reflected in the figures. In 1988, per capita remittances averaged US$616, an amount exceeded only by the per capita remittances in Tlaltenango (another municipality in Zacatecas's zone of historical migration), which were US$653, much above the state average of US$118 (Padilla 1993, 29).

Information on the current receipt and use of family remittances in Jerez was gathered as part of a survey conducted in Fall 2004.[1] Of all Mexi-

---

[1] The field research was the result of a collaborative agreement between the doctoral program in Development Studies at the Universidad Autónoma de Zacatecas (UAZ) and Harvard University's Global Equity Initiative. Professors and students from the UAZ Economics Department administered the sur-

can households, almost one in five (18%) receives remittances (INEGI 2000). These transfers are redeemed principally at banks (31.8%) and *casas de cambio* or currency exchanges (25.8%). Private transactions represent the third-most-important method for sending remittances, far ahead of electronic transfers (figure 2.1). This reflects, among other things, the presence of strong transnational social networks and the weak presence of the major companies that offer money-transfer services. The Jerez household survey indicates that receipts average US$213 per capita per month, below the current statewide average of US$340 (Conapo 2004).

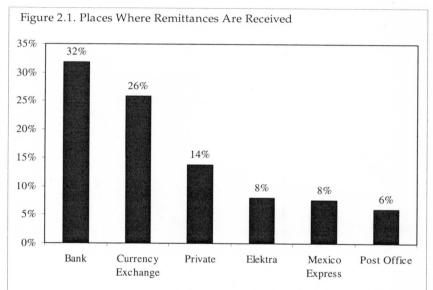

Figure 2.1. Places Where Remittances Are Received

Note: The total does not equal the number of surveys administered since some households receive remittances by more than one means. Other places not shown include Comercio, Western Union, travel agencies, savings accounts, DHL, and Envíos México. These account for less than 5% of the places where remittances are received.

vey. To select the units of analysis (households) in the city of Jerez and administer the 270 questionnaires, we randomly selected seven *áreas geoestadísticas básicas* (basic geostatistical areas, AGEBs, similar to census tracts in the United States). The survey was administered only in households that receive remittances and to the heads of household, which favored data collection on the effect of international migration and remittances.

Regarding who sends remittances, 60% are adult children and only 11% are spouses (figure 2.2). The best explanation for this is that the children, now grown and settled in the United States with their families, send money to support elderly parents. However, this percentage is so high that it can be assumed that many of the young, undocumented migrants who left in the 1990s also send remittances to their parents. This illustrates the effects of long-term international migration, the passage of IRCA, and the effects of the 1994 economic crisis on the people of Mexico, all of which helped to shift migration from a temporary pattern to a permanent one.

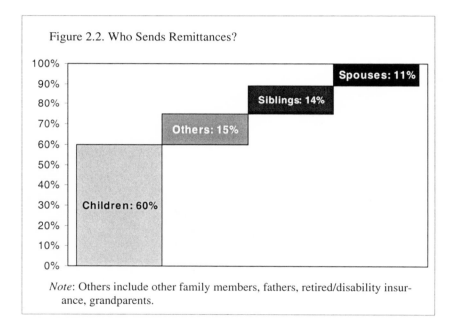

Figure 2.2. Who Sends Remittances?

Note: Others include other family members, fathers, retired/disability insurance, grandparents.

The survey sample also indicates that remittances are primarily utilized for household consumption: nutrition and health care (75%), housing (8%), and education (5%). Only a small amount (about 3%) is used to establish small businesses. International remittances repeat the same pattern seen with domestic transfers; they are both used primarily to meet a family's basic needs (Canales 2004).

The data related to trips to the United States by family members still living in Jerez again indicate that the recipients of remittances are elderly.

They travel only twice per year on average, in visits lasting between a month and a half and two months; and they spend at least US$1,000 per trip. From this information, one infers the existence of a new family reunification pattern. However, it is now a pattern of temporary migration obeying economic rationales since it is cheaper for the migrants who have settled in the United States to send money to Mexico so that their parents can come and visit them. The siblings share the expense, and the parents stay with various of the children. The argument also holds true in the case of undocumented migrants. Because of the heavier patrolling of the border, undocumented migrants are no longer able to travel with the ease they could before 2001, so it makes sense for the relatives to come to the United States to see them.

Households in Jerez also remain in close telephone contact with relatives in the United States: 89% of the remittance-receiving households talk at least once a month, and 58.6% talk at least once every two weeks. Some 75% have conversations that last 20 to 30 minutes, and for 57.6%, the conversations are longer than 30 minutes. These figures show both the scale of transnational communication and the big business it represents for international telecommunications companies.

The innumerable *mercado paisano* ("nostalgia market") products that move from one side of the border to the other are also evidence of a strong transnational community whose center is the municipality of Jerez. The sending of cheeses, candy, chilies, seeds, mescal, bread, *gorditas*, and other goods to relatives in the United States corroborates the existence of this transnational community. It may also indicate the possibility of developing an agro-industry in the region that could exploit the nostalgia market.

The data show that 60% of the survey respondents are not economically active, with 30% being retired. Although 40% claim to have some form of employment, it can be inferred that the income from that work is insufficient to defray even basic household expenses (figure 2.3). Of those receiving remittances, 15% require special economic assistance to repair their houses, repay loans, and cover medical expenses. This speaks of the existence of two types of family or private remittances: those sent regularly and those sent to cover specific needs.

Importantly, the population of Jerez has very limited access to banks. Even though Jerez is one of the most important towns in Zacatecas, almost 84% of its inhabitants lack access to financial services. Of the small segment that does utilize banks, the recently transnationalized ones, including Bancomer and Banamex, handle 47% of the transactions; Banorte handles

30.4%. However, newcomer Banco Azteca already controls 4.3% of the accounts, and it is in the process of rapid local expansion (for more on Banco Azteca, see Bouquet in this volume).

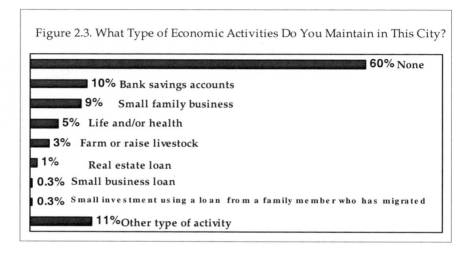

Figure 2.3. What Type of Economic Activities Do You Maintain in This City?

60% None
10% Bank savings accounts
9% Small family business
5% Life and/or health
3% Farm or raise livestock
1% Real estate loan
0.3% Small business loan
0.3% Small investment using a loan from a family member who has migrated
11% Other type of activity

From these data and additional information captured in the question-naires, we surmise that a potential market for banking services exists among the migrant families of Jerez and other places in Zacatecas. As of now, the conventional banking system has not taken advantage of that market because it is more interested in capitalizing the state's debt bonds than in setting up branch banks in towns with fewer than 15,000 inhabi-tants. Thus, these smaller communities are excluded from the traditional banking system. Banco Azteca is trying to fill this vacuum by focusing on small-scale savers and recipients of remittances through a bold strategy of offering bank accounts, making loans, and selling household appliances, all under one roof.

Notwithstanding the generalized claims of remittance recipients that they do not have money, one must consider the period between the arrival of these funds and the moment when the recipients actually spend the money. Managed in the aggregate, remittances, when added to local sav-ings and savings by migrants, could provide a solid base for an institution that is in the planning stages (García Z. 2003b). The Federación de Clubes Zacatecanos del Sur de California (Federation of Zacatecan Clubs of Southern California, FCZSC) and the Asociación Mexicana de Uniones de Crédito del Sector Social (Mexican Association of Social-Sector Credit Unions, AMUCSS), with the support of researchers from the Universidad Autónoma de Zacatecas and Georgetown University, are studying the possibility of a new community microfinance institution to serve Jerez and the southern part of Zacatecas. It would be based on remittances, local savings, and migrant investments; and its members would include residents of the communities of origin and migrant hometown associations in the United States. Certain international organizations would provide technical and financial support.

EFFECTS ON WELL-BEING

The survey revealed that 60% of remittance-receiving households in Jerez are located in the town center, and that 65% have two, three, or four family members. Additionally, 72.2% are women homemakers, and 67.6% of them claim to have no other form of income. This lets us infer that these households are heavily dependent on remittances for their survival.

Notably, 91.6% of those surveyed know how to read and write; 35% attended but did not complete elementary school; 23% completed all six years of elementary school; and 12% completed secondary school (figure 2.4). The urban nature of Jerez and, hence, the availability of schools can partly explain this high educational level. However, the availability of remittances in the past facilitated access to education. Several interviewees corroborated this when they pointed out that the principal positive impact of international migration on well-being was the ability it had given them to be educated and to own their own homes.

The construction or purchase of a house, which is frequently the original motive for migrating, is one of the most important positive impacts on families' well-being. Of those surveyed, 74.2% declared that they owned a home, that it had full utility services, and that it had been built more than 10 years ago. Moreover, 60% of those homeowners had not done any major repairs for at least the past five years. This speaks to the good quality of the construction used in these houses. It also appears that it has been many years since the community was at the stage in the migration pattern during which building and remodeling occurs. That stage marks success and social advancement, and elsewhere in Mexico and Central America it generally occurs during the early stages of migration. Thus, the multiplier effect of remittances on the construction industry and on regional commerce in

Jerez occurred some time ago, when those who are now elderly were seasonal migrants and were sending money back home.

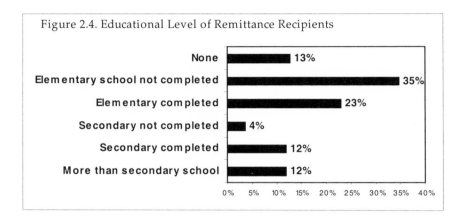

Figure 2.4. Educational Level of Remittance Recipients

The survey indicates that recipients have a positive impression of the ability of remittances to promote household well-being. (Some recipients answered more than one question.) Of those interviewed, 83% believe that remittances benefit all members of the household; 48% believe that they are essential for the household; and 44% believe they are important but not essential, which suggests that this segment has additional sources of income. As to why remittances are important for well-being, 58% said that it was because they were able to invest in a house; 47%, because they had access to education; and 23%, because it helped them pay off debts. Other reasons included the fulfillment of basic needs, such as clothing and utilities, and access to better nutrition and health care. Finally, 76% of the recipients perceive that the members of households with remittances live better than those who do not receive them. They base this claim on seeing, firsthand, the experiences of families that do not receive remittances.

Regarding the level of awareness about the Three-for-One social investment program based on collective remittances, it is significant that 72% of the recipients said that they knew nothing about it. This is surprising because it is the most important state and national program for that type of project, and it originated in Zacatecas in 1992 (as the Two-for-One Program). During the 1990s, because of the efforts of migrant hometown associations in the United States, the rural communities in the municipality of

Jerez carried out the Two-for-One Program's most important projects. The lack of knowledge about the program may be due to the interviews having occurred in the town of Jerez, rather than in the rural communities where most of those projects took place. Additionally, elsewhere in Zacatecas, mayors have undertaken public campaigns to systematically inform people about the program and its activities, but that has not happened in Jerez. In either case, it is notable that residents in the town of Jerez only receive family remittances, sent from the United States for their maintenance. Thus, residents know little about collective remittances and the scores of community projects accomplished by the Three-for-One Program in communities like San Juan del Centro, Jomulquillo, and El Cargadero, located only 8, 10, and 12 kilometers, respectively, from the town of Jerez (see Orozco and Welle in this volume).

One must consider the possibility of political or ideological prejudices in the interviewed population, which would make them underrate the Three-for-One Program or pretend that they know nothing about it. It is possible that this explanation is the correct one, since migrants have been deeply involved in politics in an attempt to win posts in the local government. This has generated ideological debate among the various political parties and mobilized many people to oppose traditional politicians in favor of migrant candidates. This resulted in a confrontation between the political class, from all the parties, and the Zacatecan hometown associations in the United States. The members of those associations have not only collaborated in financing hundreds of social projects with collective remittances; now they are also claiming the right to binational citizenship, with full political rights to vote and run for office.

This transnational political and ideological struggle finally bore fruit, and in 2003 the constitution of Zacatecas was amended to permit dual citizenship for migrants and to recognize their right to hold office as *alcaldes* (mayors) and *diputados locales* (local assembly representatives). In 2004, migrants became mayors of Jerez and Apulco.[2] Two assembly seats were also won by migrants, one from the Partido de la Revolución Democrática (Party of the Democratic Revolution, PRD) and the other from the Partido

---

[2] Andrés Bermúdez ("El Rey del Tomate") was born in Jerez and migrated to the United States in the 1970s. In 2001, he was elected as Jerez's *alcalde*, but the Instituto Federal Electoral (Mexico's elections commission) overturned the election because Bermúdez was not a current resident of Jerez. This sparked a battle, led by the FCZSC, to change the election law. In July 2004, after a state constitutional amendment, Bermúdez was elected and took office as *alcalde*.

Revolucionario Institucional (Institutional Revolutionary Party, PRI). These advances in political rights for Zacatecan migrants have served as a symbol for migrant organizations representing people from Michoacán and Oaxaca, which are pursuing similar struggles and initiatives. These changes are also a necessary precedent for considering the possibility that migrants in the United States might vote in the 2006 Mexican presidential election.

Finally, regarding the potential impact that international migration and migrants' savings might have on the establishment of businesses in Jerez, only 32% of those interviewed expressed any interest. Of that segment, 26% were considering starting a small business selling groceries, fruit, or building material; 18.4% wanted to sell clothing; and 14.3% planned to open a restaurant. From this, we can infer that entrepreneurial culture is weak and that the town's residents lean toward traditional business services. Perhaps the indifference toward productive investments is due to the limitations of the regional context itself or the advanced age of many of the recipients of remittances.

As noted, this is different from the expectations of the residents of Jerez's rural communities and their migrant hometown associations in the United States. These groups are very interested in moving from solidarity projects benefiting the community to productive projects supported by migrant investment, which would have a greater impact in terms of generating better-paid, permanent employment that could be a base for local and regional development. Particularly notable is the importance that the migrants give to promoting small agro-industrial projects. However, such projects can materialize only if new policies are put in place, along with better organization and entrepreneurial training for rural communities and their migrant hometown associations (García Z. 2004).

The maturation of the FCZSC over its 25 years of existence has enabled it to endow communities of origin with basic infrastructure and also made this federation one of the most important interlocutors with the state and federal governments. In recent years, the federation has met several times with representatives of the Ministry of Social Development to create new ways of institutionalizing the migrants' productive projects with matching grants from the three levels of government.

CONCLUSIONS

The municipality of Jerez has a long history of migration, and many of its migrants are now permanent U.S. residents. California, a primary destination, is the source of a little more than half of the remittances sent to Jerez. In the past, remittances played a crucial role in enabling residents of the town to build or purchase their own homes and in giving them access to educational opportunities. However, the amount of money arriving in Jerez as remittances has dropped markedly during the past 15 years, partly as the result of IRCA, which encouraged family reunification. Today, most of the migrants who send money (60%) are adults supporting elderly parents still living in Jerez. The remittances primarily defray outlays for food, health care, clothing, and housing.

Clearly, the well-being of households receiving family remittances is enhanced in terms of nutrition, education, and housing. However, inequity also increases with respect to the families that do not receive remittances (Lozano 2004; Arroyo 2004). This poses a new challenge for public policy. To address inequity, it is necessary to implement compensatory policies that would involve the active participation of migrants and would focus on new options for programs in the areas of housing, education, medical services, elder care, and complementary insurance and financial services. Programs are also needed to stimulate productive investment by the migrants under a new institutional relationship of collaboration and technical mentoring by the three levels of government in Mexico (García Z. 2001).

To make these policies and programs more effective requires the establishment of a typology of the various kinds of individuals who are deeply affected by migration (wage earners, retirees, savers, and investors), and of remittances, which function and are applied with different logics and goals (for the family; collectively, for social projects; and for savings and investment). In strategic planning for productive projects, the inclusion of local actors (women, producers, *alcaldes*, and others) has demonstrated the need to propose complementary social policies at the federal and the state level. Such policies would address the social impacts of migration on children, women, and the elderly, and would also help reduce the yawning equity gap between the households that receive remittances and those that do not.

Some efforts are already under way. For example, the shortfall in financial services has led migrant organizations, university researchers, and officials from international agencies to collaborate in studying the possibility of promoting a new microfinance institution to serve southern Zacatecas, a region with one of the highest levels of international out-migration anywhere in Mexico. Other initiatives, involving organizations of local producers, migrant associations, academics, and international organizations, aim to promote and reinforce binational productive efforts. By going beyond the scope of solidarity projects to also work on strategic planning and transnational institutional strengthening, these initiatives represent a qualitative change in the collaboration of various transnational social actors. Currently, significant potential also exists for local development derived from the existence of numerous rural communities with a strong presence of hometown associations and diverse Three-for-One social projects, which are part of what we can call the social policy of the Zacatecan diaspora. If adequate policies were created to support and mentor these efforts, this could create a path by which the migrant associations and their communities of origin could become significant new development actors. In this process, universities, nongovernmental organizations, and international institutions must play an important supporting role.

Despite these promising efforts to compensate for existing inequities, it is very important to highlight the empirical evidence in this chapter, since government officials in Mexico, Guatemala, El Salvador, Colombia, and Ecuador frequently speak of the potential that family remittances have as a source of financing for productive projects that could encourage local and regional development. They overlook the fact that such remittances are already earmarked to cover basic family needs, and only a minimal portion is invested in small businesses or commercial agricultural activities. It is crucial that these governments understand this as they attempt to design policies on international migration and programs to take advantage of the economic and social impacts of migration and the various mechanisms that migrants use to transfer money.

CAPÍTULO 2

El Impacto de las Remesas en Jerez, Zacatecas

RODOLFO GARCÍA ZAMORA

Los impactos de la migración internacional y las remesas en la ciudad de Jerez, Zacatecas, han tenido grandes implicaciones en torno al bienestar de las familias y la equidad. Esta investigación, realizada en trabajo de campo en Jerez durante el mes de septiembre del 2004, muestra que las remesas mejoran la calidad de vida de las familias que las reciben, al contribuir a un mejoramiento en la alimentación, vivienda y educación. Sin embargo, también han contribuido a acrecentar las desigualdades en relación con las familias que no las reciben. Este capítulo describe las modificaciones que experimentan los patrones migratorios y los flujos de remesas, y analiza algunas de las preguntas pendientes relacionadas con el impacto de las remesas tanto en los hogares que las reciben como en aquellos que no cuentan con ellas.

Jerez está ubicada a 45 kilómetros al oeste de la ciudad de Zacatecas, capital del estado, y cuenta con una población de 37.558 habitantes (INEGI 2000). El municipio donde se asienta, también llamado Jerez, pertenece a la zona histórica de migración de Zacatecas a los Estados Unidos. Presenta también uno de los crecimientos poblacionales más bajos del estado y sufre un estancamiento crónico y una elevada tasa de subempleo, tendencia similar a la de otras comunidades en Zacatecas y parecida a la de comunidades rurales en Jalisco, Michoacán y Guanajuato. Jerez se caracteriza por tener claras desigualdades económicas, que se deben, en parte, a un proceso pobre de urbanización (el 40% de sus habitantes vive en comunidades rurales). Comparado con los municipios de Guadalupe, Fresnillo y la ciudad de Zacatecas, donde se concentra el crecimiento económico del estado, Jerez ha perdido su importancia económica (Padilla 2004).

Debido a la antigüedad de su patrón migratorio y al número de sus migrantes, la recepción de remesas y la creación de sólidas redes sociales binacionales, la población de Jerez conforma hoy una verdadera comunidad transnacional. Conforme su patrón migratorio fue evolucionando a lo largo de muchas décadas, dejando de ser temporal para convertirse en definitivo, se han transformado también la cantidad y frecuencia de las remesas que se envían a Jerez, el tipo de receptores y los impactos de esos recursos en el bienestar de las familias.

Para entender cómo la migración internacional y las remesas hicieron posible una mejora sustancial en el bienestar de las familias de Jerez, especialmente en términos de equidad en vivienda y educación, se requiere una perspectiva histórica. Jerez, al igual que otras ciudades del centro-occidente de México en estados como Guanajuato, Michoacán y Jalisco, se caracteriza por una larga tradición migratoria y el predominio de un patrón migratorio definitivo que incluye a toda la familia. Por el contrario, en regiones como Veracruz, Yucatán y Chiapas la situación es cualitativamente diferente, ya que se encuentran en una primera etapa del circuito migratorio, caracterizado por la migración de los padres de familia y los hijos mayores. Como se ha analizado en otras investigaciones (Conapo 2000), en esta primera etapa los migrantes suministran importantes flujos de remesas con el fin de mejorar las condiciones de vida de sus familiares en las comunidades de origen, lo que genera desigualdades entre las familias receptoras de remesas y las no receptoras. En Jerez prevalece una población envejecida que fue migrante en el pasado. Las remesas actúan ahora como un plan de pensiones financiado por sus familiares en los Estados Unidos. Esta situación es muy diferente a la que se observa en las numerosas comunidades rurales del municipio, donde domina una intensa migración de jóvenes hacia los Estados Unidos, por lo general indocumentados.

En el municipio de Jerez coexisten, entonces, dos patrones migratorios: la migración definitiva y la migración circular. Como consecuencia de ello, las remesas se comportan de forma diferente y provocan distintos impactos. En el primer patrón, al haber emigrado todo el núcleo familiar, las remesas que se envían se convierten en algo esporádico y se emplean por lo general para mantener a los abuelos. Mientras que en el segundo patrón la migración es sólo del padre de familia o de los hijos mayores, que emigran con la finalidad de construir la casa de la familia o constituir activos familiares que le permitan a la familia vivir en mejores condiciones en sus comunidades de origen. El envío de remesas para el sostenimiento del resto de la familia crea fuertes vínculos entre las comunidades de origen y de destino.

A partir de los años setenta han surgido múltiples clubes de migrantes zacatecanos en los Estados Unidos. Estos grupos envían donaciones, denominadas "remesas colectivas", para la realización de proyectos sociales en sus comunidades de origen. En 1992 esas remesas se institucionalizaron con el establecimiento del Programa Dos por Uno, mediante el cual, por cada dólar que los clubes de migrantes invertían en proyectos de infraestructura básica en sus comunidades, los gobiernos estatal y federal invertían cada uno un dólar adicional. En 1999, una política nacional que fortaleció las finanzas de los municipios hizo posible que pudieran aportar un dólar adicional (véase Burgess en este tomo). Finalmente, en el 2001, con la llegada del Partido Acción Nacional (PAN) a la presidencia de la República, y como respuesta a las demandas de las organizaciones de migrantes mexicanos en los Estados Unidos, el presidente Vicente Fox convirtió el Programa Dos por Uno en un programa nacional denominado Iniciativa Ciudadana Tres por Uno, bajo la administración de la Secretaría de Desarrollo Social (Sedesol). Según este programa, por cada dólar que invierten los clubes de migrantes en proyectos comunitarios los gobiernos municipal, estatal y federal invierten cada uno un dólar adicional.

Este reconocimiento de la gran variedad de patrones migratorios y tipos de remesas abre la posibilidad de diseñar políticas públicas diferenciales para cada caso, que permitan capitalizar los impactos positivos de la migración internacional y, a la vez, reducir los costos de la misma. Esto es de gran importancia en las comunidades rurales, donde en los últimos años se han realizado múltiples proyectos sociales al abrigo del programa Tres por Uno. Actualmente, los clubes de migrantes jerezanos en los Estados Unidos y sus comunidades de origen están interesados en dar un paso cualitativo hacia la implementación de proyectos productivos. Las remesas privadas han permitido a familias individuales mejorar sus viviendas y oportunidades educativas, mientras que las remesas colectivas han suministrado a las comunidades infraestructura básica como agua, electricidad, drenaje y caminos. El próximo paso es investigar la posibilidad de utilizar las remesas para financiar inversiones productivas con orientación empresarial. Estas inversiones coadyuvarían en la solución del problema estructural más grave del municipio y del estado, a saber: la reducida capacidad de generar empleos. Al crear proyectos productivos los recursos que genera la migración internacional tendrían un mayor impacto positivo sobre el empleo, los ingresos y el desarrollo local (García Z. 2003a).

CAMBIOS EN LOS PATRONES MIGRATORIOS E INEQUIDAD

Desde los años noventa la migración de Zacatecas a los Estados Unidos se ha expandido al noroeste y sur del estado (INEGI 2000; Conapo 2003). Esto se debe a la larga crisis agrícola nacional (que se remonta hasta mediados de los años sesenta), la puesta en marcha del nuevo modelo económico aperturista en diciembre de 1982 y los impactos del Tratado de Libre Comercio de América del Norte a partir de enero de 1994, con el que se desmantelaron las políticas públicas de apoyo al sector rural. En el 2003 la recepción de remesas alcanzó US$353 millones (Banco de México 2004). No obstante, la municipalidad de Jerez no ha sido partícipe de esta expansión. En 1988 el municipio captó el 24% de las remesas totales del estado. En el 2000 esa cifra se había desplomado a 5%. En términos absolutos Jerez captó US$41,4 millones en 1988 y sólo US$13,9 millones en el 2000 (INEGI, varios años). Esa reducción en la recepción de las remesas se debe en gran medida a la Ley de Reforma y Control de la Inmigración de los Estados Unidos de 1986 (U.S. Immigration Reform and Control Act of 1986, IRCA), cuyo objetivo, entre otros, era la reunificación familiar. En algunas regiones de México, el resultado fue el cambio migratorio a un patrón en el que predomina la migración definitiva de toda la familia. Al contrario que en Jerez, en las zonas emergentes de migración prevalece el núcleo familiar, provocando la obligación moral de enviar dinero. La entrada en vigor de la IRCA permitió que más de dos millones de mexicanos regularizaran su situación migratoria en los Estados Unidos y estuvieran en condiciones de llevarse legalmente al resto de sus familiares. Este patrón de migración definitiva de toda la familia redujo las razones que antes existían para el envío constante de remesas familiares para el sostenimiento de quienes no habían emigrado. Estos cambios en los patrones migratorios son el motivo por el cual Zacatecas, en particular el municipio de Jerez, perdió importancia relativa en la recepción de remesas en los últimos años, en comparación con las comunidades vecinas.

RECEPCIÓN Y USO DE LAS REMESAS FAMILIARES

La función económica de las remesas en Jerez se valora mejor al comparar el monto recibido con otros indicadores económicos. En 1988 las remesas ascendieron a 81.240 millones de pesos, lo que equivale a 2,9 veces del valor de la producción agrícola municipal y a la mitad de la producción agrícola total de la entidad. La importancia de Jerez como captador de remesas se refleja en las cifras. En 1988 las remesas per cápita ascienden a US$616, cantidad que sólo superan las remesas per cápita que recibe Tlaltenango (otro municipio de la zona histórica de migración zacatecana) de US$653, muy superior al promedio estatal de US$118 (Padilla 1993, 29).

Los datos sobre la actual recepción y uso de remesas familiares en Jerez se recopiló en una encuesta realizada en el otoño de 2004.[1] Prácticamente uno de cada cinco hogares mexicanos (18%) recibe remesas (INEGI 2000). Las principales instituciones de canje de remesas son los bancos (31,8%) y las casas de cambio (25,8%). Las relaciones particulares son el tercer instrumento más importante para el envío de remesas, muy por encima de las transferencias electrónicas (gráfica 2.1). Ello refleja, entre otras cosas, la presencia de sólidas redes sociales transnacionales y la baja cobertura de las grandes empresas dedicadas al envío de dinero. La encuesta de los hogares en la ciudad de Jerez indica una recepción per cápita de US$213 por mes, por debajo de la media del estado, de US$340 (Conapo 2004).

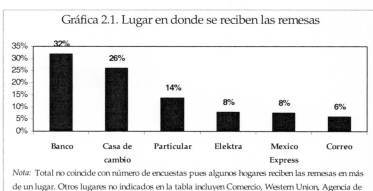

Gráfica 2.1. Lugar en donde se reciben las remesas

Nota: Total no coincide con número de encuestas pues algunos hogares reciben las remesas en más de un lugar. Otros lugares no indicados en la tabla incluyen Comercio, Western Union, Agencia de viajes, Caja de ahorro, DHL y Envíos México. Éstos representan menos de 5% de los lugares en donde se reciben las remesas.

---

[1] La investigación de campo fue el resultado de un acuerdo de colaboración entre el Doctorado en Estudios del Desarrollo de la Universidad Autónoma de Zacatecas y el programa Global Equity Initiative de la Universidad de Harvard. En la aplicación de la encuesta colaboraron profesores y estudiantes de la Facultad de Economía de la primera universidad. Para seleccionar las unidades de análisis (hogares) en la ciudad de Jerez y aplicar los 270 cuestionarios se escogieron al azar siete áreas geoestadísticas básicas. La encuesta, que se levantó con los jefes del hogar, se aplicó sólo en los hogares que reciben remesas, privilegiando el acopio de información concerniente al impacto de la migración internacional y las remesas.

En relación con quienes envían remesas, el 60% son los hijos adultos y sólo el 11% son los esposos (gráfica 2.2). La explicación con más sustento es que se trata de hijos adultos ya establecidos con sus familias en los Estados Unidos, que mandan remesas para el mantenimiento de sus padres ancianos. Sin embargo, el porcentaje es tan elevado que hace suponer que buena parte de los jóvenes migrantes indocumentados que se fueron en los años noventa también mandan remesas por el mismo motivo. Esto pone de manifiesto los impactos de una persistente migración internacional, la aprobación de la IRCA y el impacto de la crisis económica de 1994 en la población mexicana, que causó que el patrón de migración temporal se transformara en migración definitiva.

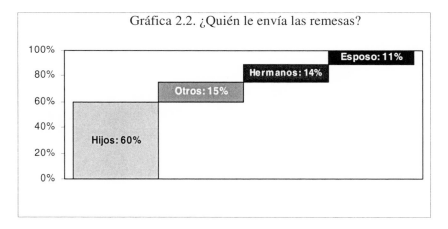

Gráfica 2.2. ¿Quién le envía las remesas?

Nota: Otros incluyen Otros familiares, Padres, Pensión/seguro accidente y Abuelos.

La encuesta indica también que las remesas se destinan primordialmente al consumo doméstico: el 75% de las remesas se destina a alimentación y salud, el 8% a vivienda y el 5% a educación. Sólo una pequeña parte, cerca del 3%, se utiliza para establecer un pequeño negocio. El uso de las remesas internacionales repite el mismo patrón que las transferencias nacionales: se utilizan para satisfacer las necesidades básicas de la familia (Canales 2004).

Los datos obtenidos acerca de los viajes a los Estados Unidos de los familiares que todavía viven en Jerez señalan, de nuevo, que los receptores son ancianos. Por lo general, viajan sólo dos veces al año, con estancias de entre un mes y medio y dos meses, y sus gastos son de por lo menos US$1.000 dólares por viaje. De esta información se infiere la existencia de un nuevo patrón de reunificación familiar, esta vez temporal, que obedece a razones económicas, pues les resulta más barato a los migrantes establecidos en los Estados Unidos enviar dinero a México para que los visiten sus padres. Los gastos y las estancias se dividen entre los diferentes hijos. El argumento también se sostiene para el caso de los migrantes indocumentados. Dada la mayor vigilancia que se ha establecido en la frontera, los migrantes indocumentados ya no pueden viajar con la facilidad con que lo hacían antes de 2001, así que tiene más sentido que sus familiares viajen a Estados Unidos a visitarles.

Los hogares en Jerez también están en constante contacto telefónico con sus familiares en los Estados Unidos: se advierte que el 89% de los receptores de remesas se comunica por lo menos una vez al mes y el 58,6% por lo menos una vez cada dos semanas. El 75% de ellos habla al menos de 20 a 30 minutos y el 57,6% lo hace por más de 30 minutos. Estas cifras confirman tanto la dimensión de la comunicación transnacional como el gran negocio que representa para las empresas internacionales de telecomunicación.

Los numerosos productos del mercado paisano que se trasladan de un lado de la frontera al otro también son prueba de una fuerte comunidad transnacional, cuyo centro es el municipio de Jerez. El envío de quesos, dulces, chiles, semillas, mezcales, pan, gorditas y otros productos a familiares en los Estados Unidos corrobora la existencia de esta comunidad transnacional. Puede que indique también el potencial del desarrollo agroindustrial de la región de Jerez al aprovechar el mercado paisano en los Estados Unidos.

Los datos muestran que el 60% de los encuestados no tiene ninguna actividad económica y que el 30% dice ser pensionado. Y si bien el 40% manifiesta tener algún empleo, se deduce que es insuficiente para sufragar sus gastos más elementales (gráfica 2.3). El 15% de los que reciben remesas requiere apoyos económicos extraordinarios para reparar sus casas, pagar los créditos y cubrir los gastos médicos. Esto nos habla de la existencia de dos tipos de remesas familiares o privadas: las que se envían periódicamente y las que se envían para cubrir necesidades particulares.

Un dato muy importante es el acceso limitado de la población jerezana a los bancos. A pesar de que Jerez es una de las ciudades más importantes de Zacatecas, cerca del 84% de sus habitantes carece de este servicio. Del reducido sector que sí utiliza la banca, los bancos recientemente transnacionalizados, entre ellos Bancomer y Banamex, controlan el 47% de las transacciones y Banorte controla el 30,4%. El Banco Azteca, a pesar de su corta vida, posee ya el 4,3% de las cuentas, con un rápido proceso de expansión en la población local (para mayor información sobre el Banco Azteca, véase Bouquet en este tomo).

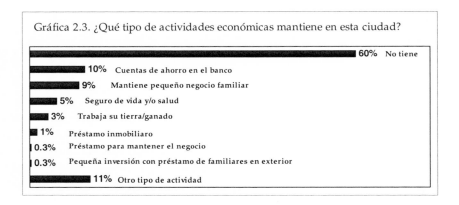

Gráfica 2.3. ¿Qué tipo de actividades económicas mantiene en esta ciudad?

60% No tiene
10% Cuentas de ahorro en el banco
9% Mantiene pequeño negocio familiar
5% Seguro de vida y/o salud
3% Trabaja su tierra/ganado
1% Préstamo inmobiliario
0.3% Préstamo para mantener el negocio
0.3% Pequeña inversión con préstamo de familiares en exterior
11% Otro tipo de actividad

A partir de estos datos y de información adicional capturada en los cuestionarios se infiere que existe un mercado potencial para servicios bancarios entre las familias migrantes de Jerez y otros lugares de Zacatecas. Hasta ahora la banca convencional no ha aprovechado ese mercado porque ha estado más interesada en capitalizar los bonos de la deuda estatal que en instalar sucursales bancarias en poblaciones con menos de 15.000 habitantes. Por consiguiente, dichas comunidades son excluidas del sistema bancario tradicional. Mediante una audaz estrategia de apertura de cuentas de ahorros, otorgamiento de créditos y venta de electrodomésticos el Banco Azteca intenta llenar este vacío enfocándose en los miniahorradores y los receptores de remesas.

A pesar de que los receptores de remesas generalmente aducen no contar con dinero, hay que considerar el margen de tiempo entre la llegada de esos fondos a la comunidad y el momento en que los receptores gastan ese dinero. Manejado de forma agregada, las remesas sumadas al ahorro local y a los ahorros de los migrantes pueden ser un buen soporte para la institución que se planea (García Z. 2003b). La Federación de Clubes Zacatecanos del Sur de California y la Asociación Mexicana de Uniones de Crédito del Sector Social (AMUCSS), con el apoyo de investigadores de la Universidad Autónoma de Zacatecas y de la Universidad Georgetown en los Estados Unidos, están iniciando estudios para la creación de una nueva institución microfinanciera comunitaria en Jerez y el sur del estado. Tal iniciativa se conformaría a partir de las remesas, el ahorro local y las inversiones de migrantes. Sus integrantes serían aquellos que viven en las comunidades de origen y los clubes de migrantes en los Estados Unidos. Tendría también el respaldo técnico y financiero de algún organismo internacional.

IMPACTO EN EL BIENESTAR

De otros datos recopilados en la encuesta se desprende que el 60% de los hogares receptores de remesas en Jerez se ubican en el centro de la ciudad y que el 65% de ellos está integrado por entre dos y cuatro personas. Por otra parte, el 72,2% de los receptores de remesas en Jerez son mujeres dedicadas a las actividades del hogar y 67,6% declara no tener ningún otro ingreso. De estos datos se deduce que tales hogares son altamente dependientes de las remesas para su sobrevivencia.

Hay que destacar que el 91,6% de los encuestados sabe leer y escribir, el 35% cuenta con primaria incompleta, el 23% cursó los seis grados de la primaria y el 12% la secundaria completa (gráfica 2.4). Esta relativa elevada escolaridad se explica, entre otras razones, por ser una población urbana y tener disponibles los servicios educativos. Pero también por haber contado en décadas pasadas con remesas que facilitaron el acceso a la educación. Este aspecto fue corroborado cuando varios de los entrevistados coincidieron en señalar que los principales impactos positivos de la migración internacional en su bienestar fueron el haber conseguido una educación y el poder contar con una vivienda propia.

Uno de los impactos positivos más importantes en el bienestar de las familias migrantes es la construcción o compra de una vivienda que, con frecuencia, es el motivo inicial de la migración. El 74,2% de la población entrevistada manifiesta tener casa propia con todos los servicios y una antigüedad mayor de diez años. Es más, el 60% de estos propietarios de vivienda no hace remodelaciones desde hace cinco años, lo que habla de la buena calidad de la construcción. Han pasado muchos años desde que la comunidad estuviera en la etapa de la construcción y remodelación. Esa etapa sirve de indicador de éxito y promoción social y, tal como sucede en otras experiencias de México y Centroamérica, se suele observar al inicio del ciclo migratorio. Por lo tanto, el efecto multiplicador de las remesas en el área de la construcción y el comercio regional en Jerez ocurrió hace ya tiempo, cuando los actuales ancianos eran migrantes temporales y enviaban sus ahorros a casa para ese fin.

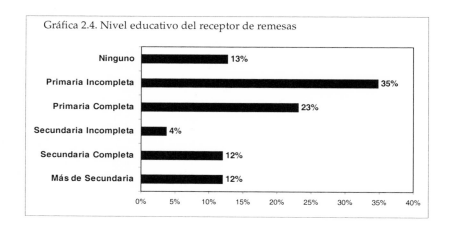

Gráfica 2.4. Nivel educativo del receptor de remesas

La encuesta refleja la percepción positiva que de las remesas tienen los receptores como promotoras del bienestar del hogar. (Algunos de los encuestados respondieron a más de una pregunta). El 83% de los receptores considera que benefician a todos los integrantes del hogar, el 48% cree que son fundamentales para el hogar y el 44% piensa que son importantes pero no fundamentales, lo cual sugiere que este último porcentaje de encuestados cuenta con ingresos adicionales. En cuanto a las razones por las que consideran que las remesas son importantes para su bienestar, el 58% de los encuestados afirma que es por la inversión en la vivienda, el 47% responde que es por el acceso a la educación y 23% explica que le ayuda a pagar las deudas. Otras razones son la satisfacción de necesidades básicas como ropa, electricidad y agua y la mejora en alimentación y pago de gastos médicos. Finalmente, 76% de los receptores percibe que los integrantes de los hogares con remesas viven mejor que los que no cuentan con ellas. Basan esta afirmación en el hecho cotidiano de vivir de cerca las carencias de las familias que no reciben remesas.

En relación con el grado de conocimiento del programa de inversión social con remesas colectivas Tres por Uno, resulta relevante que el 72% de los receptores dice no conocerlo. Esto es sorprendente porque se trata del programa estatal y nacional de mayor importancia para este tipo de proyectos y porque nació en Zacatecas en 1992 (bajo el nombre de Programa Dos por Uno). En los años noventa, como resultado del trabajo de sus clubes de migrantes en los Estados Unidos, las comunidades rurales del municipio de Jerez realizaron las mayores obras sociales bajo dicho programa. Tales respuestas pueden explicarse por el hecho de que las entrevistas se efectuaron en la ciudad de Jerez y no en las comunidades rurales donde se encuentra la mayoría de las obras del programa. Por otro lado, en otras comunidades de Zacatecas las alcaldías realizaron una campaña para informar sistemáticamente al público sobre el programa y sus acciones, cosa que no ha ocurrido en la ciudad de Jerez. Resalta, de cualquier manera, que para la población de la ciudad de Jerez sólo existen las remesas familiares recibidas desde los Estados Unidos para su sobrevivencia y que desconocen las remesas colectivas y las decenas de proyectos comunitarios del programa Tres por Uno que se han realizado en comunidades como San Juan del Centro, Jomulquillo y El Cargadero, situadas a tan sólo 8, 10 y 12 kilómetros de Jerez (véase Orozco y Welle en este tomo).

Esta circunstancia hace pensar en la existencia de prejuicios políticos e ideológicos en la población entrevistada que la hace subvalorar el Programa Tres por Uno o fingir que lo desconocen. Es factible que esa explicación sea la correcta, pues en los últimos años los migrantes han tenido una fuerte participación política para ocupar cargos del gobierno local, lo que ha suscitado amplios debates ideológicos entre los diversos partidos políticos y generado importantes movilizaciones de las comunidades rurales contra los políticos tradicionales y a favor de los candidatos migrantes. Esta experiencia significó una confrontación entre la clase política de todos los partidos y las organizaciones de migrantes zacatecanos en los Estados Unidos. Sus miembros, además de colaborar en el financiamiento de cientos de proyectos sociales con remesas colectivas, han reivindicado en los últimos años el derecho a ser ciudadanos binacionales, con derechos políticos plenos para votar y para ser candidato a ciertos cargos políticos. Esta lucha política e ideológica transnacional finalmente dio fruto y en 2003 se modificó la Constitución del Estado de Zacatecas para permitir la doble ciudadanía a los migrantes y reconocerles el derecho de presentarse como candidatos a cargos de alcaldes y diputados locales. Es así como en 2004 dos migrantes se convirtieron en alcaldes respectivos de Jerez y Apulco.[2] Dos migrantes ganaron también bancas de diputado, uno por el Partido de la Revolución Democrática (PRD) y otro por el Partido Revolucionario Institucional (PRI). Estos avances en los derechos políticos de los migrantes zacatecanos han servido como referente para las organizaciones de migrantes michoacanos y oaxaqueños, que emprenden luchas e iniciativas semejantes. Constituyen, además, un antecedente obligado cuando se discute la posibilidad de que los migrantes mexicanos en los Estados Unidos voten en las elecciones presidenciales de México en el 2006.

Finalmente, en relación con el posible impacto de la migración internacional y de los ahorros de los migrantes en el establecimiento de negocios en Jerez, sólo el 32% de la población entrevistada manifestó interés al respecto. El 26% de quienes están interesados piensa en crear un pequeño comercio de abarrotes, frutas o materiales de construcción, el 18,4% quiere dedicarse a la venta de ropa y el 14,3% planea abrir un restaurante. De esta información se advierte una baja cultura empresarial y la tendencia de la población de Jerez hacia los servicios tradicionales del comercio. Quizá la indiferencia hacia las inversiones productivas se deba a las limitaciones del propio contexto regional o a la avanzada edad de muchos de los receptores.

Como se ha señalado, las expectativas son muy diferentes entre los integrantes de las comunidades rurales del municipio y sus clubes de migrantes en los Estados Unidos. Estos grupos están muy interesados en transitar de los proyectos solidarios de beneficio colectivo a los proyectos productivos que reciban el apoyo de la inversión migrante y que tengan un mayor impacto en la generación de empleos permanentes y bien remunerados, pudiendo constituir así el soporte del desarrollo local y regional. En particular, destaca la importancia que los migrantes le dan a la promoción de pequeños proyectos agroindustriales. No obstante, estos proyectos sólo podrán materializarse con el establecimiento de nuevas políticas públicas y la mayor organización y capacitación empresarial de las comunidades rurales y sus organizaciones de migrantes en los Estados Unidos (García Z. 2004).

---

[2] Andrés Bermúdez ("El Rey del Tomate") nació en Jerez y emigró a los Estados Unidos en los años setenta. En 2001 fue elegido alcalde de Jerez pero el Instituto Federal Electoral anuló la elección porque Bermúdez no era residente del municipio. Esta acción provocó la confrontación que encabezó la Federación de Clubes Zacatecanos del Sur de California a fin de cambiar la ley electoral vigente. En julio de 2004, tras la enmienda constitucional del estado de Zacatecas, Bermúdez llegó a ser alcalde.

Después de más de 25 años de existencia y varias décadas de promover proyectos sociales en sus comunidades de origen, la maduración de la Federación de Clubes Zacatecanos del Sur de California ha permitido no sólo dotar a dichas comunidades de infraestructura básica sino que, además, la propia federación se ha convertido en una de las interlocutoras más importantes de los gobiernos estatal y federal. En los últimos años esta federación se ha reunido en varias ocasiones con la Secretaría de Desarrollo Social para crear nuevas formas de institucionalizar proyectos productivos de migrantes con fondos concurrentes de los tres niveles de gobierno.

CONCLUSIONES

El municipio de Jerez tiene una amplia historia de migración y muchos de sus migrantes se encuentran viviendo permanentemente en los Estados Unidos. Más de la mitad de las remesas que se reciben en Jerez provienen de California, uno de los principales destinos de la migración. En el pasado, el dinero de las remesas desempeñaba una función crítica, puesto que permitía a los residentes de la comunidad construir o comprar sus propias viviendas y les concedía acceso a oportunidades educativas. Sin embargo, la cantidad de remesas que se envían actualmente a Jerez ha disminuido notablemente en los últimos 15 años, lo cual se debe, en parte, a la ley IRCA, que permitió a la reunificación familiar. Hoy en día, la mayoría de los migrantes que envían dinero son hijos adultos (60%) que contribuyen económicamente a la manutención de sus padres ancianos que aún viven en Jerez. Las remesas satisfacen principalmente los gastos de alimentación, salud, ropa y vivienda.

Evidentemente, el bienestar de los hogares que reciben remesas familiares se ve mejorado con respecto a la alimentación, la educación y la vivienda. No obstante, también aumenta la desigualdad respecto de las familias que no reciben remesas (Lozano 2004; Arroyo 2004), lo cual plantea un nuevo desafío para las políticas públicas. Para enfrentar la desigualdad se requiere aplicar políticas compensatorias que incluyan la participación activa de los migrantes y que atiendan a nuevas opciones de programas de vivienda, educación, servicios médicos, cuidados de la vejez y seguros complementarios y servicios bancarios. También se requieren programas que estimulen la inversión productiva de los migrantes en virtud de una nueva relación institucional de colaboración y apoyo técnico por parte de los tres niveles del gobierno mexicano (García Z. 2001).

Para hacer más eficaces estas políticas y programas se requiere establecer una tipología de las diferentes clases de individuos a quienes impacta profundamente la migración, es decir: asalariados, jubilados, ahorradores, inversionistas; así como una tipología de las distintas clases de remesas que funcionan y se aplican con una diferente lógica y finalidad: remesas familiares, remesas colectivas para proyectos sociales y remesas para ahorros e inversiones. En la planeación estratégica de los proyectos productivos la inclusión de actores sociales locales (mujeres, productores, alcaldes y otros) genera la necesidad de proponer políticas sociales complementarias a nivel federal y estatal. Estas políticas deben atender los impactos sociales de la migración sobre los niños, las mujeres y los ancianos, así como reducir la enorme brecha de equidad entre los hogares que reciben remesas y los que no cuentan con ellas.

En ese sentido, existen varias iniciativas en curso. Por ejemplo, el vacío de los servicios financieros ha propiciado a algunas organizaciones de migrantes, investigadores universitarios y funcionarios de organismos internacionales a estudiar conjuntamente la posibilidad de promover una nueva institución microfinanciera con cobertura en el sur de Zacatecas, una de las regiones de México donde mayor incidencia tiene la migración internacional. Otras iniciativas de organizaciones de productores locales, clubes de migrantes, académicos y organismos internacionales apuntan a promover y reforzar los proyectos productivos binacionales. Al rebasar el ámbito de los proyectos solidarios y trabajar simultáneamente en la planeación estratégica y el fortalecimiento institucional transnacional, estas iniciativas suponen un cambio cualitativo en la colaboración de diversos actores sociales transnacionales. En la actualidad, existe un potencial significativo para el desarrollo local, derivado de la existencia de numerosas comunidades rurales con fuerte presencia de los clubes y diversos proyectos sociales del programa Tres por Uno, que representan lo que podríamos llamar la política social de la diáspora zacatecana. Si se crean políticas públicas de apoyo y acompañamiento adecuados de estas iniciativas, se podría crear el camino por el cual las organizaciones de migrantes y sus comunidades de origen pudieran convertirse en nuevos actores sociales importantes del desarrollo. Las universidades, los organismos no gubernamentales y las instituciones internacionales deben desempeñar un papel de apoyo importante en este proceso.

A pesar de estas iniciativas prometedoras, cuyo objeto es resarcir las desigualdades existentes, es muy importante hacer hincapié en los datos empíricos que presenta este capítulo, ya que con frecuencia funcionarios gubernamentales de México, Guatemala, El Salvador, Colombia y Ecuador hablan del potencial de las remesas familiares como posible fuente de financiamiento de proyectos productivos que podrían impulsar el desarrollo regional y local. Pero pasan por alto el hecho de que las remesas ya están comprometidas para la satisfacción de las necesidades familiares básicas, y que sólo una mínima parte se invierte en pequeños comercios o en actividades agropecuarias. Es de suma importancia que estos gobiernos conozcan esta información, si pretenden diseñar políticas públicas sobre migración internacional y programas para capitalizar los impactos económicos y sociales de este fenómeno y los diversos mecanismos que emplean los migrantes para transferir su dinero.

Bibliography/Bibliografía

Arroyo, Jesús. 2004. Efectos económicos de la migración mexicana a Estados Unidos. Paper presented to the Conapo Congreso Internacional sobre Migración y Desarrollo, Mexico City (December).

Banco de México. 2004. *Remesas familiares por entidad federativa*. Mexico City: Banco de México.

Canales, Alejandro. 2004. El papel económico y productivo de las remesas en México. Una visión crítica. Paper presented to the Instituto Nacional de Migración Seminario Migración, Remesas y Desarrollo, Mexico City (November).

Conapo (Consejo Nacional de Población). 2000. *Migración México–Estados Unidos. Presente y Futuro*. Mexico City: Conapo.

———. 2003. *Migración internacional México–Estados Unidos*. Mexico City: Conapo.

———. 2004. *Migración internacional por entidad federativa*. Mexico City: Conapo.

García Z., Rodolfo. 2001. Migración internacional, remesas y proyectos sociales: Una propuesta de desarrollo regional para Zacatecas. Paper presented to the Seminario Internacional sobre la Transferencia y Uso de las Remesas: Proyectos Productivos y de Ahorro, sponsored by CEPAL, Sin Fronteras, and the Universidad Autónoma de Zacatecas, Zacatecas, Mexico (October).

———. 2003a. *Migración, remesas y desarrollo local*. Zacatecas: Universidad Autónoma de Zacatecas.

———. 2003b. El microfinanciamiento como instrumento de empoderamiento binacional de los Clubes de Migrantes Zacatecanos. Paper presented to the Primer Coloquio Internacional sobre Migración Internacional y Desarrollo, Universidad Autónoma de Zacatecas (November).

———. 2004. Los retos económicos de las organizaciones migrantes mexicanas en Estados Unidos: El caso de los Clubes Zacatecanos. *Revista ECA* (Estudios Centroamericanos. Universidad Centroaméricana José Simeón Cañas, El Salvador), July–August: 669–70.

INEGI (Instituto Nacional de Estadística, Geografía e Informática). 2000. *Censo General de Población y Vivienda en México*. Mexico City: INEGI.

Lozano, Fernando. 2004. Efectos económicos de la migración mexicana a Estados Unidos. Paper presented to the Conapo seminar on Migración México–Estados Unidos: Implicaciones y retos para ambos países, Mexico City (December).

Padilla, Juan Manuel. 1993. La emigración a los Estados Unidos: El caso de Zacatecas. *Revista de Investigación Científica* (Universidad Autónoma de Zacatecas) 1 (March–April): 3–12.

———. 2004. Demografía y Desigualdad Social en Zacatecas. Doctoral thesis, Universidad Autónoma de Aguascalientes (Mexico).

CHAPTER 3

Remittances and Financial Services

EMMANUELLE BOUQUET

International awareness of the magnitude of monetary flows sent by migrants to their countries of origin—and of the development potential these flows represent—has been increasing in recent years. In Mexico, remittances from migrants working in the United States stand at the intersection of two crucial issues regarding equity and development: migration and the limited access to financial markets for the working class and the poor.

One way to increase migration's positive influence on living conditions for migrants and the families remaining behind is to link remittance transfers to a process of integrating a financial system than spans both sides of the border. In that undertaking, market dynamics and public policy decisions by governments are primarily influential. However, current circumstances create a gap that presents a major opportunity for civil society organizations that are working on development issues locally (credit unions and microfinance institutions) or nationally and internationally (philanthropic foundations).

Mexico-U.S. migration has many faces. A 2003 market study shows that the population receiving remittances—18% of all Mexican households—cannot be distinguished from the general population by geographic distribution, income, or education (Bendixen 2003, 5–7, 13). This chapter focuses on the segment of migrants facing the gravest inequities on both sides of the border: those whose households in their communities of origin are poor (we will put special emphasis on rural poverty); those who migrate temporarily and without documents; and those who leave their families behind but maintain close economic ties with them from the United States.

Translated by Patricia Rosas.

We begin by analyzing the demand side of financial services and remittance transfers, starting with the barriers that Mexico's poor—particularly its rural poor—face when it comes to using the mainstream banking system. These exclusion mechanisms pose a problem for equitable development. They arise partly from initial inequity, but they, in turn, cause even more inequity and diminish development opportunities. Next, we focus on the poor who migrate to the United States. We show how their need to transfer remittances can be connected to improving their access to banking services. This link would benefit both remittance senders and recipients. The next section examines the supply side. We begin with a presentation of the logic and potential of three categories of actors that supply financial services to Mexico's poor: the private sector, the government, and the "third sector," civil society groups such as cooperatives and microfinance institutions. We review the steps these actors have taken to meet the needs of migrants and their families by connecting remittance transfers to banking services. In this area, there is still much to be done. We conclude with a section dedicated to the important role that philanthropic foundations can play, in both Mexico and the United States, through partnerships with civil society organizations that are seeking to improve the options available to migrants and their communities of origin for utilizing the financial system.

POVERTY AND ACCESS TO FINANCIAL MARKETS

Compared to the rest of the world, Mexico is considered a middle-income nation, based on both its per capita GDP (almost US$6,000) and the United Nations Development Programme's Human Development Index. However, this ranking hides major disparities. According to official data, 44% of all households in Mexico were in poverty in 2002, and 16% were in extreme poverty. In rural areas, those figures reached 59% and 29%, respectively (Sedesol 2003, 5–6).

The high poverty levels prevailing in an emerging country like Mexico are exacerbated by the great inequality characterizing access to development opportunities, such as education, health, basic infrastructure, sources of income, and markets. This inequality has both social and geographic aspects. Great regional imbalances exist, principally between northern and southern Mexico, and rural areas are disadvantaged everywhere. In turn, inequitable opportunities limit the capacity to generate income, reinforcing a vicious circle, which is intensified by serious deficiencies in the financial markets. World Bank international macroeconomic studies have revealed the positive impact of a higher level of development of financial markets. This is true not only in terms of overall national economic growth (through productive investment, job creation, and public investment generated by additional tax receipts) but also in terms of poverty reduction, which means that the positive effects disproportionately benefit the poor (Honohan 2004; Beck, Demirgüç-Kunt, and Levine 2004). It goes without saying that financial markets in Mexico fall far short of meeting this basic macroeconomic objective, and this fact is reflected in the high levels of poverty and the relative prevalence of self-employment and employment in the informal economy.

The relationship between the financial system and poverty can also be examined through an analysis of the conditions that poor people face in accessing financial services. Deficiencies in this arena also have implications for equitable development.

In Mexico, as in other parts of the world, the poor handle money, and as such, they need a full range of financial services to accompany both their productive activities and their family dynamics. (Indeed, the productive unit and the family unit are often one and the same.) They need loans to invest or to cover a specific shortfall in their finances, a bank account in which to deposit excess liquidity or to plan for future expenses, and insurance to manage risk (Rutherford 1999).[1] They also need to cash checks (particularly government aid) and, certainly, a means for receiving remittances when a member of the family has migrated in search of better opportunities.

Despite representing a significant source of demand, Mexico's poor face high levels of exclusion from formal financial markets. According to official estimates, 35% of the economically active population does not use any type of financial services, and a target population of almost 20 million individuals remains unserved (www.bansefi.gob.mx). Those figures likely underestimate the situation. One representative survey of the Mexican population, conducted in 2003, shows that the gap for savings is even greater: 78% of those interviewed did not have a bank account (Bendixen 2003). In isolated rural areas, the figures are truly dramatic. According to one 1999 World Bank study, only 6% of the productive units in those areas have access to any sort of bank account, and only 3% had any sort of formal loan (World Bank 2000).

---

[1] Poverty goes hand in hand with vulnerability, so risk management is an important element in the decision-making logic of poor households. Significantly, insurance can substitute to some degree for both loans and savings accounts.

Given the circumstances for poor households, the first means of exclusion is the inadequacy of mainstream financial services. For example, in a poor environment, financial transactions (loans and repayments, deposits and withdrawals, remittances) occur in much smaller amounts than is normally seen in the mainstream financial sector. The loan qualification requirements (particularly collateral) must take into account the informal nature of most of the businesses and possessions owned by poor households. Additionally, in rural areas, the specific characteristics of agricultural activities need to be considered: (1) seasonality of income and expenditures, (2) relatively low profitability, and (3) a risk structure that is more unfavorable than that found in other productive sectors.

The second means of exclusion is poor people's lack of access to the financial system. Accessibility includes both geographic and cultural proximity. Financial institutions are normally found in urban areas, but for sociocultural reasons, the poor may exclude themselves from using them. In rural areas, in addition, low population density and geographic isolation can translate into a dramatic shortfall in points of service. For example, in 1995, 95% of Mexico's commercial bank branches were located in communities with over 20,000 residents (Muñoz Rodríguez 2001). Consequently, fewer than one-third of the country's municipalities (including those in urban areas) had a financial institution (World Bank 2000).

For most of the country's poor, exclusion from financial markets can be considered a manifestation of existing inequities, which, in turn, causes more inequity and limits development opportunities. First, because of the lack of opportunities for wage work, most poor people depend for their income on self-employment, either as campesinos or as owners of urban or rural microenterprises. Because they lack sources for getting investment loans that cater to their productive circumstances, the poor miss out on economic development opportunities. Second, lacking access to options for insurance, savings, and loans tends to increase vulnerability, already high whenever these households face a family or productive crisis. Greater vulnerability implies a greater probability of disinvestment, which feeds poverty's vicious cycle.

The informal financial market represents an alternative, given the absence of formal options. The World Bank study mentioned above, which was conducted in rural areas, revealed that although participation in formal markets was only 6% for savings and only 3% for loans, participation in informal markets was, respectively, 54% and 31% (World Bank 2000).

These informal mechanisms (*prestamistas* and *tandas*[2] as a way to save) have advantages, beginning with the simple fact that they exist, and also because they are easily accessed, flexible, and convenient. However, they also pose problems. The cost of informal loans is very high (and consequently, their use is restricted to very specific cases, such as family emergencies), and the rotating savings format presents a high risk of fraud or loss.

MIGRATION AND CONNECTION TO THE FINANCIAL SYSTEM

This chapter focuses on the segment of migrants that faces the greatest equity challenges in both countries. These migrants come from poor rural households, and they migrate to the United States on a temporary basis and without documents.[3] As undocumented migrants, they generally do not speak English and they earn relatively low wages, placing them at even greater risk, legally as well as socially and economically (Capps et al. 2003). Most leave their families behind but maintain close economic ties with them from the other side of the border.

For the poor, and particularly the rural poor, migration is a highly attractive option, not only because of the lack of economic opportunities at home but also because of the enormous income differential between the United States and Mexico.[4] Notably, however, migration is also a potentially inequitable option. The probability for success rests on having the social networks that a migrant can access to locate a trustworthy *pollero* (smuggler) and to secure a job in the United States. In addition, a good *pollero* costs a lot, as much as US$2,000. Nevertheless, for the rural poor who overcome such obstacles, remittances represent a chance to offset existing inequity and to promote development, whether individually (for the migrant and his family) or at the community level (through migrant hometown associations).

---

[2] *Prestamistas* are similar to pawnbrokers; *tandas* are saving mechanisms, similar to rotating savings and credit associations (ROSCAs).

[3] A recent Pew Hispanic Center survey estimates that 10.5 million legal and 3.5 million undocumented Mexican migrants reside in the United States. Despite increased border controls after September 11, 2001, the flow of temporary migrants has now reached 485,000 people per year, most of whom are men (90%). Three-quarters migrate without documents (Conapo 2004).

[4] In 2002, the average monthly income for Mexican-born migrants was 10 times higher than the average income for Mexican households in the lowest income category (35% of the total): US$1,700 versus US$170 (López Vega 2003; INEGI 2004).

Only a small fraction of remittances are used for direct productive investment in poor rural communities (Conapo 2002; Bendixen 2003; Morvant 2005; García Zamora in this volume). This is the case for several reasons. One problem is the lack of local productive options, which motivates the migration in the first place. Another is the imbalance in the economically active population caused by the massive emigration of young men (remittance recipients are generally elderly parents or wives with young children). Still another is the rational choice by recipient families that leads them to use remittances as a secure form of income over the risk represented by launching an independent productive activity (even though that choice itself poses a risk, given that remittance flows could dry up).

However, other ways of using remittances can have a positive effect on development. For example, family remittances play an important role in developing human capital by making education, housing, and health accessible (see García Zamora in this volume). At the local level, new patterns of consumption, resulting from remittance flows, can revitalize certain economic sectors such as retail or construction. Furthermore, resources from migrant hometown associations are usually invested in a community's basic infrastructure (see the chapters by Burgess and by Orozco and Welle in this volume). Those investments are not directly productive, but they reduce underdevelopment relative to urban areas.[5]

Traditionally, specialized firms, completely disconnected from the rest of the financial system, have provided migrants with remittance transfer services. The sending of remittances occurs through cash-to-cash transfers (a conversion of dollars to pesos) to and from the points of service, generally located in stores or gas stations. Governments and multilateral organizations, such as the Inter-American Development Bank, have begun to promote the benefits of improving the connections between remittance transfers and the mainstream financial system. This involves seeking alternatives to existing transfer firms, which have been accused of charging excessive fees and lacking transparency about the various mechanisms for collecting payments (commissions and currency exchange rates). The idea

---

[5] The role of migrant hometown associations is essential in light of the government's failure to build and maintain basic infrastructure in isolated areas. However, from an equitable-development perspective, there are limitations. By nature, the focus of these associations is local, and their contributions cannot substitute for planned regional policies, which must also include the many marginalized communities that do not have access to collective donations from migrants.

requires banks to develop and offer more attractive transfer mechanisms. Whatever means may be used for transferring remittances, however, better access to the financial system for both senders and recipients could play a major role in promoting equitable development.

Indeed, in addition to remittance transfers, both senders and recipients need financial services. For the migrant, a bank account in the United States could be used, among other things, to cash payroll checks, to pay basic expenses (such as rent and utilities), to establish a credit history (by using a credit card), or even to save in anticipation of returning to Mexico (for example, for building a house or for retirement). For a migrant without a bank account, all these operations are much more complicated and expensive.

The families of migrants need a service that offers security and proximity for cashing the remittances, whether that service is offered by a company that transfers remittances or by a financial institution.[6] Recipient families in rural areas face a dearth of financial institutions. This gives transfer firms a comparative advantage in that they can establish a relatively cheap and flexible distribution point, taking advantage of networks of self-service stores, pharmacies, and gas stations. Aside from receiving remittances, poor families also require a full range of financial services customized to their circumstances. When a family is receiving remittances, its needs change based on the pattern of this new source of income. In terms of amount and frequency, family remittances generally represent a relatively important and predictable flow. A first step would be to have savings products that enable an individual to manage liquidity efficiently, whether to cover current expenses or to plan for the future (house construction, children's education, or even the migration of another family member). It must be emphasized that various savings accounts may be required, including one in the name of the migrant, especially if that person does not have an account in the United States or if he or she migrates seasonally. Furthermore, even though it is uncommon, remittance flows can help to generate productive activities on the part of other family members. In any case, past and future remittances can play a role as self-financing seed capital, as a down payment for an investment loan, or as a partial substitute for collateral.

Finally, giving remittance recipients the access they need to the financial system opens up a new opportunity for equitable development in rural

---

[6] In isolated rural areas, there is also a demand for a cash exchange of dollars because a significant percentage of remittances continues to be delivered in person by messengers or by migrants returning to the community.

areas not served by mainstream banks. Indeed, this could contribute to building networks of financial intermediation in communities or regions in order to attract part of the remittance flows as time deposits, which would later be converted into loans benefiting other families or communities.

In summary, a promising way to leverage the role of remittances in local development would be to offer financial services that are adapted to a variety of modalities (savings and loans for individuals, families, and communities). The challenges are enormous. We have seen the obstacles that Mexico's poor face, particularly its rural poor, in terms of access to financial services. Moreover, in the United States, most Mexican migrants reproduce the pattern of exclusion that they suffered in their country of origin. In the United States, the problem is not so much the inadequacy of the services offered, but rather the difficulty in accessing them. The obstacles have cultural, linguistic, and, certainly, legal dimensions (such as requirements for showing official identification), the last being particularly relevant in the case of undocumented migrants. Notably, regarding accessibility, transfer firms once again have a comparative advantage, since migrants often staff the points of service and do not request identification.

FINANCIAL ACTORS ON THE SUPPLY SIDE AND MEXICO'S POOR

The poor have specific financial service needs. A response to those needs from the supply side has huge organizational implications (customizing products and delivery processes) as well as financial implications (operating costs and risk management). There is still much to be done to find solutions that are equitable, innovative, and sustainable, and that provide ample coverage. This section presents, in broad strokes, the principal actors on the supply side, in terms of their rationales and levels of coverage: the banking sector, the government, and the third sector, which comprises financial cooperatives and microfinance institutions (tables 3.1 and 3.2). The mainstream banking sector has never shown much interest in serving a market that it believes to be unprofitable. Because it designs its products and operational processes based on specific client profiles and economic sectors, the poor (and often the lower-middle classes as well) are excluded due to minimum deposits and other requirements.[7]

---

[7] For example, in Mexico, checking accounts at commercial banks require a minimum initial deposit of about US$300, and interest is paid only on accounts with balances in excess of US$1,000. In the case of Bansefi and Banco Azteca (a government bank and a private bank, respectively, focused on

Table 3.1. Financial Services for the Working Class and the Poor

	Private Sector	Public Sector	Third Sector	
			Financial Cooperatives	Microfinance Institutions
	Banco Azteca	*Bansefi*	*Comacrep*[a]	*ProDesarrollo*[b]
Number of branches	1,300	550	1,100	200
Number of users	4,700,000 (savings accounts)	2,300,000 (savings accounts)	1,900,000	600,000
Loan portfolio (US$ millions)	930	not applicable	1,260	215
Voluntary savings portfolio (US$ millions)	1,500	390	1,540	30

Sources: www.comacrep.org.mx; www.bansefi.gob.mx; personal communication with ProDesarrollo Director Marcela Gessaghi; www.grupoelektra.com.mx.

Figures as of June 2004, except for ProDesarrollo (December 2003).

[a] The Consejo Mexicano del Ahorro y Crédito Popular (Mexican Community Credit Unions Council, Comacrep) is the umbrella organization for the country's main credit union federations: Federación Mexicana de Entidades de Crédito y Ahorro, Consejo Coordinador Nacional de Cajas Solidarias, Federación UNISAP de Occidente, Federación Alianza, Federación Noreste, Federación Sistema Coopera, Federación Centro-Sur, and Fedrural.

[b] National network of the main microfinance institutions.

Compared to the lack of interest shown by the private sector as a whole, the recent appearance of Banco Azteca is worth highlighting. From the design of its saving and loan products to its branches, this private bank's business model is defined entirely in relation to the lower-middle classes. Banco Azteca was established in 2003 to complement and institutionalize the range of services that had previously been offered by Elektra, a household appliances retailer. These include the cashing of remittances, through a partnership with Western Union, and consumer credit for the

lower-income clients), savings accounts can be opened with as little as US$5, and interest is earned on any amount.

purchase of Elektra merchandise.[8] The bank now also offers loans, which consumers can use at their discretion, as well as savings products.

The case of Banco Azteca illustrates how market forces can lead to the creation of a for-profit financial institution specializing in serving populations otherwise excluded from mainstream banking. The strengths of Banco Azteca combine efficiency, technology, national-level coverage, large-scale operations, and an in-depth understanding of the target market. It is premature to assess this model, but the first year of operations saw rapid growth and positive financial results. Nevertheless, Banco Azteca is governed by a business model, not by a vision for equity or development. Its operations are limited to urban areas and to a market niche composed of the lower-middle classes rather than the poorest classes. It also offers only consumer credit or bridge loans, which are inadequate for developing productive projects.

Table 3.2. Microfinance Services Specifically Designed for Isolated Rural Areas

	Third Sector– Government Hybrid	Third Sector
	Cajas Solidarias	*AMUCSS Microbanks*
Number of branches	319	19
Number of members	331,000	12,000
Loan portfolio (US$ millions)	87	1.5
Voluntary savings portfolio (US$ millions)	50	2

Sources: www.comacrep.org.mx; http://www.microrregiones.gob.mx/temporal1/pg/cajas.htm; personal communication with AMUCSS Director Isabel Cruz. Figures as of September 2004.

One of the traditional roles of government is to correct market failures in pursuit of the general welfare. In the model that predominated until the late 1980s, the government had legitimacy to act as a substitute for the private sector by itself providing the financial services that were lacking. In Mexico, this was the case in markets for agricultural credit and insurance.

---

[8] Branch banks are strategically located in retail stores.

The goal was to contribute to national farm policy and, often, to consolidate the political base of the ruling party, but in no way did these services constitute a permanent rural financial system. The system was extremely costly, inefficient, and corrupt, and it collapsed with the implementation of structural adjustment policies at the end of the 1980s, leaving a huge institutional gap in rural areas (see Bouquet and Cruz 2003).

In contrast to its interventionist strategy in the agricultural sector, the Mexican government has had virtually no direct presence as a first-tier provider in urban financial markets or in those focused on the poor. An interesting exception, however, is the Patronato del Ahorro Nacional (National Savings Trust, Pahnal), a public institution created in 1950. Its sole mission was to encourage and attract savings among the working classes excluded from the banking sector (its by-laws did not allow it to make loans). In 2001, this highly dependable institution became the Banco Nacional de Servicios Financieros (National Bank for Financial Services, Bansefi). It continues as a savings depository, and it has diversified its first-tier activities by offering services for cashing government-issued checks, acting as a liaison for home loans provided elsewhere, and facilitating the payment of remittances. Bansefi has a network of branches throughout Mexico, including small cities, and its clients are primarily urban residents and from the lower-middle classes.

The so-called third sector falls between the private sector and government. It consists of financial cooperatives and microfinance institutions whose social mission is to offer financial services to the population excluded from commercial banking. Financial cooperatives or credit unions, making up the "popular savings and credit sector," have existed for 50 years. They offer services for savings, loans, and life insurance, and since 2003 the largest cooperatives have also been entering the remittance market through operational partnerships with transfer firms (see below). The credit unions are fairly strong and professional, and they are well structured as an industry. They have achieved adequate coverage in Mexico and have demonstrated that it is possible to serve the working class in an independent and sustainable manner based on a social vision. However, they serve primarily the lower-middle classes, not the poorest. Although the third sector has a national presence even in small cities, its membership base is predominantly urban. There are agricultural credit unions, but the few that have survived the financial and agricultural crises of the 1980s and 1990s serve mid- and large-scale farmers rather than poor campesinos (Cruz, Braojos, and Zuvire 1996).

Since the 1990s, microfinance institutions have appeared alongside the cooperatives; the former offer financial services (mostly loans but also, to a lesser degree, savings and life insurance) that are designed specifically to contribute to economic and social development for the poor and extremely poor population. Most of these institutions are civil society initiatives, structured as cooperatives or nonprofit organizations.[9] In contrast to the credit union sector, the microfinance side is still nascent in terms of size and organizational and financial soundness, and its existence depends largely on infusions of international aid. Its coverage is still very limited, but it is growing, and above all, it is managing to serve the poor. The dominant microfinance model is oriented more toward urban populations and the small-business sector, but there are some institutions that have a rural presence or that support other economic sectors (artisans and services, for example).

The third sector, particularly microfinance institutions, is extremely relevant in providing financial services to the poor. Its principal strengths are a social mission based on equitable development and a knowledge of local issues. This positions the sector to explore innovative solutions regarding credit, savings, and insurance for the poor, which enables these institutions to reach the target population while fulfilling their commitment to continuity of service. Nevertheless, this sector is just beginning to blossom, and it faces many challenges. A major one is professionalizing the microfinance institutions, which often begin as experiments, with little access to capital and technology and with personnel who are committed but who are not necessarily trained in financial matters. Professionalization and institutional strengthening are essential to ensure efficiency and quality of service, to guarantee the security of the money that is managed, and, in the end, to consolidate and broaden the availability of financial services for the poor.

The context in which the third sector is developing in Mexico is in transition. The administration of President Vicente Fox (2000–2006) has emphasized financial services for those who are excluded from the banking sector, utilizing two lines of action: fostering the microfinance industry and regulating third-sector savings institutions (protecting popular savings).

The development of microfinance institutions is being encouraged through funding mechanisms, financing for equipment and operational

---

[9] An exception is the Cajas Solidarias network, which offers rural microfinance services under a hybrid scheme. It is cooperatively structured, but the Ministry of Social Development provides financing and oversight.

expenses, and institutional strengthening, managed by various executive branch offices. The main one is the Programa Nacional de Financiamiento al Microempresario (National Program for Funding Small Business, Pronafim), within the Secretaría de Economía (Economics Ministry). Among others are the Programa de Asistencia Técnica al Microfinanciamiento Rural (Program for Technical Assistance for Rural Microfinancing, Patmir); the Secretaría de Agricultura (Ministry of Agriculture), focused on strengthening rural microfinance institutions; and programs for co-investment through the Secretaría de Desarrollo Social (Ministry of Social Development, Sedesol), aimed at priority areas based on their level of poverty. (For more information on these programs and their intervention rationales, see Bouquet and Cruz 2003.)

The principal instrument for regulating and organizing the non-banking financial sector for the protection of the personal savings of the working class and poor is the 2001 Ley de Ahorro y Crédito Popular (Law on Popular Savings and Credit). It has provisions for supervisory mechanisms, to which the institutions must have submitted before June 2005 in order to be able to continue as savings institutions. In this new framework, Bansefi seeks to position itself as a development bank for the non-banking financial sector, combining regulatory and support functions with its first-tier activities. On one hand, it coordinates the process of aligning the sector's institutions to the new legal and regulatory framework; on the other, it is working to develop public goods for the sector, such as training and technology.

With these actions, the government is pursuing two parallel objectives: to build a more effective, solid, and accessible financial system for those excluded from the mainstream banking sector, and to contribute in the fight against poverty through better opportunities for obtaining loans and the protection of savings. From the perspective of third-sector financial institutions, the balance between promotion and regulation is precarious. Adjusting to a new legal framework for savings institutions has been an extremely complex and costly process, even for the largest and soundest of the credit unions. That is why many activities have centered on regulation, overlooking other essential aspects such as broadening coverage in rural areas. There, the dilemma between protecting savings and enhancing access to the financial system is particularly sharp, because, in addition to the paucity of institutions, the institutions that do exist are generally less sound; consequently, they are less able to adjust quickly to the new legal requirements.

CONNECTING REMITTANCES WITH FINANCIAL SERVICES FOR THE POOR: PROGRESS AND CHALLENGES

When examining the possibility of linking remittances to better financial services for the poor, it is necessary to return to a binational focus that considers activities in both the United States and Mexico. Various financial institutions in the United States (including banks, credit unions, and microfinance networks) have become aware of Latin American migrants as a potential market, and these organizations are developing savings products connected to remittances services (Orozco 2004). Regarding third-sector initiatives, the World Council of Credit Unions (WOCCU) has negotiated a global alliance with Vigo, a remittance company, and offers technical assistance to its affiliates, both in the United States and in Latin America, in order to incorporate remittances into their menu of services (WOCCU 2004a and 2004b). WOCCU also offers legal advice about serving undocumented individuals. Additionally, to enable credit unions to attract Latin American migrants living in the United States, WOCCU is developing specific strategies, such as how to locate branches in migrant neighborhoods, hire Latin American personnel, and target their advertising and marketing, among other things. Microfinance networks, such as ACCION International, have undertaken similar efforts to benefit their Latin American affiliates.

For its part, through a new high-security *matrícula consular*, similar to an identity card, the Mexican government has tried to help its migrant citizens gain access to the U.S. financial system. Mexican consulates issue the card, regardless of whether a migrant is in the United States legally, and a growing number of financial institutions have accepted the high-security version as valid identification. By July 2004, two years after the start of the *matrículas* program, 2.2 million Mexicans had a high-security identity card, giving them access to 178 U.S. financial institutions (Instituto de los Mexicanos en el Exterior 2004). A survey of undocumented migrants at the beginning of 2004 revealed that 47% of them had the card (Bendixen 2004).

Despite these actions and the benefits they may bring, migrants are not responding rapidly, and they continue to experience low levels of financial coverage (Orozco 2004). More time is needed to detect a trend, but it seems that basic information is missing on migrants and their relationship to the financial system, both in terms of levels of demand and about their perceptions. For that reason, it is important to deepen the understanding of their needs and the logic behind their decision making and to create stronger ties. ACCION International's pioneering market study in 2004 with migrants from Bolivia and El Salvador is a very interesting step in that direction (Jaramillo 2004).

In Mexico, in contrast to the United States, the private banks are not interested in providing banking services for remittance recipients who are currently excluded from the financial system, particularly those who are poor or live in rural areas. However, the large and growing volume of remittances (estimated as having exceeded US$16 billion in 2004) is catching the attention of these institutions, and they are beginning to position themselves, either through partnerships with established transfer firms or by developing their own systems. The advantages of the banking sector lie, obviously, in its financial and technological capacity, which translates into reduced costs. BBVA Bancomer, for example, transferred more than US$5 billion in 2003, and the cost for sending US$360 (the average amount of the remittances they handle) has dropped from US$50 in 1995 to US$10 in 2003 (BBVA Bancomer 2004). However, growing competition in the remittance market, along with increases in volume and technological advances, has lowered prices in the entire industry. Today, the cost to send money from the United States to Mexico is practically the same whether one uses banks or established transfer firms (for details on the different mechanisms for transfer and their costs, see Orozco 2004).

Given the cost of transfers, the best option is a binational bank card (Orozco 2004). It would also contribute to addressing the problem of providing financial services in rural areas, since the cost to install and maintain an automatic teller machine cannot compare to the cost of opening and running a branch bank. Certainly, obstacles persist. In Mexico, much still needs to be done to establish a network of ATM machines reaching into the more remote rural areas. Moreover, the plan for a binational card presupposes that the remittance sender would have a bank account in the United States. Nevertheless, this is a promising possibility.

For third-sector institutions with innovative but simple mechanisms for providing financial services to the lower-middle classes and the poor, the state-of-the-art technology needed to transfer remittances is not readily accessible. Thus, the challenge lies in seeking partnerships between these non-bank financial institutions and companies dedicated to remittance transfers, which would combine the technology of the latter with the social mission of the former. We will next present the three most relevant initiatives in this regard (see table 3.3; for more detailed information, see Fertziger 2004).

Table 3.3. Remittances and Financial Institutions

	Total for Mexico	Private Sector		Public–Private–Third Sector Partnership	Private–Third Sector Partnership (bilateral organization)	Third Sector
		Bancomer	*Banco Azteca*	*L@ Red de la Gente (Bansefi and cooperatives)*	*IRnet – Caja Popular Mexicana – Woccu*	*AMUCSS Microbank Xuu Ñuu Ndavi, FINCO - Oaxaca*
Number of branches	not applicable	1,658	1,300	549	326	2
Period	2003	2003	Jan.–Sept. 2004	June 2003– June 2004	Aug. 2003– June 2004	Jan.–Dec. 2004
Number of remittance transfers	n.a.	n.a.	1,400,000	18,000	4,500	435
Transfer amounts (US$ millions)	14,000	5,600	170	7	2	0.3

Sources: Personal communication with AMUCSS Director Isabel Cruz; BBVA Bancomer 2004; www.grupoelektra.com.mx; Fertziger 2004; IME 2004; CNBV 2004.

n.a. = not available

In its strategy to position itself as a development bank in the non-banking financial sector, Bansefi has created "L@ Red de la Gente" (The People's Network), an operating platform that joins its own branches with third-sector financial institutions (currently, 23 of them), including credit unions and microfinance institutions. Bansefi has used its negotiating power to build partnerships with 10 remittance operators (nine specialized companies and one bank) and to connect these with the network. Through savings accounts, remittances are seen as a means to involve more working-class people in the financial system.[10] L@ Red de la Gente is less than two years old, and it is in its trial stages, so that it is still too soon to undertake a thorough assessment. But we can make a few observations. This platform's importance is that it offers non-banking financial institutions the ability to add remittances to their menu of financial services. In that sense, it is an innovative initiative for a public–private–third sector partnership. Moreover, it could also enable a rapid expansion in terms of operational scale, and it could increase the likelihood of permanency. However, the financial requirements for affiliating with the network are stringent; this poses a risk that the most isolated rural areas will continue to be unserved because the selection criteria tend to disqualify smaller institutions, which are often the only ones serving outlying areas.[11] Additionally, a possible weakness in the partnership is the latent conflict of interest that Bansefi bears by operating simultaneously as a first- and second-tier institution.

An initiative with a similar purpose, although one that operates differently, is the partnership between WOCCU and the Caja Popular Mexicana (the largest financial cooperative in Mexico, with nearly 900,000 members). Its "IRnet" offers remittance transfer services through a company called Vigo. USAID has supported this project, creating a partnership between the third sector, the private sector, and a bilateral institution. As in the case of the L@ Red de la Gente, other financial institutions may join, although the approval criteria are very selective.

---

[10] L@ Red de la Gente also proposes the creation of other products connected with government programs, such as home loans and delivery of subsidies and government aid.

[11] Here, too, the exception is the Cajas Solidarias network. Several members have joined L@ Red de la Gente, which is a very positive step for coverage. However, this poses a risk of differential treatment and of unfair competition between the Cajas Solidarias and other institutions that do not have similar connections to the federal government.

However promising these initiatives may be, they continue to be biased toward the urban lower-middle classes. Given that, the experience of the Asociación Mexicana de Uniones de Crédito del Sector Social (Mexican Association of Social-Sector Credit Unions, AMUCSS), although small in scale, is very significant for the depth of coverage that it has achieved. Since 1999, AMUCSS has been developing a network of credit unions (microbanks) that specialize in serving isolated rural areas. By September 2004, this network was serving more than 12,000 members, primarily indigenous, in six states in Mexico (see table 3.2). One of the microbanks is located in Oaxaca,[12] in a community with a strong migratory dynamic. The families in this community encounter very high transaction costs when cashing remittances. The nearest town is two-and-a-half hours away, over dirt roads. When they arrive, the lines tend to be long, and sometimes the bank even runs out of money. The clients have no choice but to return the following day. In response, AMUCSS established a pilot program to offer remittance transfer services linked to financial services in the vicinity of the community. Remittances are sent to a specific bank account in the name of the microbank. Separately, the migrant sends the beneficiary the reference number for the transfer, and the microbank delivers the money at its local office in cash, or it can even deposit it directly into a savings account.

AMUCSS data reveal that approximately 50% of the remittances that have been handled this way were deposited as fixed-term savings. Another finding is that the recipients do not need loans, and thus the microbank has excess liquidity. Equilibrium is achieved through internal loans between the microbanks in the network, making it possible to invest these financial resources in more economically dynamic regions, where loans are in greater demand (Isabel Cruz, personal communication; Morvant 2005).

The AMUCSS remittance transfer scheme is a pilot model. It is operating on a very small scale, and its expansion would pose serious operational and technological problems. (In that direction, AMUCSS seeks to establish a partnership with more specialized operators.) Nevertheless, it is an inter-

---

[12] Oaxaca is the third-poorest state in Mexico (after Chiapas and Guerrero). Its mountainous terrain causes many communications problems. It has a large indigenous population that suffers from backwardness in terms of equity and development. It also has the lowest level of bank coverage of any state in the Republic, with only one branch (of either a commercial or a development bank) for every 29,000 inhabitants. The nationwide average is one branch for every 12,000 inhabitants. The branches, moreover, are concentrated in only 28 of the state's 570 municipalities (Morvant 2005).

esting model for several reasons. First, it is based on a social mission for local development in areas of high poverty (depth of outreach). Second, its focus is binational, since it has an outreach project for those in the migrant community in the United States who decide to use this service. Third, it has an in-depth understanding of its target market through a participative project involving the members themselves and partnerships with researchers in Mexico and the United States. Finally, it promotes local development through a system of financial intermediation at a regional level.

THE ROLE OF PHILANTHROPY

Market dynamics and public policy decisions by governments play a major role in shaping the processes that link remittances to the integration of the poor into the formal financial system, and major advances have already been made in that respect. However, the magnitude and the diversity of the challenges, particularly in Mexico's rural areas, create an important opportunity for financial organizations in civil society (credit unions and microfinance institutions). In the United States, the issue is not about creating or strengthening financial institutions; instead, it is about customizing the services that are offered and, above all, reducing the social and cultural gaps that exclude migrants, particularly undocumented migrants, from the financial system.

In this context, philanthropy has an important role to play.[13] Foundations are in a privileged position when it comes to working on issues of equity and development because, unlike governments, they do not have a political agenda, and unlike the market, profitability is not required. As civil society actors, these foundations are the natural ally of local development initiatives, whether these be credit unions or microfinance institutions, regional or national networks, or nongovernmental organizations (NGOs) that work with migrants or on community development projects. This type of partnership takes maximum advantage of the synergies between the financial and strategic capacity of the foundations and the commitment, operational capacity, and in-depth understanding of the situation and local needs on the part of the partners.

---

[13] Philanthropic institutions such as the Ford, Inter-American, and Rockefeller foundations, among others, are already accomplishing significant work in the areas of migration, remittances, financial systems, and community development. In this chapter, however, we do not attempt to analyze specific foundation actions; instead, we propose a general framework.

Given the challenges posed by the issues of remittances and the integration of migrants into the financial system, foundation involvement could occur along three lines: support for the strengthening of financial institutions in rural areas, promotion of community development, and assistance to vulnerable migrants in the United States.

Because of their ability to fill market gaps without undermining efficiency and sustainability, the relevance of financial institutions that have a social mission has been emphasized in this chapter. In the past 15 years, the reassessment of the Mexican government's role has given these institutions space to maneuver and has supplied them with mechanisms that foster their further development. However, these mechanisms are insufficient to meet existing needs, and so these institutions now are in a precarious situation given the move toward regulating the sector.

Philanthropic foundations can support local initiatives to create financial institutions that would combine a social mission with the goals of operational and financial effectiveness. From an equity perspective, when they operate in rural areas, giving priority to these institutions is doubly justified because, first, they are the ones that are present to offer services where they are most needed, and second, they are, in turn, the institutions that face the greatest challenges to their own development.

Depending on the individual case, needs can vary, but the principal ones are: (1) financing of operations (seed capital, operating expenses);[14] (2) financing of loan portfolio (donations, soft loans, or market-rate loans); and (3) financing for institutional strengthening. Meeting the third need is essential for professionalization and to give long-term viability to civil society initiatives, which may initially lack certain basic tools, particularly in rural areas where the availability of professionals is low. Institutional strengthening includes training and technical assistance in many arenas, such as, among other things, finance and accounting, management information systems, organizational innovation, and development of new products. Certainly within those categories is the question of remittances as a financial product. One could consider, for example, assistance to incorporate these institutions into Bansefi's L@ Red de la Gente or WOCCU's IRnet. However, it is necessary to note that the point of entry for sustainable involvement is not through remittances in and of themselves, but rather through the institutions, and this calls for an integrated approach.

---

[14] Donors often prefer to fund more visible components, but it is also absolutely essential to fund operating expenses (UNDP 2003, 28).

The underdevelopment of rural financial systems is only a symptom of the more general problem of rural underdevelopment in Mexico. Thus, this also justifies using a community development approach. We have talked about the role that migrant associations can play in promoting this type of project (see other chapters in this volume). Again, foundations can participate in various ways, including co-financing projects and strengthening collective capacities for resource management and governance, among other things. These projects are very important for leveraging the impact of collective remittances. However, an equity focus requires giving equal consideration to community development projects in areas that do not have migration or, at least, organized migrant communities.

Finally, philanthropic foundations can work to reduce the vulnerability of Mexican migrants in the United States. One way to do this is to support efforts to connect migrants to the U.S. financial system. This could include financial literacy projects that teach about options and provide tools to help in making decisions. More generally, information projects on legal and human rights are also important, especially when dealing with undocumented migrants. Another way to reduce migrant vulnerability is to encourage organizing. Again, the foundations could help materially or through organizational training.

Crosscutting these three lines of activity is the role that foundations can play in helping to generate and disseminate relevant information that could be capitalized as a public good. This can be achieved through applied research focused on general topics (migration dynamics and remittances) and also on specific topics. For example, little is known about the qualitative characteristics of migrants and remittance recipients and the financial services they require. Efforts are also needed to synthesize and systematize the experiments relating to migration, remittances, and rural financial systems in Mexico and elsewhere in the world: institutional models, financial products, methods for financial literacy, and so on. This implies that the civil society organizations that are involved must establish partnerships with professional researchers, since the organizations themselves only infrequently have the time and human resources to achieve this alone.

To accomplish this, the commitment and independence of the foundations could best be leveraged if certain principles are followed, including: (1) relying on local knowledge to define strategies for collaboration; (2) being aware of the implications of the assistance regarding competition; (3)

seeking a balance between breadth and depth of outreach; and (4) operating with a long-term perspective.

Taking advantage of local partners' in-depth knowledge of the situation makes it possible to better adapt assistance to specific needs, not only those of the final beneficiaries but also those of the local partners. For example, the importance of support for operating expenses has already been noted. Another important aspect is flexibility in utilizing resources to be able to respond to contingencies.

In the specific case of local financial institutions, we must remember that they stand at the crossroads between the development sphere and financial markets. When supporting one particular institution, foundations, therefore, must keep in mind the risk of perverse effects (unfair competition). There are several ways to avoid such risk. One is to privilege a public-good approach and, for example, to work with networks that would distribute benefits equitably among the affiliated institutions or make a commitment to share the results of a given project with the general sector. Another way would be to work in areas where there is no competition, which takes us back again to the topic of depth of outreach, particularly the issue of rural areas.

There are two major areas for achieving this: broadening the number of beneficiaries and reaching out to the most needy. To struggle against the exclusion of the rural poor from the financial system in an environment where proven solutions are lacking, it becomes necessary to work on both areas together. In Mexico today, public policy priorities and market trends lean toward the first area. Foundations have a good opportunity to create new inroads in the second by supporting and disseminating innovations and experiments. This could imply that it will be necessary to work with smaller institutions, the less visible ones, but those that have gone where the others have not.

Finally, better integrating Mexico's poor—including poor migrants and their families—into the financial markets, building rural financial institutions, and more generally influencing development dynamics are objectives that call for a long-term perspective. Philanthropic foundations must take advantage of their financial capacity in order to support projects that provide continuity for these processes.

CAPÍTULO 3

Remesas y Servicios Financieros

EMMANUELLE BOUQUET

En los últimos años se ha venido tomando conciencia internacionalmente de la magnitud de los flujos monetarios remitidos por los migrantes a sus países de origen, y por ende, del potencial de las remesas como factor de desarrollo. En México, las remesas de los migrantes que trabajan en los Estados Unidos se encuentran en la intersección de dos temas cruciales en materia de equidad y desarrollo: la cuestión migratoria y la baja accesibilidad de los sectores populares y pobres del país a los mercados financieros.

Una vía para mejorar el impacto de la migración en las condiciones de vida tanto de los migrantes como de sus familias que se quedaron atrás es vincular las transferencias de remesas con un proceso de integración al sistema financiero de ambos lados de la frontera. Si bien en esta tarea influyen en mayor grado las dinámicas del mercado, así como las decisiones de política pública de los gobiernos, las circunstancias actuales dejan grandes vacíos que representan una importante oportunidad para los organismos de la sociedad civil relacionados con el desarrollo tanto a nivel local (cooperativas de ahorro y crédito e instituciones de microfinanzas) como a nivel nacional e internacional (fundaciones filantrópicas).

La migración México–Estados Unidos tiene muchas caras. Un estudio de mercado realizado en 2003 muestra que la población receptora de remesas –el 18% de los hogares mexicanos– no se distingue de la población en general en términos de distribución geográfica, de ingresos o de educación (Bendixen 2003, 5–7, 13). En este capítulo nos enfocamos en el segmento de los migrantes que enfrenta los mayores retos en materia de equidad en los dos países: sus hogares de origen se encuentran en situación de pobreza (pondremos especial énfasis en los pobres rurales); migran en forma temporal e indocumentada a los Estados Unidos; migran solos, dejando atrás a sus familias pero manteniendo fuertes lazos económicos con ellas desde el otro lado de la frontera.

Este capítulo se organiza de la siguiente manera. En una primera etapa se analiza el lado de la demanda de servicios financieros y transferencia de remesas. Presentamos primero las barreras que enfrentan los pobres de México, y particularmente los pobres rurales, para tener acceso al sistema financiero tradicional. Estos mecanismos de exclusión plantean un problema de desarrollo equitativo: pueden verse, en parte, como la consecuencia de una inequidad inicial, y a su vez, tienen como resultado más inequidad y menos oportunidades de desarrollo. Luego nos enfocamos en los pobres que migran a los Estados Unidos. Presentamos cómo sus necesidades de transferencia de remesas pueden vincularse con un proceso de bancarización que beneficie tanto a los remitentes como a los receptores. En una segunda etapa examinamos el lado de la oferta. Empezamos con una exposición de la lógica y del potencial de acción de las tres categorías de actores que participan en la oferta de servicios financieros para los pobres en México: el sector privado, el Estado y el "tercer sector", emanado de la sociedad civil y compuesto por cooperativas e instituciones de microfinanzas. Luego revisamos las acciones emprendidas por estos tres actores para atender a los migrantes y sus familias, vinculando las transferencias de remesas con procesos de bancarización. En esta tarea todavía falta mucho por hacer. Terminamos con una parte dedicada al importante papel que pueden jugar las fundaciones filantrópicas, en México y en los Estados Unidos, para vincularse con los organismos de la sociedad civil que buscan mejorar las opciones de acceso de los migrantes y sus comunidades de origen a los sistemas financieros.

POBREZA Y ACCESO A LOS MERCADOS FINANCIEROS

En el conjunto de las naciones, México es considerado un país intermedio, tanto por lo que respecta al producto interno bruto (PIB) por habitante (casi US$6.000) como por el Índice de Desarrollo Humano del Programa de las Naciones Unidas para el Desarrollo. Sin embargo, este dato esconde fuertes disparidades: según datos oficiales, en 2002 el 44% del total de los hogares se encontraba en la pobreza y el 16% en situación de pobreza extrema, y en las zonas rurales estas cifras llegaban al 59 y al 29%, respectivamente (Sedesol 2003, 5–6).

Los altos niveles de pobreza imperantes en un país emergente como México se alimentan de la gran desigualdad que caracteriza a las condiciones de acceso a oportunidades de desarrollo, tales como educación, salud, infraestructura básica, fuentes de ingreso y mercados. Esta desigualdad tiene rasgos sociales pero también geográficos: existen grandes desequilibrios regionales, principalmente entre el norte y el sur del país, y además, en todos los aspectos, las zonas rurales se encuentran en una posición de desventaja. A su vez, la inequidad de oportunidades condiciona y limita la capacidad de generación de ingreso, fortaleciendo un círculo vicioso en el que se inscriben las graves deficiencias de los mercados financieros. Estudios macroeconómicos del Banco Mundial a nivel internacional han evidenciado el impacto positivo del grado de desarrollo de los mercados financieros, no sólo en el crecimiento económico nacional global (a través de la inversión productiva, la creación de empleos y las inversiones públicas generadas por las recetas fiscales adicionales), sino en la reducción de la pobreza, lo cual significa que los efectos positivos benefician más que proporcionalmente a los pobres (Honohan 2004; Beck, Demirgüç-Kunt y Levine 2004). Vale la pena mencionar que los mercados financieros en México ya de por sí distan mucho de cumplir cabalmente con este objetivo macroeconómico fundamental, lo que se refleja en los altos niveles de pobreza pero también en la importancia relativa del autoempleo y de la economía informal.

Otra manera de considerar la relación entre pobreza y sistema financiero es analizar las condiciones de acceso de los mismos pobres a los servicios financieros. Las carencias en este ámbito también tienen implicaciones en cuanto a desarrollo equitativo.

En México, como en cualquier parte del mundo, los pobres manejan dinero y requieren, por lo tanto, de una gama completa de servicios financieros para acompañar tanto sus actividades productivas como sus dinámicas familiares (en muchos casos, por cierto, la unidad productiva se identifica con la unidad familiar). Necesitan crédito para invertir o cubrir un déficit puntual en su tesorería, ahorro para depositar su exceso de liquidez o planificar gastos a futuro y seguro para manejar los riesgos (Rutherford 1999).[1] También necesitan cobrar cheques (en particular, los apoyos que reciben del Estado) y, por supuesto, recibir remesas cuando un miembro del hogar ha migrado en busca de mejores oportunidades.

A pesar de que representa una demanda significativa en términos numéricos, la población pobre de México enfrenta un fuerte grado de exclusión de los mercados financieros formales. Según estimaciones oficiales, el

---

[1] El manejo del riesgo es un elemento muy importante en la lógica de toma de decisiones de los hogares pobres, porque la pobreza va de la mano con la vulnerabilidad. Hay que destacar que tanto el crédito como el ahorro pueden sustituirse, en cierto grado, con un producto de seguro en tanto tal.

35% de la población económicamente activa no cuenta con ningún servicio financiero y existe un mercado meta desatendido de unos 20 millones de personas (www.bansefi.gob.mx). Pero es probable que estos cálculos se queden cortos. Una encuesta representativa de la población mexicana realizada en 2003 revela que el rezago en materia de ahorro es de mayor amplitud: el 78% de los entrevistados no tenía cuenta bancaria (Bendixen 2003). En las zonas rurales marginadas los datos son verdaderamente dramáticos: de acuerdo con un estudio realizado por el Banco Mundial en 1999, únicamente el 6% de las unidades productivas de tales zonas tenía acceso a algún tipo de ahorro en una institución financiera y sólo el 3% contaba con algún tipo de crédito formal (World Bank 2000).

El primer mecanismo de exclusión es lo inadecuado de los servicios financieros tradicionales ante las circunstancias de los hogares pobres. Por ejemplo, en ese ámbito se requieren transacciones financieras (préstamos y reembolsos, depósitos y retiros, remesas) por montos mucho menores a los acostumbrados en el sector financiero tradicional. Los requisitos para acceder a un crédito (en particular, en cuanto a garantías se refiere) tienen que tomar en cuenta el carácter informal de la mayoría de los negocios y pertenencias de los hogares pobres. En las zonas rurales se tiene que considerar, además, la especificidad de la actividad agrícola: (1) estacionalidad de los ingresos y egresos, (2) rentabilidad relativa más baja, (3) estructura de riesgos más desfavorable que en otros sectores productivos.

El segundo mecanismo de exclusión es la baja accesibilidad al sistema financiero por parte de los pobres. La accesibilidad abarca conceptos de cercanía tanto geográfica como cultural. En las zonas urbanas, por lo regular, existen instituciones financieras, pero los pobres pueden autoexcluirse por razones sociales. En las zonas rurales, además, la baja densidad poblacional y el aislamiento geográfico se traducen en una dramática escasez de puntos de servicio. Por ejemplo, en 1995 el 95% de las sucursales de la banca comercial estaban ubicadas en poblaciones mayores a 20 mil habitantes (Muñoz Rodríguez 2001), con el resultado de que menos de la tercera parte de los municipios del país (incluyendo a los urbanos) contaba con una institución financiera (World Bank 2000).

Los problemas de exclusión de los mercados financieros para la gran mayoría de los pobres pueden verse como la manifestación de una inequidad inicial, que a su vez trae como resultado más inequidad y menos oportunidades de desarrollo. En primer lugar, la mayoría de los pobres dependen del autoempleo para sus ingresos, sea como microempresarios urbanos o rurales (ante la escasez de empleos asalariados), sea como campesinos. Al no tener acceso a fuentes de crédito de inversión adaptado a sus circunstancias productivas, los pobres pierden oportunidades de desarrollo económico. En segundo lugar, la falta de acceso a opciones de seguro, ahorro y crédito tiende a elevar los niveles de vulnerabilidad, ya de por sí altos, de los hogares pobres frente a cualquier crisis productiva o familiar. Mayor vulnerabilidad implica mayor probabilidad de descapitalización, lo que alimenta el círculo vicioso de la pobreza.

El mercado financiero informal (los prestamistas y las tandas[2] como medio de ahorro) representa una alternativa ante la falta de opciones formales. El referido estudio del Banco Mundial realizado en zonas rurales revela que si bien la participación en los mercados formales del ahorro y del crédito era de 6 y 3%, respectivamente, la participación en los mercados informales era de 54 y 31% (World Bank 2000). Estos mecanismos informales tienen sus ventajas, empezando por el simple hecho de existir, pero también porque son de fácil acceso, flexibles y oportunos. Sin embargo, no dejan de plantear problemas: el costo del crédito informal es muy elevado (y por ende, su uso se restringe a casos muy específicos, como las emergencias familiares) y las fórmulas de ahorro rotatorio presentan altos riesgos de fraudes o pérdidas.

MIGRACIÓN Y VINCULACIÓN CON LOS SISTEMAS FINANCIEROS

En este trabajo nos enfocamos en el segmento de los migrantes que enfrenta los mayores retos en materia de equidad en los dos países. Los hogares de origen de estos migrantes se encuentran en zonas rurales pobres. Ellos migran en forma temporal e indocumentada a los Estados Unidos.[3] Como migrantes indocumentados, en general no hablan inglés y reciben relativamente bajos sueldos, lo que los ubica todavía más en una situación de vulnerabilidad tanto legal como social y económica (Capps et al. 2003). En

---

[2] Con este nombre se conoce en México al mecanismo de ahorro equivalente a las ROSCAs (Rotating Savings and Credit Associations).

[3] Una encuesta del Pew Hispanic Center estima que hay unos 10.5 millones de migrantes mexicanos legales, más unos 3.5 millones indocumentados en los Estados Unidos. A pesar del creciente control fronterizo posterior al 11 de septiembre de 2001, el flujo de migrantes temporales ha estado creciendo desde entonces, alcanzando unas 485 mil personas al año, en su gran mayoría hombres (90%). Las tres cuartas partes migran en forma indocumentada (Conapo 2004).

su mayoría migran solos, dejando atrás a sus familias pero manteniendo fuertes lazos económicos con ellas desde el otro lado de la frontera.

Para los pobres, y particularmente los pobres rurales, la migración es una opción sumamente atractiva debido a la falta de oportunidades económicas locales, así como al enorme diferencial de ingresos entre los Estados Unidos y México.[4] Sin embargo, vale la pena enfatizar que también se trata de una opción potencialmente inequitativa. Para tener buenas perspectivas de éxito es necesario contar con redes sociales que permitan entrar en contacto con un "pollero" de confianza y asegurar una fuente de trabajo del otro lado de la frontera. Por otro lado, el costo de un buen "pollero" es elevado: puede alcanzar unos US$2.000. Pero para los pobres rurales que lograron superar estos obstáculos las remesas representan una oportunidad de compensar inequidades iniciales y promover el desarrollo, sea a nivel individual (el migrante y su familia) o a nivel comunitario (mediante organizaciones de migrantes).

Estudios de campo muestran que un porcentaje mínimo de las remesas se dedica a inversión productiva directa (Conapo 2002; Bendixen 2003; Morvant 2005; García Zamora en este libro). En las comunidades rurales pobres esto se debe a varios factores, como la falta de opciones productivas locales (que fue lo que originó la migración en primera instancia); el desbalance en la población económicamente activa producido por la salida masiva de los varones jóvenes (los receptores por lo general son esposas con hijos pequeños o padres en edad avanzada); un cambio de lógica en las familias receptoras, que prefieren la seguridad de las remesas como fuente de ingreso al riesgo que representa una actividad productiva autónoma (aunque esto a su vez conlleva vulnerabilidad frente al riesgo del agotamiento del flujo de remesas).

Sin embargo, existen otras modalidades por medio de las cuales las remesas tienen un efecto positivo en materia de desarrollo. Por ejemplo, las remesas familiares juegan un importante papel en el desarrollo del capital humano, al generar mejores condiciones de acceso a educación, vivienda y salud. Los nuevos patrones de consumo inducidos localmente por los flujos de remesas pueden insuflar dinamismo en algunos sectores económicos, como comercio o construcción. Por otro lado, los recursos que llegan a

---

[4] En 2002, el sueldo promedio mensual de los migrantes nacidos en México era 10 veces más alto que el ingreso promedio de los hogares mexicanos (35% del total) ubicados en la categoría más baja: US$1.700 versus US$170 (López Vega 2003; INEGI 2004).

las comunidades a través de las asociaciones de migrantes se invierten por lo regular en infraestructura básica (véase Burgess y Orozco y Welle en este libro). Estas inversiones no son directamente productivas, pero contribuyen a reducir los rezagos en relación con las zonas urbanas.[5]

Tradicionalmente, el servicio de transferencia de remesas que requieren los migrantes ha sido proveído por compañías especializadas desconectadas por completo del resto del sistema financiero. Los envíos se realizan bajo la modalidad efectivo-efectivo (con una conversión de dólares a pesos) desde y hacia puntos de servicio ubicados generalmente en tiendas o gasolineras. En los últimos años, gobiernos y organismos multilaterales, como el Banco Interamericano de Desarrollo, han venido promoviendo los beneficios que podría traer una mejor vinculación de las remesas con el sistema financiero. Se trata en primer lugar de buscar alternativas a las empresas de envío de remesas, acusadas de cobrar el servicio en forma excesiva y poco transparente en cuanto a los diferentes mecanismos de cobro (por comisiones y por tipo de cambio). En este sentido, la idea es apoyarse en los bancos para desarrollar y ofrecer mecanismos de transferencia más atractivos. Pero cualquiera que sea el conducto para la transferencia de las remesas, la bancarización tanto de los remitentes como de los receptores puede jugar un papel importante en materia de desarrollo equitativo.

En efecto, tanto los remitentes como los receptores tienen necesidades de servicios financieros más allá de la transferencia de remesas. Para el migrante, una cuenta bancaria en los Estados Unidos también puede servirle para cobrar los cheques de su nómina, realizar sus pagos básicos (renta, electricidad, etcétera), establecer un historial crediticio a través de una tarjeta de crédito, ahorrar en previsión de su regreso a México (por ejemplo, para construir una casa o para su retiro), entre otros. Sin cuenta de ahorro, todas estas operaciones resultan mucho más complicadas y caras para el migrante.

En cuanto a la familia del migrante, en primer lugar es preciso que cuente con un servicio de cobranza de remesas que le ofrezca seguridad y cercanía, sea el de una compañía de envío de remesas o el de una institu-

---

[5] Frente a las deficiencias del Estado para llevar y mantener infraestructura básica en las zonas marginadas, el papel de las asociaciones de migrantes es, sin duda, fundamental. Pero desde una perspectiva de desarrollo equitativo, tiene sus límites: su foco de atención es por naturaleza muy local y no puede sustituir a una política regional planificada, que además debe incluir a las numerosas comunidades marginadas que no tienen ingresos migratorios colectivos.

ción financiera.[6] En las zonas rurales las familias receptoras enfrentan el problema de la escasez de instituciones financieras. Al respecto, las compañías de envío de remesas tienen una ventaja comparativa en la medida en que pueden establecer un punto de distribución de manera relativamente barata y flexible, aprovechando las redes de tiendas de autoservicio, farmacias o gasolineras. Independientemente de la forma como se reciben las remesas, hemos visto que las familias pobres requieren servicios financieros completos adaptados a sus circunstancias. Cuando una familia recibe remesas, sus necesidades cambian de acuerdo al patrón de esta nueva fuente de ingresos monetarios. En general, las remesas familiares representan un flujo relativamente importante y predecible en términos de montos y periodicidad. Un primer aspecto es poder contar con productos de ahorro que permitan manejar la liquidez correspondiente de la manera más eficiente, sea para gastos corrientes o para planificar gastos a futuro (construcción de una casa, educación de los hijos, o incluso migración de otro miembro de la familia). Hay que recalcar que puede haber demanda para varias cuentas de ahorro, incluyendo en particular una a nombre del mismo migrante, sobre todo si éste no tiene ninguna en los Estados Unidos o si migra en forma temporal. Por otro lado, aunque no es el caso más común, el flujo de remesas puede desembocar en el desarrollo de una actividad productiva por parte de los demás miembros de la familia. Según sea el caso, las remesas pasadas y futuras pueden fungir como capital semilla autofinanciado, como enganche para un crédito de inversión o como sustituto parcial de una garantía.

Por último, la bancarización de los receptores de remesas abre una nueva oportunidad para propiciar el desarrollo equitativo en zonas rurales desatendidas por el sistema bancario tradicional. En efecto, podría contribuir a generar circuitos de intermediación financiera en las comunidades o regiones para captar parte del flujo de remesas como ahorro a plazos y después colocarlo como crédito para beneficio de otras familias o comunidades que lo requieran.

En resumen, facilitar el acceso a servicios financieros adaptados bajo diversas modalidades (ahorro y crédito individuales, familiares y colectivos) es una vía promisoria para potenciar el papel de las remesas en materia de desarrollo local. Sin embargo, los retos son enormes. En lo que toca a

---

[6] En las zonas rurales marginadas, donde un porcentaje significativo de remesas sigue llegando directamente mediante mensajeros o con los propios migrantes cuando regresan a su comunidad, existe también una demanda del servicio de cambio de dólares en efectivo.

México, ya hemos visto las dificultades que tienen los pobres, y particularmente los pobres rurales, para acceder a los servicios financieros. En los
Estados Unidos, además, la mayoría de los migrantes mexicanos reprodu-
cen el padrón de exclusión que padecen en su país de origen. En este caso
el problema no es tanto la inadecuación de los servicios sino, sobre todo, el
difícil acceso a ellos: las barreras tienen una dimensión de cultura, de idioma y, por supuesto, una dimensión legal (requisitos de identificación), que
resulta determinante tratándose de migrantes indocumentados. Es de notar
que en el tema de la accesibilidad las empresas de envío de remesas de
nuevo tienen una ventaja comparativa, pues muchas veces los puntos de
servicio son atendidos por migrantes y no se piden documentos de identificación.

LOS ACTORES DE LA OFERTA DE SERVICIOS FINANCIEROS PARA LOS POBRES EN MÉXICO

Los pobres tienen necesidades específicas en materia de servicios financieros. Responder a estas necesidades desde el lado de la oferta tiene fuertes
implicaciones organizacionales (adaptación de productos y procesos de
entrega) así como financieras (costo operativo y manejo de riesgos). La
realidad muestra que aún hay mucho por hacer para encontrar soluciones
que sean equitativas, innovadoras, sostenibles y que alcancen una amplia
cobertura. En este apartado presentamos a grandes rasgos la lógica y los
niveles de cobertura de los principales actores de la oferta actual: el sector
bancario, el Estado y el "tercer sector", compuesto por cooperativas financieras e instituciones de microfinanzas (véase también los cuadros 3.1 y 3.2).

El sector bancario tradicional nunca ha mostrado interés por atender un
mercado que no considera lucrativo. El diseño de sus productos y procesos
operativos está enfocado en un perfil de clientes y sectores económicos
específico, que resulta excluyente para los pobres (y en muchos casos, también para las clases medias-bajas) en cuanto a requisitos y montos.[7]

---

[7] Por ejemplo, en México, las cuentas de cheques que propone la banca comercial tradicional contemplan montos mínimos de apertura de alrededor de
US$300 y pago de intereses solamente a partir de saldos superiores a unos mil
dólares. En el caso de Bansefi y Banco Azteca (banco público y banco privado
enfocados en la atención a los segmentos medios-bajos de la población, respectivamente), las cuentas de ahorro se pueden abrir con un monto mínimo
de US$5 y se pagan intereses con cualquier saldo.

Cuadro 3.1. Oferta de servicios financieros populares

	Sector Privado	Sector Público	Tercer Sector: Cooperativas Financieras	Tercer Sector: Instituciones de Microfinanzas
	Banco Azteca	*Bansefi*	*Comacrep*[a]	*ProDesarrollo*[b]
Número de sucursales	1.300	550	1.100	200
Número de usuarios	4.700.000 (cuentas de ahorro)	2.300.000 (cuentas de ahorro)	1.900.000	600.000
Cartera de crédito (US$ millones)	930	no aplica	1.260	215
Cartera de ahorro voluntario (US$ millones)	1.500	390	1.540	30

Fuentes: www.comacrep.org.mx; www.bansefi.gob.mx; comunicación personal con la directora general de ProDesarrollo, Marcela Gessaghi; www.grupoelektra.com.mx. Datos a junio de 2004, excepto ProDesarrollo (diciembre de 2003).

[a] Comacrep es el Consejo Mexicano del Ahorro y Crédito Popular, que agrupa a las principales federaciones de cooperativas de ahorro y crédito del país: Federación Mexicana de Entidades de Crédito y Ahorro, Consejo Coordinador Nacional de Cajas Solidarias, Federación UNISAP de Occidente, Federación Alianza, Federación Noreste, Federación Sistema Coopera, Federación Centro-Sur y Fedrural.

[b] Red nacional de las principales instituciones de microfinanzas.

No obstante, se debe resaltar la reciente incursión en el sector de Banco Azteca, un banco privado que presenta un modelo de negocio totalmente definido en relación con las clases medias-bajas (desde el diseño de sus productos de ahorro y crédito hasta el aspecto de sus sucursales). Banco Azteca fue constituido en 2003 para complementar e institucionalizar la gama de servicios que anteriormente ofrecía la red de tiendas de electrodomésticos Elektra: pago de remesas, mediante una alianza con Western Union, y crédito de consumo para la compra de los artículos Elektra.[8] Ahora también ofrece servicios de crédito de libre disponibilidad, así como productos de ahorro.

---

[8] Las sucursales del banco están estratégicamente ubicadas en las tiendas.

Cuadro 3.2. Oferta de servicios de microfinanzas específicamente diseñados
para zonas rurales remotas

Sector	Híbrido Tercer Sector– Estado	Tercer Sector
	Cajas Solidarias	*Microbancos AMUCSS*
Número de sucursales	319	19
Número de socios	331.000	12.000
Cartera de crédito (US$ millones)	87	1.5
Cartera de ahorro voluntario (US$ millones)	50	2

Fuentes: www.comacrep.org.mx; http://www.microrregiones.gob.mx/temporal1/
pg/cajas.htm; AMUCSS; comunicación personal con la directora general, Isabel
Cruz.
Datos a septiembre de 2004.

El caso de Banco Azteca es interesante porque ilustra la manera en que
las fuerzas del mercado pueden llevar a la creación de una institución financiera con fines de lucro especializada en la atención a los segmentos de
la población excluidos del sector bancario tradicional. Las fortalezas de
Banco Azteca son de diversa índole, ya que combina eficiencia, tecnología,
cobertura nacional, escala masiva de operación y profundo conocimiento
de su mercado meta. Es prematuro hacer un balance de este modelo, pero
el crecimiento en el primer año de operaciones ha sido acelerado y los
resultados financieros son positivos. Ahora bien, Banco Azteca se rige por
un modelo de negocio, no por una visión de equidad o de desarrollo. En
primer lugar, limita sus operaciones a zonas urbanas, con un nicho de
mercado compuesto por las clases medias-bajas, no tanto por los verdaderamente pobres. En segundo lugar, sólo ofrece créditos de consumo o créditos puente, que no son adecuados para el desarrollo de proyectos productivos.

Uno de los papeles tradicionales del Estado es corregir las fallas del
mercado en pos del interés general. En el modelo que prevaleció hasta
finales de los años ochenta, el Estado tenía legitimidad para suplir a los
actores del sector privado proveyendo él mismo los servicios financieros
que hicieran falta. En México éste fue el caso en los mercados de crédito y
seguro agrícolas. El propósito era contribuir a la política agropecuaria nacional, y en muchos casos consolidar la base política del partido en el po-

der, pero de ninguna manera constituir un sistema financiero rural permanente. Sumamente costoso, ineficiente y corrupto, el sistema se colapsa al
implementarse las políticas de ajuste estructural en los últimos años de la
década de los ochenta, dejando un gran vacío institucional en las zonas
rurales (para mayor información sobre este tema, véase Bouquet y Cruz
2003).

A diferencia de su intervencionismo en el sector agropecuario, el Estado mexicano casi no ha tenido presencia directa como proveedor de primer
piso en los mercados financieros urbanos o enfocados en los pobres. Sin
embargo, una excepción interesante es el Patronato del Ahorro Nacional
(Pahnal), organismo público creado en 1950 con la misión exclusiva de
promover y captar el ahorro –sus estatutos no le permiten otorgar créditos–
de las clases populares excluidas del sector bancario. En 2001 esta seria
institución se transforma en el Banco Nacional de Servicios Financieros
(Bansefi). Sigue captando ahorro y ha diversificado sus actividades de
primer piso con servicios de pago de cheques de la federación, vinculación
con crédito a la vivienda (proporcionado por otra entidad financiera) y
pago de remesas. Bansefi cuenta con una red de sucursales que cubre el
territorio nacional y tiene presencia inclusive en ciudades pequeñas. Su
clientela presenta un perfil más bien urbano y de clase media-baja.

Entre el sector privado y el Estado existe un "tercer sector", compuesto
por cooperativas financieras e instituciones de microfinanzas, cuya misión
social es ofrecer servicios financieros a la población excluida de la banca
comercial.

El sector de las cooperativas financieras, llamado "de ahorro y crédito
popular", tiene 50 años de existencia. Ofrece servicios de ahorro, crédito y
seguros de vida, y desde 2003 las cooperativas más grandes están incursio-
nando también en el mercado de las remesas mediante alianzas operativas
con empresas de envío (ver más adelante). El sector de ahorro y crédito
popular es bastante fuerte y profesional y está bien estructurado. Ha logrado niveles de cobertura nada desdeñables y ha demostrado que es posible atender a los sectores populares de manera independiente y sostenible
con base en una visión social. Sin embargo, atiende más bien a segmentos
medios-bajos, no a los verdaderamente pobres. Por otro lado, tiene presencia nacional, incluso en ciudades pequeñas, pero su base de membresía es
predominantemente urbana. Existen uniones de crédito agrícolas, pero las
pocas que han sobrevivido a las crisis financieras y agrícolas de los años
ochenta y noventa atienden a los agricultores medianos y grandes mucho
más que a los campesinos pobres (Cruz, Braojos y Zuvire 1996).

Desde la década de los noventa se ha venido desarrollando al lado de las cooperativas un sector de instituciones de microfinanzas que proponen servicios financieros (sobre todo crédito, y en menor medida ahorro y seguro de vida) diseñados especialmente para contribuir al desarrollo económico y social de la población pobre y muy pobre. La mayoría de este tipo de instituciones son iniciativas de la sociedad civil,[9] con estructuras de gobierno cooperativistas o de sociedades sin fines de lucro. A diferencia del sector de ahorro y crédito popular, el de las microfinanzas es todavía inmaduro: presenta mucha diversidad institucional en tamaño y solidez organizativa y financiera, y depende en gran medida de la ayuda internacional para su sostenibilidad. Sus niveles de cobertura son todavía muy bajos, pero está creciendo y, sobre todo, está logrando atender a la población pobre. El modelo dominante de las microfinanzas se orienta más hacia la población urbana y hacia el sector del pequeño comercio, pero también existen algunas instituciones que buscan apoyar a otros sectores económicos (artesanías y servicios, por ejemplo) o bien tener presencia en zonas rurales.

En la tarea de brindar servicios financieros a los pobres, el tercer sector, y en particular las instituciones de microfinanzas, tiene una gran relevancia. Sus principales fuerzas son su misión social de desarrollo equitativo y su conocimiento de las problemáticas locales. De esta manera, están en buena posición para explorar soluciones innovadoras en materia de crédito, ahorro y seguros para los pobres, que les permitan llegar a la población objetivo y al mismo tiempo cumplir con un compromiso de continuidad en el servicio. Pero se trata de un sector todavía en cierne que enfrenta muchos retos. El mayor desafío es el de la profesionalización de las instituciones de microfinanzas, que en muchos casos empezaron como un proyecto experimental, con personal comprometido pero no necesariamente capacitado en cuestiones financieras, y con poco acceso a capital y a tecnología. La profesionalización y el fortalecimiento institucional son imprescindibles para asegurar la eficiencia y la calidad del servicio, para garantizar la seguridad de los ahorros cuando se manejan y, a fin de cuentas, para consolidar y masificar la oferta de servicios financieros para los pobres.

El contexto en el que se desenvuelve el tercer sector en México se encuentra en proceso de transición. El gobierno del presidente Vicente Fox

---

[9] Una excepción es la red de Cajas Solidarias, que brindan servicios de microfinanzas rurales con un esquema híbrido: tienen una estructura cooperativista pero con financiamiento y monitoreo desde la Secretaría de Desarrollo Social.

(2000–2006) ha puesto mucho énfasis en la cuestión de los servicios financieros para los excluidos del sector bancario, a través de dos ejes de trabajo: el fomento a la industria de las microfinanzas y la regulación de las entidades del tercer sector que captan ahorro (protección del ahorro popular).

Los dispositivos de fomento a las microfinanzas incluyen mecanismos de fondeo, financiamiento para equipamiento y gastos operativos, y fortalecimiento institucional, que se manejan mediante distintas dependencias del poder ejecutivo. El principal programa es el Programa Nacional de Financiamiento al Microempresario (Pronafim), perteneciente a la Secretaría de Economía, pero también están, entre otros, el Programa de Asistencia Técnica al Microfinanciamiento Rural (Patmir), de la Secretaría de Agricultura, enfocado en fortalecer instituciones de microfinanzas rurales, y programas de coinversión de la Secretaría de Desarrollo Social, orientados a zonas prioritarias por su grado de marginación (para mayor información sobre estos programas y sus lógicas de intervención, véase Bouquet y Cruz 2003).

El principal instrumento de regulación y ordenamiento del sector de las instituciones financieras no bancarias para la protección del ahorro popular es la Ley de Ahorro y Crédito Popular, promulgada en 2001, que prevé mecanismos de supervisión a los que las instituciones tienen que someterse antes de junio de 2005 para poder seguir captando ahorro. En este nuevo marco, Bansefi busca posicionarse como banco de desarrollo del sector de ahorro y crédito popular, combinando las funciones de regulación y de fomento con sus actividades de primer piso. Por un lado, coordina el proceso de adecuación de las instituciones del sector al nuevo marco legal y reglamentario; por el otro, está trabajando en el desarrollo de bienes públicos para el sector, como capacitación y tecnología.

Con estas acciones, el Estado persigue paralelamente dos objetivos: construir un sistema financiero más eficiente, sólido y accesible para los excluidos del sector bancario tradicional y contribuir a la lucha contra la pobreza con mejores oportunidades de acceso al crédito y la protección al ahorro. Desde el punto de vista de las instituciones financieras del tercer sector, el balance entre fomento y regulación es precario. La adecuación al nuevo marco legal para las instituciones que captan ahorro ha sido un proceso sumamente complejo y costoso hasta para las cooperativas más grandes y sólidas, por lo que muchas actividades de fomento del sector se han centrado en este objetivo específico, desatendiendo aspectos tan esenciales como la ampliación de la cobertura en zonas rurales. En estas zonas el dilema entre la protección al ahorro y la accesibilidad del sistema financiero es particularmente agudo, porque a la escasez de instituciones se suma, en general, un grado más bajo de solidez institucional y, por ende, una menor capacidad para adecuarse en el corto plazo a los nuevos requisitos legales.

VINCULANDO REMESAS CON SERVICIOS FINANCIEROS PARA LOS POBRES: AVANCES Y RETOS

Al hablar de la vinculación de las remesas con los servicios financieros para los pobres, se tiene que regresar a un enfoque binacional y considerar lo que se está haciendo tanto en los Estados Unidos como en México.

En los Estados Unidos, varias instituciones financieras (incluyendo bancos, uniones de crédito y redes de microfinanzas) han tomado conciencia del potencial de los migrantes latinos como mercado y están desarrollando productos de ahorro vinculados con servicios de remesas (Orozco 2004). En relación con las iniciativas del tercer sector, el World Council of Credit Unions (WOCCU, Consejo Mundial de Uniones de Crédito) ha negociado una alianza global con la empresa de remesas Vigo, y brinda asistencia técnica a sus afiliadas tanto en los Estados Unidos como en países latinoamericanos para que incorporen las remesas a su menú de servicios (WOCCU 2004a y b). El WOCCU también ofrece orientación legal sobre atención a indocumentados y está desarrollando estrategias específicas para que las uniones de crédito logren atraer a los migrantes latinos en los Estados Unidos, tales como ubicar sucursales en los barrios de migrantes, contratar personal latino, enfocar la promoción y el mercadeo, etcétera. De igual forma, redes de microfinanzas como ACCION han emprendido esfuerzos similares para beneficio de sus afiliadas en América Latina.

Por su lado, el gobierno mexicano ha buscado facilitar el acceso de sus ciudadanos migrantes al sistema financiero de los Estados Unidos a través de una nueva matrícula consular de alta seguridad. Esta matrícula es expedida por los consulados mexicanos en los Estados Unidos, independientemente de si el migrante es legal o no, y se ha logrado que la versión de alta seguridad sea aceptada como documento de identificación válido para un número creciente de instituciones financieras. Para julio de 2004, a dos años del inicio del programa, 2.2 millones de mexicanos contaban con una matrícula de alta seguridad que les permitía el acceso a 178 instituciones financieras en los Estados Unidos (Instituto de los Mexicanos en el Exterior 2004). Una encuesta realizada entre migrantes indocumentados a principios de 2004 muestra que el 47% de ellos contaba con este documento (Bendixen 2004).

A pesar de estas acciones y de los beneficios que podrían traer, no se observa una respuesta rápida de los migrantes, y los niveles de cobertura financiera de esta población siguen siendo muy bajos (Orozco 2004). Es posible que haga falta más tiempo para apreciar las tendencias; pero también parece que hace falta información fundamental acerca de los migrantes y su relación con el sistema financiero, tanto en cuanto a la demanda como en lo concerniente a sus percepciones, por lo que es importante profundizar el acercamiento y el entendimiento de sus necesidades y lógicas en la toma de decisiones. El estudio de mercado pionero realizado por ACCION en 2004 con migrantes de Bolivia y El Salvador (Jaramillo 2004) es un paso muy interesante en esta dirección.

En México, a diferencia de los Estados Unidos, los bancos privados no están interesados en bancarizar a los receptores de remesas actualmente excluidos del sistema financiero, sobre todo los pobres o los que viven en zonas rurales. Sin embargo, el volumen importante y creciente de las remesas (se estima que totalizaron US$16,000 millones en 2004) está llamando su atención, por lo que se están posicionando mediante alianzas con empresas de envío tradicionales o desarrollando su propio sistema. Las ventajas del sector bancario radican, obviamente, en su capacidad financiera y tecnológica, lo que hace posible reducir los costos. En BBVA Bancomer, por ejemplo, que en 2003 transfirió más de US$5,000 millones, el costo de mandar US$360 (el monto promedio de las remesas que manejan) ha bajado de US$50 en 1995 a US$10 en 2003 (BBVA Bancomer 2004). No obstante, la creciente competencia en el mercado de remesas, aunada al aumento en el volumen de éstas y a los avances tecnológicos, ha contribuido a que bajaran los precios en todo el sector, al punto de que actualmente enviar dinero de los Estados Unidos a México por medio de los bancos tiene prácticamente el mismo precio que hacerlo por las compañías de envío tradicionales (para una presentación detallada de los diferentes mecanismos de transferencia y sus costos, véase Orozco 2004).

De acuerdo con el criterio del costo de las transferencias, la mejor opción es la tarjeta binacional (Orozco 2004). Ésta podría ser, además, una respuesta a la necesidad de contar con servicios financieros de proximidad en las zonas rurales, ya que el costo de instalación y mantenimiento de un cajero automático no se compara con el de abrir una sucursal. Es cierto que persisten obstáculos: en México falta mucho para que la red de cajeros automáticos del sector bancario se extienda a las zonas rurales más alejadas, y el esquema de la tarjeta binacional supone la bancarización del remitente en los Estados Unidos. Sin embargo, se trata de una vía promisoria.

Para las instituciones del tercer sector, que cuentan con mecanismos innovadores pero sencillos de provisión de servicios financieros a las clases medias-bajas o a los pobres, las tecnologías de punta que se requieren para transferir remesas no son fácilmente accesibles. El reto radica, entonces, en buscar alianzas que permitan vincular a las empresas dedicadas al envío de remesas con estas instituciones financieras no bancarias, combinando la tecnología de las primeras con la misión social de las segundas. A continuación presentamos las tres iniciativas más relevantes al respecto (véase también el cuadro 3.3; para información más detallada, véase Fertziger 2004).

En su estrategia de posicionamiento como banco de desarrollo del sector de ahorro y crédito popular, Bansefi ha creado "L@ Red de la Gente", una plataforma operativa que agrupa sus sucursales propias con instituciones financieras del tercer sector (23 en la actualidad), entre las que se incluyen cooperativas de ahorro y crédito e instituciones de microfinanzas. Bansefi ha empleado su capacidad de negociación para armar alianzas con 10 operadores de remesas (nueve compañías especializadas y un banco) y vincularlos con la red. Las remesas son vistas como una puerta de entrada para incorporar más gente de los sectores populares al sistema financiero mediante cuentas de ahorro.[10] "L@ Red de la Gente" tiene apenas un año de existencia y se encuentra todavía en fase de prueba; por lo tanto, es prematuro hacer un balance, pero podemos adelantar unas reflexiones. La importancia de esta plataforma consiste en la posibilidad que brinda a las instituciones del sector de ahorro y crédito popular para agregar las remesas a su menú de servicios financieros. En este sentido, se trata de una iniciativa novedosa de alianza del Estado con el sector privado y con el tercer sector, que permite, además, ampliar rápidamente la escala de operación y que tiene buenas perspectivas de permanencia en el largo plazo. Sin embargo, los requisitos de afiliación a la red son bastante rigurosos en términos financieros. Esto plantea el riesgo de dejar desatendidas a las zonas rurales más marginadas, porque los criterios de selección tienden a dejar fuera a las instituciones más pequeñas, que muchas veces son las

---

[10] "L@ Red de la Gente" propone también otros productos vinculados con programas de gobierno, como créditos a la vivienda y entrega de subsidios.

Cuadro 3.3. Remesas e instituciones financieras

	Total para México	Sector Privado		Alianza Sector Público–Sector Privado–Tercer Sector	Alianza Sector Privado–Tercer Sector–Organismo Bilateral	Tercer Sector
		Bancomer	Banco Azteca	L@ Red de la Gente (Bansefi y cooperativas)	IRnet – Caja Popular Mexicana –Woccu	AMUCSS Microbanco Xuu Ñuu Ndavi, FIN-CO - Oaxaca
Número de sucursales	no aplica	1.658	1.300	549	326	2
Período	2003	2003	Enero–septiembre de 2004	Junio de 2003–junio de 2004	Agosto de 2003–junio de 2004	Enero–diciembre de 2004
Número de operaciones de remesas	no disponible	no disponible	1.400.000	18.000	4.500	435
Montos transferidos (US$ millones)	14.000	5.600	170	7	2	0.3

Fuentes: Comunicación personal con la directora general de AMUCSS, Isabel Cruz; BBVA Bancomer 2004; www.grupoelektra.com.mx; Fertziger 2004; IME 2004; CNBV 2004.

únicas que llegan a atender a estas zonas.[11] Por otro lado, un posible factor de debilidad de la alianza es el latente conflicto de intereses que alberga Bansefi al operar simultáneamente en el primer y en el segundo piso.

Una iniciativa similar en su propósito, aunque diferente en sus modalidades, es la alianza de la Caja Popular Mexicana (la cooperativa financiera más grande de México, con cerca de 900 mil socios) con el WOCCU para ofrecer el servicio de remesas "Ir-Net" a través de la empresa Vigo. Este proyecto ha recibido apoyos de la Agencia Americana para el Desarrollo (USAID), por lo que se trata de una alianza tercer sector–sector privado–organismo bilateral. Hay la posibilidad de que otras instituciones financieras lleguen a sumarse al proyecto, aunque, como en el caso de "L@ Red de la Gente", los criterios de aprobación son bastante selectivos.

Por más promisorias que sean estas iniciativas, siguen presentando un sesgo hacia las clases medias-bajas urbanas. En estas circunstancias, la experiencia de la Asociación Mexicana de Uniones de Crédito del Sector Social (AMUCSS), por más pequeña que sea en escala, tiene mucha trascendencia por la profundidad de alcance que ha logrado. La AMUCSS viene desarrollando desde 1999 una red de cooperativas de ahorro y crédito (los microbancos) especializadas en la atención a zonas rurales marginadas. Para septiembre de 2004, esta red atendía a más de 12 mil socios, en su mayoría indígenas, en seis estados de la República Mexicana (véase el cuadro 3.2). Uno de los microbancos está ubicado en el estado de Oaxaca,[12] en una comunidad con fuerte dinámica migratoria que sigue el patrón general presentado en este trabajo. Ante los altos costos de transacción que enfrentan las familias en esta comunidad para cobrar las remesas (la ciudad más cercana queda a dos horas y media por caminos de terracería, las

---

[11] Una excepción es la red de Cajas Solidarias. Varias cajas ya se han incorporado a "L@ Red de la Gente". Esto es muy positivo en cuanto a cobertura se refiere, pero a su vez plantea el riesgo de trato diferenciado, y por ende de competencia desleal, entre las Cajas Solidarias y otras instituciones financieras que no tienen los mismos vínculos con el gobierno federal.

[12] Oaxaca es el tercer estado más pobre de la República Mexicana, después de Chiapas y Guerrero. Es una entidad montañosa con muchos problemas de comunicación, alberga a una cuantiosa población indígena que padece los mayores rezagos en materia de equidad y desarrollo, y también es el estado con la densidad bancaria más baja del país, con una sucursal bancaria (banca comercial y de desarrollo) por cada 29 mil habitantes (el promedio nacional es de una sucursal por cada 12 mil habitantes). Las sucursales bancarias se encuentran, además, concentradas en 28 de los 570 municipios del estado (Morvant 2005).

colas suelen ser muy largas, a veces se retrasa el dinero y hay que regresar otro día, etcétera), se ha establecido un plan piloto para ofrecer el servicio de transferencia de remesas vinculado con servicios financieros de proximidad. Las remesas se envían a una cuenta bancaria específica a nombre del microbanco; el migrante manda aparte al beneficiario las referencias de la transferencia, y el microbanco entrega el dinero en efectivo en su oficina local o bien lo deposita directamente en una cuenta de ahorro.

Los datos de la AMUCSS indican que aproximadamente el 50% de las remesas que se han canalizado por esta vía fueron depositadas como ahorro a plazo. Por otro lado, los receptores no tienen necesidad de solicitar créditos, por lo que el microbanco tiene un gran exceso de liquidez. El equilibrio se logra con préstamos internos entre los microbancos de la red para que estos recursos financieros sean invertidos en otras zonas más dinámicas económicamente y, por ende, más demandantes de crédito (Isabel Cruz, comunicación personal; Morvant 2005).

El esquema de transferencia de remesas de la AMUCSS es un modelo piloto. Funciona a muy pequeña escala, y su masificación plantearía serios problemas operacionales y tecnológicos (en este sentido, AMUCSS tiene como objetivo establecer un sistema de alianza con operadores más especializados). Sin embargo, es un modelo interesante por varias razones: (1) se apoya en una misión social de desarrollo local en zonas de alta marginación (profundidad de alcance); (2) su enfoque es binacional, pues incluye un trabajo de acercamiento a la comunidad de migrantes en los Estados Unidos, quienes toman la decisión de escoger este servicio; (3) se apoya en un profundo conocimiento de su mercado meta, mediante un esquema participativo que involucra a los mismos socios y a través de alianzas con investigadores de México y los Estados Unidos, y (4) promueve el desarrollo local con un sistema de intermediación financiera de alcance regional.

EL PAPEL DE LA FILANTROPÍA

En la tarea de vincular las transferencias de remesas con un proceso de integración de los pobres al sistema financiero formal, las dinámicas del mercado y las decisiones de política pública de los gobiernos son determinantes, y ya existen grandes avances. Pero la magnitud y la diversidad de los retos, particularmente en las zonas rurales de México, representan una oportunidad importante para los organismos financieros de la sociedad civil (cooperativas de ahorro y crédito e instituciones de microfinanzas). En los Estados Unidos el problema no es de institucionalidad, sino de adaptación de los servicios y, sobre todo, de reducir la brecha social y cultural que separa a los migrantes, y en particular a los indocumentados, del sistema financiero.

En este contexto, la filantropía tiene un papel importante que jugar.[13] Las fundaciones filantrópicas están en una situación privilegiada para trabajar en cuestiones de equidad y desarrollo, ya que, a diferencia del Estado, no tienen agenda política, y a diferencia del mercado, la rentabilidad no figura entre sus exigencias. Como actores de la sociedad civil, estas fundaciones son el aliado natural de las iniciativas locales con fines de desarrollo, sean cooperativas o instituciones de microfinanzas, sus redes regionales o nacionales, u organizaciones no gubernamentales (ONGs) que trabajan con migrantes o en proyectos comunitarios de desarrollo. Este tipo de alianzas permite aprovechar al máximo las sinergias entre la capacidad financiera y estratégica de las fundaciones y el compromiso, la capacidad operativa y el profundo conocimiento de la situación y de las necesidades locales de los organismos beneficiarios.

Ante los retos planteados por la cuestión de las remesas y la integración de los migrantes al sistema financiero, la intervención de las fundaciones se podría estructurar alrededor de tres ejes: (1) apoyar la institucionalidad financiera en zonas rurales, (2) promover el desarrollo comunitario y (3) ayudar a los migrantes vulnerables en los Estados Unidos.

A lo largo de este documento se ha subrayado la relevancia de las instituciones financieras con misión social para llenar los vacíos dejados por el mercado, sin menoscabo de la eficiencia y la sostenibilidad. El replanteamiento del papel del Estado mexicano en los últimos 15 años les ha dejado espacios de acción y las ha provisto de dispositivos de fomento. Sin embargo, estos dispositivos son insuficientes para cubrir las necesidades y se encuentran en una situación precaria ante el movimiento actual de regulación del sector.

Las fundaciones filantrópicas pueden incidir apoyando las iniciativas locales de creación de instituciones financieras que combinen misión social con objetivos de eficiencia operativa y financiera. Dar prioridad a estas instituciones cuando operan en las áreas rurales se justifica doblemente desde una perspectiva de equidad: en primer lugar, porque son las que

---

[13] Fundaciones como la Ford, la InterAmericana y la Rockefeller, entre otras, ya están realizando un trabajo muy significativo en temas de migración, remesas, sistemas financieros y desarrollo comunitario. En este trabajo no se pretende analizar sus acciones particulares, sino más bien proponer un marco de referencia general.

llegan a brindar servicios donde hay más necesidad de ellos, y en segundo, porque son a su vez las instituciones que más retos enfrentan para su propio desarrollo.

Según los casos, las necesidades pueden variar, pero los principales rubros son los siguientes: (1) financiamiento de las operaciones (capital semilla, gastos operativos),[14] (2) financiamiento de la cartera de crédito (donativos, préstamos blandos o a tasas de mercado) y (3) financiamiento para el fortalecimiento institucional. Este último rubro es fundamental para profesionalizar y hacer viables en el largo plazo las iniciativas de la sociedad civil, que pueden carecer al principio de ciertas herramientas básicas, sobre todo en las zonas rurales, en las que la disponibilidad de profesionistas es más baja. El fortalecimiento institucional comprende actividades de capacitación y asistencia técnica en muchos ámbitos, tales como finanzas y contabilidad, sistemas de información de gestión, innovación organizacional, desarrollo de nuevos productos, entre otras cosas. Entre estos rubros está, por supuesto, la cuestión de las remesas como producto financiero. Se podría pensar, por ejemplo, en ayuda para que las instituciones puedan incorporarse a "L@ Red de la Gente" de Bansefi o a "IRnet" de WOCCU. Pero es preciso recordar que la puerta de entrada para una intervención sostenible no son las remesas en tanto tal, sino las instituciones, las cuales requieren un enfoque integral.

El subdesarrollo de los sistemas financieros rurales es sólo un síntoma del problema más general del subdesarrollo rural en México, lo que justifica que se maneje también un enfoque de desarrollo comunitario. Hemos hablado del papel que pueden jugar las asociaciones de migrantes para fomentar proyectos de este tipo (véanse también otros capítulos en este libro). De nuevo, las fundaciones pueden participar de diversas maneras, incluyendo el cofinanciamiento de los proyectos, el fortalecimiento de las capacidades colectivas de manejo de recursos y de gobernancia, entre otras. Estos proyectos son muy importantes para potenciar el impacto de las remesas colectivas. Sin embargo, un enfoque de equidad pide que se tomen en cuenta de igual forma los proyectos de desarrollo comunitario en zonas que no cuentan con migración, o por lo menos con migración organizada.

Por fin, las fundaciones filantrópicas pueden trabajar en reducir la vulnerabilidad de los migrantes mexicanos en los Estados Unidos. Una vía es

---

[14] Muchas veces los donantes prefieren financiar los componentes más visibles, pero es imprescindible apoyar gastos operativos también (UNDP 2003, 28).

la participación en los esfuerzos para vincular a los migrantes con el sistema financiero de los Estados Unidos. Esto puede involucrar proyectos de "alfabetización financiera", que capacitan sobre las diferentes opciones y proporcionan herramientas de ayuda a la toma de decisión. En términos más generales, también son importantes los proyectos de información sobre derechos humanos y legales, sobre todo tratándose de migrantes indocumentados. Otra manera de reducir la vulnerabilidad de los migrantes es la promoción de procesos organizativos. De nuevo, las fundaciones pueden apoyar materialmente o mediante la capacitación organizacional.

Transversalmente a estos tres ejes de acción, las fundaciones tienen un papel que jugar en promover la generación y la difusión de información relevante, que pueda ser aprovechada como un bien público. Esto se puede dar por medio de investigación aplicada enfocada en temas generales (dinámicas de la migración y de las remesas) pero también en asuntos específicos. Por ejemplo, todavía se sabe muy poco sobre las características cualitativas de los migrantes y de los receptores de remesas y acerca de los servicios financieros que necesita cada quien. También se requieren esfuerzos de síntesis y de sistematización de los experimentos relacionados con migración, remesas y sistemas financieros rurales en México y en otras partes del mundo: modelos institucionales, productos financieros, métodos de alfabetización financiera, etcétera. Esta tarea implica que los organismos de la sociedad civil involucrados establezcan alianzas con investigadores profesionales, ya que muy pocas veces cuentan con el tiempo y los recursos humanos para llevarla a cabo internamente.

En estos ejes de trabajo, el compromiso y la independencia de las fundaciones se pueden aprovechar al máximo mediante ciertos principios de acción, incluyendo: (1) apoyarse en el conocimiento local para definir las estrategias de colaboración, (2) tener conciencia de las implicaciones de los apoyos en materia de competencia, (3) buscar un equilibrio entre masificación y profundidad de alcance y (4) trabajar en el largo plazo.

Aprovechar el profundo conocimiento que de la situación tienen los organismos locales permite adecuar mejor los apoyos a las necesidades, no sólo las de los beneficiarios finales, sino también las que pueda tener la contraparte local de la alianza. Por ejemplo, ya se mencionó la importancia de tener apoyos para gastos operativos. Otro aspecto importante es asumir cierta flexibilidad en el uso de los recursos para adaptarse a posibles contingencias.

En el caso específico de las instituciones financieras locales, es preciso recordar que éstas se encuentran en el cruce de la esfera del desarrollo con la del mercado financiero. Las fundaciones tienen, por lo tanto, que estar conscientes de los riesgos de efectos perversos (competencia desleal) al apoyar a una institución en particular. Hay varias maneras de sortear ese riesgo. Una es privilegiar el enfoque del bien público, y trabajar, por ejemplo, con redes que distribuyan los beneficios en forma equitativa entre las instituciones afiliadas, o comprometerse a compartir los resultados de tal o tal proyecto con el sector en general. Otra manera es trabajar en zonas donde no haya competencia, lo cual nos remite de nuevo al tema de la profundidad de alcance y en particular al de las áreas rurales.

Existen dos grandes rutas para lograr impacto: ampliar el número de beneficiarios y llegar a los más necesitados entre los necesitados. Para luchar contra la exclusión de los pobres rurales de los sistemas financieros, y en ausencia de soluciones comprobadas, es necesario trabajar en las dos vertientes. En el México actual, tanto la prioridad de las políticas públicas como las tendencias del mercado apuntan más en la primera dirección. Las fundaciones tienen una buena oportunidad para abrir nuevos caminos en la segunda, apoyando y diseminando innovaciones y experimentos. Esto puede implicar que se tenga que trabajar con las instituciones más pequeñas, las menos visibles, pero que están llegando adonde no llegan las demás.

Por último, mejorar las condiciones de acceso a los mercados financieros de los pobres de México, incluyendo a los migrantes y sus familias, construir instituciones financieras rurales e incidir en dinámicas de desarrollo son objetivos que se inscriben en una perspectiva de largo plazo. Las fundaciones filantrópicas tienen que aprovechar su capacidad financiera para apoyar proyectos que permitan dar continuidad a estos procesos.

Bibliography/Bibliografía

BBVA Bancomer. 2004. Family Remittances USA to LATAM. BBVA Bancomer Transfer Services. Paper presented to the conference Shaping the Remittances Market by Shifting to Formal Systems, APEC Initiative on Remittance Systems, Tokyo, Japan, June 2–3.

Beck, Thorsten, Asli Demirgüç-Kunt, and Ross Levine. 2004. Finance, Inequality, and Poverty: Cross-Country Evidence. World Bank Policy Research Working Paper 3338. Washington, DC: World Bank.

Bendixen and Associates. 2003. Receptores de remesas en México. Encuesta de opinión pública. Power Point presentation of report, September–October. At http://www.iadb.org/mif/v2/files/BendixenencuestaME2003.pdf.

———. 2004. State by State Survey of Remittance Senders: U.S. to Latin America, January–April. At http://www.bendixenandassociates.com/ppt/IDB%20 Remesas%20US%20MAP%202004_files/frame.htm.

Bouquet, Emmanuelle, and Isabel Cruz. 2003. *Construir un sistema financiero al servicio del desarrollo rural. El papel respectivo del Estado y de la Sociedad Civil.* Mexico City: Cámara de Diputados, Comisión de Desarrollo Rural.

Capps, Randolph, Michael E. Fix, Jeffrey S. Passel, Jason Ost, and Dan Pérez-López. 2003. A Profile of the Low-Wage Immigrant Workforce. Urban Institute Brief #4 in the Immigrant Families and Workers: Facts and Perspectives Series. At http://www.urban.org/url.cfm?ID=310880.

Comisión Nacional Bancaria y de Valores (CNBV). 2004. *Boletín Estadístico. Banca Múltiple.* (September). Mexico City: CNBV. At http://sidif.cnbv.gob.mx/ Documentacion/Boletines/BM%20sep%2004.pdf.

Conapo (Consejo Nacional de Población). 2002. Migración, remesas y desarrollo. Boletín Migración Internacional No. 19. Mexico City: Conapo. At http://www.conapo.gob.mx/publicaciones/boletines.htm.

———. 2004. Boletín de prensa (Press release) 05/04. January 16. At http:// www.conapo.gob.mx/prensa/2004/05boletin2004.htm.

Cruz, Isabel, Ramón Braojos, and Martín Zuvire. 1996. Les unions de crédit paysannes face au néo-libéralisme mexicain. *Revue Tiers-Monde* 37: 173–86.

Fertziger, Ivana. 2004. Making the Link: Channeling Mexico's Remittance Receivers to Financial Services. Report prepared for the U.S. Agency for International Development (USAID). Presented in Mexico City.

Honohan, Patrick. 2004. Financial Sector Policy and the Poor. Selected Findings and Issues. World Bank Working Paper No. 43. Washington, DC: World Bank.

INEGI (Instituto Nacional de Estadística, Geografía e Informática). 2004. Ingreso promedio del hogar por sexo del jefe y rangos de salarios mínimos equivalentes, 1992–2002. Chart at http://www.inegi.gob.mx/est/contenidos/ espanol/tematicos/mediano/med.asp?t=ming03&c=3315.

Instituto de los Mexicanos en el Exterior (IME). 2004. Most Frequently Asked Questions Regarding the Matrícula Consular (MCAS). Mexico City. IME. At http://portal.sre.gob.mx/ime/pdf/PMCASING.pdf.

———. 2005. Mexico City. IME. At http://www.sre.gob.mx/ime/ under/bajo "Remesas" and/y "Tabla Ingresos por Remesas," 2003.

Jaramillo, María. 2004. Impulsando el impacto de las remesas a través de productos microfinancieros: Perspectivas de investigación de mercado. *Insight* 10, ACCION International (Boston, Massachusetts). At http://www.accion.org/micro_pubs_cartit.asp_Q_P_E_360.

López Vega, Rafael. 2003. La población mexicana en Estados Unidos. Reporte preparado para el Consejo Nacional de Población, Mexico City. At http://portal.sre.gob.mx/ime/pdf/mexicanoseneua.pdf.

Morvant, Solène. 2005. Estudio de impacto en dos microbancos de la red FINCO OAX, Lis Míí y Xuu Ñuu Ndavi, Estado de Oaxaca. Final Report. AMUCSS, Ford Foundation, CEMCA-Centre Walras CNRS. Mexico City.

Muñoz Rodríguez, Manrrubio. 2001. Mercados e instituciones financieras rurales: una nueva arquitectura financiera rural para México. Centro de Investigaciones Económicas, Sociales y Tecnológicas de la Agroindustria y la Agricultura Mundial (CIESTAAM) Working Paper. Chapingo, Mexico: Universidad Autónoma Chapingo.

Orozco, Manuel. 2004. The Remittance Marketplace: Prices, Policy, and Financial Institutions. Washington, DC: Pew Hispanic Center. At http://pewhispanic.org/reports/report.php?ReportID=28.

Pahnal (Patronato del Ahorro Nacional). 2001. Diagnóstico de entidades de ahorro y crédito del sector rural. Mexico City: Pahnal.

Passel, Jeffrey, Randolph Capps, and Michael E. Fix. 2004. Undocumented Immigrants: Facts and Figures. Washington, DC: Urban Institute. At http://www.urban.org/urlprint.cfm?ID=8685.

Rutherford, Stuart. 1999. The Poor and Their Money. An Essay about Financial Services for Poor People. Working paper. Institute for Development Policy and Management, University of Manchester. At www.undp.org/sum/MicroSave/ftp_downloads/rutherford.pdf.

Sedesol (Secretaría de Desarrollo Social). 2003. Medición del desarrollo—México 2000–2002. Mexico City: Sedesol. At http://www.sedesol.gob.mx/subsecretarias/prospectiva/medicion_pobreza/mediciondesarrollo2002.pdf.

UNDP/PNUD (United Nations Development Programme). 2003. Résumé – Rapport mondial sur le développement humain 2003. Paris: Economica.

WOCCU (World Council of Credit Unions). 2004a. A Technical Guide to Remittances—The Credit Union Experience. WOCCU Technical Guide No. 4, Madison, WI: WOCCU. At https://www.woccu.org/development/guide/remittances_techguide.pdf.

———. 2004b. How to Serve Undocumented Individuals. At https://www.woccu.org/pdf/Undocumented_Individuals.pdf.

World Bank. 2000. Mexico Rural Finance: Savings Mobilization Potential and Deposit Instruments in Marginal Areas. Washington, DC: World Bank.

CHAPTER 4

Migrant Philanthropy and Local Governance

KATRINA BURGESS

Mexico has a long history of centralized decision making and inequitable development. Political authority has been concentrated in the highest offices of the national government, and a small minority of Mexicans have captured most of the country's wealth and opportunities. In this context, ineffectual local government and persistent inequities, particularly in rural areas, plague many communities. Lacking political voice and economic opportunities at home, millions of Mexicans have migrated to the United States.

In recent years, however, two simultaneous but rarely linked trends are reshaping local governance in Mexico. One is the shift of resources and responsibilities to municipal governments as a result of decentralization and neoliberal social reform. The other is the growing transfer of remittances sent by migrants to their communities of origin, usually to support family consumption but increasingly as collective donations for community projects. Each of these trends has the potential to democratize local governance and enhance equity, particularly if decentralization and migrant philanthropy converge to create positive synergies. Realization of this potential is far from guaranteed, however, and it is likely to depend on a complex array of factors.

DEMOCRATIC LOCAL GOVERNANCE

In 1997, the Organisation for Economic Co-operation and Development (OECD) issued a report endorsing the promotion of democratic local governance, which has been defined as "meaningful authority devolved to local units of governance that are accessible to the local citizenry, who enjoy full political rights and liberty" (Blair 2000, 21). The proponents of democratic local governance believe that ensuring popular participation and accountability creates a more responsive and effective local government. Better governance, in turn, promises to produce more equitable social and economic outcomes in local communities.

The OECD report reflects a convergence of two themes that rose to the top of the development agenda in the 1990s: decentralization and good governance. Both responded to sweeping changes in developing countries, particularly the dual transition to democratic politics and market-oriented economies. Disappointed by the widespread failure of these transitions to produce meaningful political representation and sustained economic growth, the development community began to pay more attention to institutional design, government responsiveness, and the rule of law. By the end of the 1990s, a range of international development organizations had launched programs designed to promote decentralization and good governance in developing countries. The World Bank alone began over 600 governance-related programs and initiatives in 95 countries between 1996 and 2000 (Santiso 2001, 3).

The development community has, in general, employed two main approaches. International financial institutions, such as the World Bank, the International Monetary Fund (IMF), and the regional development banks, which are primarily concerned with the institutional framework necessary to produce efficient outcomes, began to advocate decentralization and good governance as part of the "second generation" of economic reforms aimed at restructuring the relationship between states and markets. International aid agencies, such as the United Nations Development Programme (UNDP) and the U.S. Agency for International Development (USAID), have a broader agenda that includes explicitly political objectives. They view decentralization and good governance as ends in themselves rather than solely as the means to improve economic performance, and they tend to devote more attention to democracy than do the international financial institutions.

Despite the widespread consensus that decentralization and good governance matter for development, some conceptual confusion exists regarding the meaning of those two terms. Decentralization can take four forms, each of which has different implications for local governance (Osmani 2000):

- Deconcentration: a shift in decision-making authority from the national level to subnational offices within the executive branch;

- Delegation: a transfer of authority to public corporations or special agencies outside the regular line ministries;

- Devolution: a transfer of legislative and fiscal authority to elected local governments; and

- Privatization/partnership: a transfer of responsibility for public functions to private enterprises or voluntary organizations.

Whereas all four types may improve service delivery, only the last two will increase public access to the state. Devolution does so indirectly by empowering elected officials at the local level. Privatization/partnership does so directly by incorporating nongovernmental actors into the policy-making process.

Both the international financial institutions and the international aid agencies favor the last two types of decentralization, because, in part, they are viewed as promoting good governance. But good governance is even less well defined than decentralization. The UNDP characterizes govern-ance as "the exercise of economic, political, and administrative authority to manage a country's affairs at all levels" (1997, 2–3). Each kind of authority is associated with a different type of governance: "Economic governance includes decision-making processes that affect a country's economic activi-ties and its relationships with other economies. It clearly has major implica-tions for equity, poverty, and quality of life. Political governance is the process of decision making to formulate policy. Administrative governance is the system of policy implementation" (p. 3)

Although most international development organizations address all three types of governance, their emphases vary. The IMF (1997) focuses on eco-nomic governance and lists transparency, accountability, efficiency, and fairness as its key components. Researchers at the World Bank Institute identify six dimensions of good governance, including several political variables: voice and accountability, government effectiveness, lack of regu-latory burden, rule of law, an independent judiciary, and control of corrup-tion (Kaufmann, Kraay, and Zoido-Lobaton 1999). Other World Bank documents refer to the "four pillars" of good governance, which include accountability, transparency, the rule of law, and participation (Kapur and Webb 2000, 3). The World Bank views the last as essential for creating stakeholders and ownership in sustainable development.

International aid agencies, which tend to be even more attentive to po-litical variables, highlight authority relations and the degree to which less advantaged members of society are represented. The UNDP identifies nine dimensions of good governance: participation, consensus orientation, stra-tegic vision, responsiveness, effectiveness and efficiency, accountability, transparency, equity, and the rule of law (Graham, Amos, and Plumptre 2003, 3). The OECD shares the UNDP's concern with democratization and participatory development, although it emphasizes elements that are more administrative than political (rule of law, public-sector management, control of corruption, and reduction of military spending) (Aubut 2004).

Despite differences in orientation and scope, nearly all international development organizations embrace the World Bank's "four pillars" of accountability, transparency, the rule of law, and participation. Two of these pillars—accountability and participation—are especially relevant to democratic local governance: "On the process side, through participation [democratic local governance] promises to increase popular input into what local government does, and through accountability it bids to increase popular control over what local government has done or left undone. On the output side, [democratic local governance] finds its justification largely in the ideas that it can improve local service delivery and that for a good number of donors it can contribute significantly to poverty reduction as well" (Blair 2000, 22). Regarding participation, democratic local governance holds the promise for five cascading outcomes: (1) increased public involvement in local politics; (2) more representative local government; (3) empowerment of disadvantaged groups; (4) wider and more equitable distribution of benefits; and (5) poverty reduction (pp. 23–25).

Unfortunately, developing countries face two kinds of obstacles to achieving these outcomes and mechanisms: (1) those associated "with transferring power from the top downwards" and (2) those associated "with organizing people at the grassroots level, so that all segments of the people, including the poorer and weaker ones, can effectively participate" (Osmani 2000, 9). The first reflects the reluctance of national authorities to cede control. Not surprisingly, the rhetoric of decentralization often exceeds the real transfer of authority and resources to local governments or nongovernmental actors. In many cases, local officials or groups are burdened with greater responsibilities but lack the requisite financing to meet them.

The second category reflects the weakness of democratic traditions and practices at the local level. Perhaps the most daunting obstacle is the continuing propensity of local elites to capture authority and resources. Particularly in rural areas, patronage networks are often firmly entrenched, and they can distort the democratizing effects of devolution and partnerships.[1] Participation is manipulated and controlled, and, therefore, it does

---

[1] Harry Blair (2000) finds frequent examples of the local elite capturing resources and power in his analysis of USAID programs aimed at promoting

not produce the anticipated cascade of empowerment, more equitable distribution, and poverty alleviation. Likewise, accountability is subverted when local elites control elections, civil society, or the media.

A related obstacle is the lack of local social capital, particularly among disadvantaged groups and communities. Michael Woolcock and Deepa Narayan define social capital as "the norms and networks that enable people to act collectively" (2000, 226). These authors differentiate between "bonding" social capital existing within small, close-knit, homogeneous groups, and "bridging" social capital existing across diffuse and heterogeneous groups (p. 227). Bonding social capital can help poor people survive, but bridging social capital is more likely to enable them to improve their situation, partly because it gives them greater leverage with public officials. Some disadvantaged groups and communities lack either kind of social capital, particularly when they are competing for clientelistic benefits, have been uprooted by war or economic crisis, or are located in areas wracked by civic conflict. Others possess bonding social capital but lack the necessary bridging social capital to participate effectively in local initiatives or to pressure local authorities to fulfill their commitments and obligations.

Mexican hometown associations (HTAs), based in the United States, have the potential to contribute to democratic local governance in their communities of origin, particularly in the context of the Mexican government's initiatives to increase decentralization and promote HTA investment in community projects. The extent of their contribution depends, however, on the answers to three questions:

- Is HTA participation causing social investment to be channeled to previously underserved populations, thereby contributing to a more equitable distribution of benefits?

- Are HTAs holding public officials accountable in new and more effective ways?

- Are HTAs challenging elite control of authority and resources at the local level?

---

democratic local governance in Bolivia, Honduras, India, the Philippines, Ukraine, and Mali.

DECENTERING THE MEXICAN STATE

As mandated by the 1917 Constitution, Mexico has three branches of government (executive, legislative, and judicial) and a federalist structure with politically autonomous subnational units (31 states and 2,477 municipalities). Each of these subnational units has executive and legislative authorities who are elected to regular, nonrenewable terms of office. Constitutional Article 115 establishes the *municipio libre* (free municipality) as the basic unit of government, with political and administrative autonomy. A municipal president and council, elected every three years as part of a party slate, preside over the municipality and, as its highest authority, vote on all municipal initiatives, including the budget (Rodríguez 1997, 29–33).

Although these formal structures imply both horizontal and vertical power sharing, the reality in Mexico has been an extreme centralization of authority. With the consolidation of Mexico's postrevolutionary state in the 1930s and 1940s, decision making and public resources became concentrated in the national executive. At the heart of this centralization was the overwhelming dominance of the Partido Revolucionario Institucional (Institutional Revolutionary Party, PRI). The PRI controlled the presidency from 1929 until 2000, never lost a gubernatorial race until 1989, and occupied the vast majority of legislative and municipal seats at all levels until the late 1980s. PRI hegemony reduced the Mexican Congress to a rubber stamp and transformed the governors (and most of the mayors) into "appointees" of the chief executive. Particularly in the context of Mexico's "no reelection" rule and an informal practice whereby the incumbent president chose the next PRI candidate for president, these authorities depended almost entirely on the good graces of the chief executive for career advancement.

Political control was matched by fiscal control. Until 1983, municipalities did not have the power to collect income or property taxes, which left them almost entirely dependent on the federal government to provide basic public services and infrastructure. States had more revenue-generating authority, but they often lacked the economic base or political will to generate significant tax income. Meanwhile, the federal government used its formal and informal powers to amass public resources. Beginning in the 1930s, the PRI pursued a strategy of import-substitution industrialization, which relied heavily on public investment and state regulation, and encouraged the concentration of economic activity and population in Mexico City. Both phenomena contributed to a concentration of fiscal resources. Between 1940 and 1980, the states' share of public revenue fell from 23.3%

to 9.4%, and the municipal share fell from 5.3% to 1.1% (Shirk 1999, 5). Although the federal government did use some of these revenues to improve local housing, healthcare, education, and infrastructure, nearly all important decisions regarding program design and funding allocation were made in Mexico City.

The federal government clarified and expanded its fiscal powers in 1980 with the creation of the Sistema Nacional de Coordinación Fiscal (National System of Fiscal Coordination). Under this system, subnational governments gave up their right to collect the most important taxes in their jurisdiction in return for compensatory transfers from the federal government.[2] From its revenue, the central government returned portions, called *participaciones*, to each of the subnational governments, based on a universal formula (Hernández Trillo, Díaz Cayeros, and Gamboa González 2002, 8–11).[3] Until 1995, the states received 18.5% of the federally collected revenue, 22.1% of which they were supposed to distribute to their municipalities (Rodríguez 1997, 90). Even under this system, however, the bulk of the revenue transfers from the federal to the subnational governments continued to be accounted for by lines (*ramos*) in the federal budget, which were renegotiated each year and were a product of the discretionary authority of the federal government.

The de facto centralization of authority and resources left subnational governments in Mexico politically and financially dependent on the national executive and without the incentives or capabilities to respond to local needs. This arrangement served the PRI well for several decades, but challenges to its political legitimacy and economic model prompted efforts to decentralize both horizontally and vertically. Following a political crisis that culminated in the massacre of hundreds of demonstrators in Mexico City in 1968, three subsequent presidential administrations carried out electoral reforms that granted more space for opposition parties. The most

---

[2] The federal government collected all value-added, corporate, and personal income taxes (accounting for more than 70% of total tax revenue), and the subnational governments collected property taxes, payroll taxes, and fees (accounting for only 4% of total tax revenue).

[3] Under this formula, 45% of the fund is distributed according to state population, 45% in proportion to the collection of certain taxes, and 10% in inverse proportion to the other two criteria to compensate poor states. It should be noted, however, that the tax effort criterion does not include property taxes (which are now collected by the municipalities) and does not apply to distributions from the states to the municipalities (Moreno 2003, 4, 15).

important of these was the 1977 Ley de Organizaciones Políticas y Procesos Electorales (Law of Political Organizations and Electoral Processes), which set aside one-quarter of all seats in the Chamber of Deputies for opposition parties, to be allocated on the basis of proportional representation (Rodríguez 1997, 50). The PRI also tolerated a growing number of opposition victories at the municipal level, although not without periodic episodes of fraud to retain control of key cities.

The PRI also began to experiment with the transfer of decision-making authority and resources to the states and municipalities. Through decentralization, the PRI hoped to enhance its political legitimacy at the local level; stimulate regional development, thereby alleviating strain caused by the high concentration of population and economic activity in Mexico City; and reduce federal budgetary pressures, particularly after the 1982 debt crisis. The PRI engaged in some half-hearted attempts to promote regional development in the 1970s, but it was not until the administration of Miguel de la Madrid (1982–1988) that any serious decentralization occurred.

De la Madrid's first and most important decentralization initiative was the Reforma Municipal (Municipal Reform), passed by Congress in February 1983 to amend constitutional Article 115 to clarify and expand the rights and responsibilities of the municipalities. In addition to granting the municipality the autonomy to manage its own finances and design its own rules and laws of governance, the reform specifies which public services are under the municipality's purview and expands its options for financing those services.[4] Most importantly, it grants the municipality the power to collect property taxes and user fees for public services (Rodríguez 1997, 75). The reform was a key step toward making the *municipio libre* a reality, but it did not adequately address the limited administrative and financial capacities of municipal governments. As a result, they often ceded their rights and responsibilities to the state governments (Shirk 1999, 5).[5]

De la Madrid's other decentralizing reforms were designed to deconcentrate federal agencies and enhance the role of state governments. By 1988, 62,000 public employees had been relocated, and more than a dozen federal agencies and parastatals had transferred important functions to

---

[4] Municipalities became responsible for water supply and sewerage, sanitation, urban roads and transportation, parks and cemeteries, slaughterhouses and markets, public lighting, local police and traffic, land use planning, and environmental protection (Shirk 1999, 5).

[5] For example, state governments often administered property taxes at the request of the municipalities (Cabrero Mendoza 2000, 375).

their state representatives (Rodríguez 1997, 70). To assist the states with their new planning responsibilities, the federal government mandated the creation of Comités de Planeación para el Desarrollo de los Estados (State-Level Development Planning Committees, Coplades) to coordinate the investment priorities of the federal, state, and municipal governments (p. 72). De la Madrid also launched an ambitious program to transfer responsibility for health and education to the state governments, but the program stalled for administrative and political reasons.

President Carlos Salinas de Gortari (1988–1994) continued to promote both horizontal and vertical decentralization, but with important differences in style and content. First, compared to those of de la Madrid, Salinas's policies were more directly influenced by his political agenda, which involved building his own legitimacy and weakening his political enemies, many of whom came from within the traditional PRI machinery. Salinas took office in December 1988 with the lowest vote of any PRI candidate in history and amidst accusations of electoral fraud. His most serious challenger was the newly formed Partido de la Revolución Democrática (Party of the Democratic Revolution, PRD), which was composed primarily of former PRI militants who had defected to oppose his candidacy. Salinas used several strategies to enhance his legitimacy while weakening the PRD. Among these, he allowed the Partido Acción Nacional (National Action Party, PAN) to win important electoral victories, including the first opposition governorship in 1989.

Second, most of the vertical decentralization that took place during his term occurred indirectly through neoliberal state restructuring and the Programa Nacional de Solidaridad (National Solidarity Program, Pronasol).[6] Pronasol was essentially a poverty-alleviation program, but it had a significant impact on local governance and resource allocation because of its demand-driven design. Pronasol required "community participation in the selection and implementation of projects through the local Solidarity Committees, shared responsibility for program implementation with state and municipal authorities, and shared costs among the three levels of government and beneficiaries" (Rodríguez 1997, 81). Pronasol funds were distributed through Ramo 26 in the federal budget and were integrated into each state's Social Development Agreement (p. 101). Rather than being

---

[6] One important exception was a 1992 national accord to decentralize education, which "transferred to the state governments both responsibility *and* money for education and granted them full autonomy for spending these funds" (Rodríguez 1997, 83).

allocated to the state governments for distribution to the municipalities, however, Pronasol funds went directly to the Solidarity Committees and their Municipal Councils (p. 82).[7]

Salinas also created a municipal funds program in 1990 to strengthen municipal governments and to encourage community participation.[8] As with other Pronasol projects, the funds were financed by federal-state matching grants, at a 50/50 split for wealthier states and a 75/25 split for poorer ones. Communities were also expected to contribute at least 20% of the cost of a specific investment, with most projects running less than $14,000. The program operated in 27 states and provided poor, rural municipalities with access to additional funds for local infrastructure and services (Rodríguez 1997, 102–3).

Pronasol gave local communities new resources and responsibilities and produced new institutional mechanisms for promoting development, most notably the Ministry of Social Development (Secretaría de Desarrollo Social, Sedesol). At the same time, however, it provided Salinas with a highly discretionary tool for building political support and perpetuated the dependence of local communities on federal resources and decision making. It also largely bypassed state and municipal governments, instead functioning "as a parallel structure to state and local governments for fighting poverty" (Cabrero Mendoza 2000, 376). Thus, although Pronasol brought resources to poor communities and encouraged local organization, it took the form of a deconcentrated federal program rather than one that devolved functions and resources to subnational levels of government.

Partly to correct for these shortcomings, President Ernesto Zedillo (1994–2000) replaced Pronasol with two new initiatives. In 1997, he created the Programa de Educación, Salud y Alimentación (Program for Education, Health, and Nutrition, Progresa), which distributed social assistance grants directly to the beneficiaries, who were selected based on a national poverty survey.[9] The following year, the Mexican Congress created Ramo 33, which

---

[7] The total flow of resources from Ramo 26 was equivalent to 31% of gross municipal spending in 1989, 49% in 1992, and 45% in 1995 (Cabrero Mendoza and Martínez-Vázquez 2000, 148).

[8] The municipal funds also received funding from the World Bank through two loans from 1991 to 1999 (Fox 2002, 97).

[9] For details on the formulas used to determine the beneficiaries, see Pronasol 2000, 16. President Vicente Fox (2000–2006) continued and expanded this program under a new name, Oportunidades.

included new discretionary funds (*aportaciones*) for states and municipalities. Two were designed especially for municipal governments: (1) the Fondo de Aportaciones para Infraestructura Social Municipal (Municipal Social Infrastructure Fund, FAISM); and (2) the Fondo de Aportaciones para el Fortalecimiento de los Municipios y el Distrito Federal (Support Fund for the Strengthening of Municipalities and the Federal District, FAFM). The funds previously included in Ramo 26 (including the municipal funds) were transferred to the FAISM. Rather than being distributed directly to local communities, these resources were allocated to the state governments according to a formula that included poverty variables but gave priority to the size of the population (Fox 1999, 38). Based on a similar formula, the states were then required to distribute the funds to their municipalities, which could only spend them on projects related to basic social infrastructure.[10] In 1999, municipal revenues were derived from *participationes* (53.1%), *aportaciones* (19.3%), fees (13.9%), local taxes (10.4%), and debt instruments (3.4%) (Moreno 2003, 5).

Although presumably improving equity and transparency, these initiatives reversed three features of Pronasol that had been favorable to democratic local governance. First, Progresa eliminated the role of local community organizations in requesting and managing federal funds for poverty alleviation. The direct provision of aid to poor beneficiaries is probably more efficient in the short run, but it does little to empower communities to demand services and to hold their local authorities accountable (Cabrero Mendoza n.d., 25). Second, the transfer of funds from Ramo 26 to Ramo 33 restored the previous power of the state governments to allocate resources to the municipalities. Although this reform constituted decentralization to the states, it also arguably shifted power away from local communities, particularly those outside the municipal capital (*cabecera municipal*). Third, under Ramo 33, the revised allocation formula privileged urban municipalities at the expense of poor, rural ones.

Ramo 33 constituted part of a broader program promoted by Zedillo called New Federalism, "in which revenue-sharing allocations from the federal government, capacity to raise revenue through taxation and other mechanisms, and control of regional and social development [were] in-

---

[10] In contrast to the unconditional grants (*participaciones*), the formula for distributing *aportaciones* does not take into account the tax-collection efforts of the state governments (Moreno 2003, 5).

creased for the states" (Shirk 1999, 6).[11] New Federalism had mixed results for municipal governments. On the one hand, evidence suggests that the creation of Ramo 33, together with the 1995 peso crisis, contributed to a reversal of what had been a favorable trend of rising local tax revenues in the first half of the 1990s. Based on several statistical models, Carlos Moreno finds that Ramo 33 had a negative impact on local tax revenues; according to one model, municipal tax revenues fell by an average of 6.6 pesos per person in 1998 compared to the previous five-year period (Moreno 2003, 14–15). Moreover, local tax revenues did not recover after the 1995 crisis, in contrast to local fees, which surpassed taxes as a source of municipal revenue (Moreno 2003, 6).[12]

On the other hand, municipal governments gained new resources and rights under New Federalism, tripling spending in some municipalities in 1998 (Cabrero Mendoza and Martínez-Vázquez 2000, 148). In addition, the Mexican Congress again amended Article 115, granting municipalities the right to make planning decisions without the approval of the state legislature, reinforcing the municipalities' authority to resist state government efforts to take over their responsibilities, modifying the mechanisms for state revenue-sharing, and enhancing municipalities' direct control over their budgets (Shirk 1999, 7).

Municipal governments in Mexico continue to struggle with serious financial and administrative shortcomings. Nonetheless, there are signs of innovation, encouraged in part by greater political competition. Municipalities competing for an annual Prize in Local Governance and Management have demonstrated four types of innovation: (1) new styles of leadership based on the organization of cooperative networks, (2) participatory forms of decision making, (3) strengthened intergovernmental cooperation, and (4) new management systems to enhance service delivery (Cabrero Mendoza 2000, 377). The matching-grant programs created by state and federal governments in Mexico to encourage HTA investment in community development have the potential to encourage all four kinds of innovation. In the process, these programs may enhance democratic local governance and equity in communities with HTA-funded projects.

---

[11] Among the sectors that came much more firmly under state control under this program were education and health, thereby completing the decentralization started by de la Madrid in the 1980s.

[12] It should be noted that Moreno did not find any negative effect on local tax revenues as a result of unconditional transfers, particularly in larger municipalities.

HTA INVESTMENT IN COMMUNITY DEVELOPMENT

Mexican migrants living in the United States have a long history of private social investment in their communities of origin. Traditionally, most of this giving came from a single individual or an informal group and was dedicated to emergency or charitable assistance, recreation, or town beautification. In recent years, however, migrant philanthropy has become more organized, diverse, and substantial, and it has begun to intersect with government initiatives to decentralize governance and promote local development.

Hometown associations are the most important source of private social investment by Mexican migrants in Mexico. In 2003, 623 HTAs from 30 U.S. cities were registered with the Secretaría de Relaciones Exteriores (Mexican Foreign Relations Ministry, SRE) (Lanly and Valenzuela 2004, 15). In a recent study based on more than one hundred interviews, Manuel Orozco (2003) provides a profile of Mexican HTAs. He finds that they usually have a core membership of around ten people, including a president, treasurer, secretary, and auditors. Although leadership selection varies by club, elections for president are generally held once or twice per year. HTA members organize events and activities to raise money (an average of $10,000 per event) for various kinds of projects in their hometowns, including education and health, infrastructure, church and cemetery renovation, recreation, town beautification, and economic investment. He also finds that project implementation is usually coordinated with a counterpart in the hometown, often a relative of an HTA member who serves as manager and contractor for the project (see also Orozco and Welle in this volume). Most projects take at least six months to complete.

Before the 1990s, most HTAs were social clubs (with the exception of groups formed in direct response to economic emergencies), but they have gradually evolved into philanthropic organizations (Espinosa 1999, 16). They also tended to have few, if any, regularized interactions with other organizations, including other HTAs. The most notable exception was the Federation of Mexican Clubs, which was formed in 1972 by clubs from Zacatecas, Jalisco, Durango, and Chihuahua (Moctezuma 2004, 100). During the 1980s, this organization split into several statewide federations, the most active of which was the Federation of Zacatecan Clubs of Southern California (FCZSC).[13]

---

[13] Formally constituted in 1986 as the Federation of United Zacatecan Clubs, it changed its name to the Federation of Zacatecan Clubs of Southern Califor-

Both patterns began to change, however, after the Mexican government launched a new policy of promoting HTA formation and investment in local projects. The first such initiative took place at the state level in 1986. During a visit to Los Angeles soon after being elected governor of Zacatecas, Genaro Borrego announced the Programa para los Zacatecanos Ausentes (Program for Absent Zacatecans), in which the state government matched every peso the FCZSC invested in local projects. Although the program only produced 28 projects between 1986 and 1992, it became a model for subsequent programs at the state and federal levels, and it energized the FCZSC to undertake more philanthropy (Lanly and Hamann 2004, 141).

It was not until Salinas took office that the federal government began to court the HTAs. Eager to shore up his political legitimacy and cultivate a pro-Mexico lobby within the United States, Salinas created the Programa Paisano (Paisano Program) in 1989 and the Programa para las Comunidades Mexicanas en el Extranjero (Program for Mexican Communities Abroad, PCME) in 1990. The PCME, which was based in the Foreign Ministry and included a network of 42 consulates and 23 institutes and cultural centers, reached out to existing HTAs and facilitated the formation of new ones. The consulate in Los Angeles led this effort in the early 1990s, when it created an HTA registration process, arranged meetings between HTAs and prominent politicians and officials, and convened meetings to discuss the formation of new HTAs. Other consulates followed suit, particularly in Chicago and Dallas. The PCME also encouraged state governments to form Oficinas Estatales de Atención a Migrantes (State Offices for Mexicans Abroad, OFAMs), which eventually led to the creation of a federal-level office to coordinate the OFAMs in 25 states (Riestra Venegas 2002).

Following the Zacatecan example, the Salinas administration launched a program specifically designed to promote HTA investment in local development projects. In 1993, Sedesol collaborated with Borrego's successor in Zacatecas, Arturo Romo, to create the Program of International Solidarity among Mexicans, which became known as the "Two-for-One Program." With Pronasol resources, this program matched every peso invested by an HTA with one peso from the federal government and one peso from the state government. In its first two years, the size of the program grew from

nia in 1993 (Moctezuma 2004, 100; Lanly and Hamann, 141). There are several versions of the history of this federation. For example, Rafael Alarcón (2002, 104) claims that it was established in 1965, whereas Guillaume Lanly and Volker Hamann (2004, 141) claim that it was founded in 1972.

seven projects in seven localities to 30 projects in 21 localities (Lanly and Hamann 2004, 142). Several other states adopted the program, but Zacatecas accounted for the vast majority of projects.

In 1995, the federally coordinated Two-for-One Program, like the rest of Pronasol, became a casualty of Zedillo's New Federalism. For the rest of his administration, "the hometown associations ... had to deal directly with the local and state governments regarding financial support for community projects, exactly as things were before the creation of the Program for Mexican Communities Abroad" (Espinosa 1999, 21). The Two-for-One Program continued at the state level in Zacatecas, however, with matching grants by municipal governments replacing the federal contribution. By 2002, a total of 868 projects had been funded through the program at a real cost of 464 million pesos (Lanly and Hamann 2004, 143). State governments in Jalisco, Durango, and Guanajuato also launched programs to encourage HTA investment during this period.

These government initiatives enhanced both the incentives and the opportunities for Mexican migrants to organize. Not coincidentally, the HTAs experienced a boom in the 1990s. Among those in Orozco's 2003 study, only 20% had formed before 1990, whereas nearly half had formed after 1994 (2003, 6).[14] Between 1995 and 2002, the total number of registered clubs grew from 263 to 580 (Lanly and Hamann 2004, 131). In contrast to their predecessors, many of the newer clubs started out with a philanthropic mission and devoted a sizable share of their fundraising to infrastructure projects (Orozco 2003, 10).

HTAs also began to federate at an accelerated pace. By 2002, there were eight federations based in Los Angeles (incorporating HTAs representing people from Jalisco, Michoacán, Zacatecas, Guanajuato, Sinaloa, Durango, Nayarit, and Oaxaca) and seven in Chicago (incorporating HTAs representing people from Jalisco, Michoacán, Zacatecas, Guanajuato, Durango, Guerrero, and San Luis Potosí) (Escala-Rabadán 2004, 433; Alarcón 2002, 104).[15] As Luis Escala-Rabadán argues, "the eventual prevalence of statewide federations can be explained by the advantages that this structure offers for the interaction between the migrant community and the various levels of the Mexican government" (p. 438). The record on forming higher-

---

[14] In Chicago, the number of HTAs from Guerrero, Jalisco, Zacatecas, and Guanajuato grew from 22 in 1994 to 101 in 1998 (Orozco 2002, 89).

[15] For example, many HTA leaders from Michoacán in Chicago met each other for the first time at events organized by the consulate, which facilitated the formation of the Federation of Michoacán Clubs in 1997 (Espinosa 1999, 20).

level organizations has been more mixed. In 1997, the Zacatecans formed a U.S.-wide Confederation of Zacatecan Clubs, but it only survived until 1999. In 2002, several federations in Los Angeles formed the Council of Mexican Federations (pp. 430, 439).

When Vicente Fox became president in 2000, he renewed the federal government's commitment to working with the HTAs. Almost immediately after taking office, he created the Presidential Office for Attention to Mexican Communities Abroad. Although this office closed only 18 months later because of turf battles, Fox merged several of its functions into the PCME's successor, the Institute for Mexicans Abroad (IME), created in August 2002. One of IME's most interesting innovations is its advisory council, which includes 105 migrant representatives, 10 representatives from Latino organizations in the United States, 10 special advisors, and 32 representatives from Mexico's state governments (IME 2004).

Fox also resurrected the matching-grant program within Sedesol, this time working with all of the states and expanding the program to include contributions from municipal governments. The Programa Iniciativa Ciudadana—Tres por Uno (Three-for-One Citizen Initiative Program, widely known as the Three-for-One Program), which began in 2002, solicits applications from HTAs or other civic organizations for matching funds to support community projects. Over half of the HTAs interviewed by Orozco joined the program in its first year (2003, 15). The program funded 942 projects in 2002 and 899 projects in 2003, in three general areas: public infrastructure, social assistance, and productive projects (table 4.1).[16] In both years, the largest share of funding went to road paving and maintenance and to community spaces and recreation facilities.

According to Sedesol, the objective of the program is "to support citizen initiatives to realize projects that operate to improve the quality of life of inhabitants through a combination of resources from the federal, state, and local governments and from the organized citizens themselves, principally residing abroad" (Diario Oficial 2003). The program seeks to reach poor communities in need of basic social infrastructure and productive projects and, until 2004, it allowed any local group or organization to participate in the absence of an HTA. Each project requires the formation of a "community committee," comprising representatives from the migrant organization or participating citizens, the state office of Sedesol, the state govern-

---

[16] The program's budget shrank by 9% in 2003. The states most negatively affected by this reduction were Zacatecas, Michoacán, and Guanajuato (Red de Consultores 2004, 16).

ment, and the municipal government. This committee is responsible for proposing the project, verifying its compliance with program requirements, disseminating information about the project to the affected communities, and maintaining it. In addition, each state's Coplade is responsible for coordinating the project with other government programs (*Diario Oficial* 2003).

Table 4.1. Distribution of Three-for-One Program Projects by Type (percentages)

Project Type	2002	2003
Education, health, and housing infrastructure	15.07%	8.90%
Electrification	10.51	15.24
Road paving and maintenance	22.40	18.35
Water and sewerage	13.48	15.13
Social assistance and community services	12.53	16.02
Production and irrigation	5.73	2.45
Community spaces and recreation facilities	20.28	22.80

Source: Author's calculations based on Sedesol 2002, 2003.

The Two-for-One Program in Zacatecas and the Three-for-One Program at the national level were the first to include municipal governments as full partners in the financing and management of projects carried out in collaboration with HTAs. Interaction between HTAs and municipal governments has increased significantly since the Three-for-One Program was launched in 2002, and it has included efforts by municipal presidents to mobilize their expatriates to form new associations (Williams 2004, 13). This interaction is creating both opportunities and challenges. On the one hand, both parties welcome the extra resources for projects. On the other hand, they both have concerns regarding control of project financing and implementation.

For municipal presidents, two major concerns are the demands placed on the municipality and the ambiguity regarding the appropriate source of municipal funding. First, many municipalities lack the administrative capacity to implement and monitor the projects, leading in some cases to their mismanagement or cancellation (Red de Consultores Nacionales 2004). Second, the funding requirements are often substantial relative to municipal budgets for public works, leading some small, rural municipalities to contribute in kind with labor and equipment (Orozco 2003, 37). Municipal officials also lack clear guidelines as to whether they can use federal funds from other sources, particularly Ramo 33, to make their contribution.[17]

For their part, HTA members have expressed concerns over the new role given to municipal governments. First, they are wary of absolving local authorities of the responsibility for providing basic services. Second, they resist efforts to shift control of project resources and implementation to the municipality. Under the Zacatecas Two-for-One Program, the HTAs strongly opposed Governor Romo's requirements that HTA contributions be deposited in the municipal treasury instead of in accounts controlled by the associations' local representatives, and they refused to conform to New Federalism by submitting their projects to the new municipal planning councils for approval. Some HTAs also protested the frequent, ad hoc use of state government funds to cover shortfalls in the municipalities' contributions to the program. Reflecting the political influence of the Zacatecan HTAs, Romo's successor, Ricardo Monreal, reversed both of these policies upon taking office in 1999 (Goldring 2003, 4–5).

Another complaint involves how Sedesol has conceptualized "citizen participation" in Three-for-One projects. Only in Zacatecas are the HTAs powerful enough to shape the terms of the program in the state, and they have even been able to institute a provision that only HTAs registered with the federations can request projects (Xóchitl Bada, personal communication, September 16, 2004). In states where HTAs are less prevalent or active, unorganized migrants or family members receiving individual remittances have formed groups to apply for Three-for-One funding. Not surprisingly, the Zacatecan clubs view this kind of indirect participation as a threat to their share of the total budget. Largely in response to their complaints, Sedesol changed the rules in 2004 to limit participation to registered migrant associations (Red de Consultores Nacionales 2004; Sedesol Zacatecas 2004).

A third issue is the tension between Sedesol's national agenda and the HTAs' desire to maximize benefits for their hometowns. As noted above, Sedesol aims to reach those communities most in need of basic infrastructure. Not coincidentally, the program is managed within Sedesol by the General Coordinator of Micro-Regions, whose objective is to seek "the integrated and sustainable development of those regions that register the highest levels of marginalization in the country" (Sedesol n.d.). But levels

[17] Citing municipal autonomy under Article 115 and the need to match contributions already made by citizen groups, several municipal presidents in Zacatecas went ahead and used Ramo 33 funds.

of marginalization and rates of out-migration do not always correspond, and municipalities with organized migrant communities are more likely to receive projects but less likely to be the most needy. Thus, Sedesol's goal of reaching the poorest communities is not entirely consistent with its reliance on organized migrants to solicit and manage the projects.

In a related manner, government officials and the HTAs do not always agree on the needs of the communities receiving Three-for-One projects. Government officials at all levels have a strong preference for investments in basic infrastructure and, increasingly, productive ventures. The HTAs share this preference, but they also value projects that Sedesol officials and some municipal authorities find less relevant for development, such as church renovation or the building of recreation facilities. The result has been tense negotiations during the project selection phase between Sedesol and the HTAs, particularly the more influential federations.

MIGRANT PHILANTHROPY AND LOCAL GOVERNANCE IN ZACATECAS, JALISCO, AND MICHOACÁN

HTA involvement in the Three-for-One Program is likely to have a mixed impact on democratic local governance. On the one hand, it constitutes a novel form of participation and state-society collaboration at the local level, with potentially positive implications for equity and accountability. On the other hand, relations between the HTAs and local authorities are often more conflictual than collaborative, and the interests of the HTAs do not always coincide with those of the rest of the community. More generally, it is not clear that the HTAs are challenging elite control of authority and resources.

To tease out some of these effects, the final section of this chapter examines migrant philanthropy, particularly in the Three-for-One projects, in the traditional migrant-sending states of Zacatecas, Michoacán, and Jalisco. In 2000, Zacatecas had the highest rate of emigration (12.18%) and the largest share of households receiving remittances (13.03%) of any state in Mexico (Conapo 2002). In 2003, it received an estimated US$353 million (US$269 per capita) in remittances (Banco de México 2004). Compared to Zacatecas, Michoacán had a lower rate of emigration (10.37%) and a smaller share of households receiving remittances (11.37%) in 2000 (Conapo 2002), but in 2003 it received more total remittances (US$1.685 billion) and remittances per capita (US$415) than any other state (Banco de México 2004). Jalisco also registered an above-average rate of emigration (6.5%) and share of remittance-receiving households (7.7%) in 2000 (Conapo 2002), and of all states in Mexico, it received the second-highest volume of total remittances (US$1.275 billion) and the ninth-highest level of remittances per capita (US$194) in 2003 (Banco de México 2004).

All three states have well-organized immigrant communities in the United States, and the state governments are actively engaged in encouraging migrant participation in local development. However, Jalisco and Michoacán have lagged behind Zacatecas on both counts. Jalisco HTAs became federated in Los Angeles in 1991, largely at the initiative of the PCME, but authoritarian leadership within the federation stifled the organization's activism. The state government did not show any interest in the HTAs until Governor Alberto Cárdenas took office in 1995. Cárdenas established an Oficina de Atención a Jalisciences en el Extranjero (Office for Jaliscans Residing Abroad) to coordinate state initiatives on behalf of its migrants. Between 1997 and 2001, the state government launched several initiatives to attract migrant investment in productive projects (Lanly and Hamann 2004, 149).

The first Michoacán federation did not form until 1997, when HTAs in Chicago united in the Federation of Michoacán Clubs in Illinois (Fedecmi) in order to increase their leverage when negotiating projects with the state government (Espinosa 1999, 24).[18] Although they worked with Governor Tinoco Rubí (1995–2001) to complete some projects, they were unable to negotiate a formal collaboration agreement with the state government until the new administration of Lázaro Cárdenas Batel (2001–2006), who significantly increased the state's involvement with its migrant community by creating a new Coordinación General para la Atención al Migrante Michoacano (General Coordinating Office of Michoacán Migrant Services, Cogamin). Besides organizing regular meetings with HTAs and promoting the state's Three-for-One Program, the Cogamin board of directors includes five representatives from the migrant community (Bada 2004, 209).

Zacatecas is the largest beneficiary of the Three-for-One Program (table 4.2). Besides having the most projects and receiving the largest allocations from the total budget, the state has the largest share of municipalities with at least one project in 2002 and 2003 (88%). Jalisco and Michoacán have also benefited significantly from the program. In its first two years, 57% of the

---

18 Five years later (with the help of the Fedecmi), another federation of Michoacán clubs was formed in California (Bada 2004, 202).

municipalities in Michoacán and 48% of those in Jalisco had at least one project.[19]

Based on descriptive statistics and anecdotal evidence from these three states, we can begin to construct answers to the three questions posed earlier. First, does HTA participation in community projects channel benefits to previously underserved populations? If we compare across municipalities, the answer appears to be negative, at least in Jalisco and Zacatecas (table 4.3). In Jalisco (excluding its capital city, Guadalajara) and Zacatecas, municipalities with projects are, on average, more populous, wealthier, and less rural than are those without projects. This pattern is especially striking in Zacatecas. For reasons that require further research, Michoacán stands out as the only state in which projects have gone to slightly poorer and more rural municipalities.

Table 4.2. Three-for-One Projects, by State

State	2002		2003	
	Number	*Share of Total*	*Number*	*Share of Total*
Jalisco	122	13%	184	21%
Michoacán	65	7%	64	7%
Zacatecas	259	28%	322	36%
Other states	496	52%	329	36%
Total	942	100%	899	100%

Source: Author's calculations based on Sedesol 2002, 2003.

We find different results, however, if we look at how projects have been distributed *within* municipalities. One revealing indicator is the share of projects located outside the *cabecera municipal* (table 4.4). Historically, very little government spending has reached the outlying villages, which tend to be smaller and more rural. The Three-for-One Program, by contrast, has channeled a majority of its projects to these communities, particularly in Michoacán and Zacatecas. This outcome is a direct result of the HTAs' participation, since they request the projects from Sedesol. Thus, by lobbying on behalf of historically underrepresented communities, the HTAs are contributing to a more equitable distribution of benefits.

---

[19] Author's calculations based on internal Sedesol databases.

Table 4.3. Socioeconomic Characteristics of Municipalities in States, by Three-for-One Projects (averages, 2002–2003)

State	Average Population in Municipality	Human Development Index	Workers in Agriculture
Jalisco			
Municipalities with projects	34,962	0.746	31.94%
Municipalities without projects	25,205	0.737	34.01%
Michoacán			
Municipalities with projects	38,951	0.702	39.49%
Municipalities without projects	30,465	0.711	39.17%
Zacatecas			
Municipalities with projects	26,211	0.720	30.33%
Municipalities without projects	6,154	0.713	33.42%

Source: Author's calculations based on Sedesol 2002, 2003; Sistema Nacional de Información Municipal n.d.

Note: The Jalisco sample omits Guadalajara because this city is so much larger and wealthier than the average municipality without projects.

Table 4.4. Share of Projects in Communities Outside *Cabeceras Municipales*

State	2002	2003	Average, 2002–2003
Jalisco	59.84%	59.78%	59.81%
Michoacán	72.31%	79.69%	74.50%
Zacatecas	73.36%	68.32%	70.84%

Source: Author's calculations based on Sedesol 2002, 2003; Sistema Nacional de Información Municipal n.d.

The second question is whether HTAs are holding public officials accountable in new and more effective ways. Anecdotal evidence suggests that they are:

> HTAs have pressured governments to meet higher standards for transparency and accountability by making specific demands for the projects they fund. They have required governments to produce clear budgets and timelines for the im-

plementation of projects, and have followed with insistent requests that the money be accounted for thoroughly. Moreover, the clubs monitor the progress of the projects (Orozco 2003, 19).

Víctor Espinosa (1999) and Heather Williams (2004) find support for Orozco's conclusions in interviews with HTA members from Zacatecas and Michoacán. Collaboration between the HTAs and the parallel committees established to manage the projects in the hometowns has resulted in less corruption and fewer losses (Espinosa 1999, 28). One HTA member claimed that pressure by his state federation kept Three-for-One funds from being misused, and another "emphasized the institutional safeguards that gave her confidence in the public works program, mentioning mandatory registration of officers in clubs and required accounting and bookkeeping" (Williams 2004, 18).

More broadly, the HTAs have largely avoided the traditional pitfalls of collaborating with the Mexican state, even though many of them were formed with the state's support: "Immigrants were readily organized and registered, but not so easily captured politically" (Williams 2004, 10). This outcome is particularly true in states with strong federations, such as Zacatecas and Michoacán. Rather than doing the bidding of political elites within Mexico, these federations have jealously guarded their autonomy and independence. To a significant degree, their success reflects the profound changes that have occurred in the Mexican political system, particularly the emergence of real competition among political parties and the devolution of power to state governors. But the success of the federations is also attributable to their transnationalism. Not only are they accustomed to operating within a society with stronger mechanisms of accountability, they are also less vulnerable to manipulation because of their status as outsiders. Thus, although they collaborate with state authorities, they are willing and able to negotiate the terms of this collaboration, including higher standards of accountability.

The third question is whether the HTAs are challenging elite control of local authority and resources. Such a challenge could take two forms. One would be for the HTAs to act directly as counterweights to local elites, thereby disrupting established patronage networks. Another would be for the HTAs to act as "change agents" by mobilizing groups constrained by illiteracy, economic insecurity, or a lack of self-confidence to challenge local elites themselves (Osmani 2000, 19). The latter is likely to produce more far-reaching and sustainable change, since it builds bridging social capital and does not require the continued intervention of outside actors.

There is little evidence that HTAs are acting as change agents in Jalisco, Michoacán, or Zacatecas. They rarely work with civic organizations in the community, and the parallel committees created to manage the projects generally involve small numbers of people who disband as soon as the project is complete. The few documented exceptions are in Michoacán. Xóchitl Bada (2004) finds that some HTAs have formed alliances with agricultural justice groups, and Espinosa (1999, 28) notes that "in some Michoacán towns, due to the hometown associations' example, local projects have been started which are not even connected with the hometown associations."

There is more evidence that HTA involvement in community projects challenges existing power structures because of the associations' independent control of financial resources and their bargaining leverage with government officials. This outcome is especially likely when HTA members do not have personal ties with local elites. To the degree that this challenge creates competition, less advantaged groups are likely to have more options and therefore be less vulnerable to clientelistic manipulation. But the challenge is not necessarily subaltern. HTA leaders are largely male and often constitute an elite subset within the migrant community (not to mention relative to the disadvantaged members of their hometowns). This elitism is even more pronounced among HTAs involved in the Three-for-One Program. Williams (2004, 15) finds that "a noticeable dimension of the matching grant program is its tendency to put migrant organizing in the hands of better-off, better-established expatriates." Thus, HTA involvement may be more about creating an alternative elite than about empowering disadvantaged groups.

CONCLUSION

This chapter's preliminary analysis of the Three-for-One Program in Zacatecas, Michoacán, and Jalisco suggests that the dual trends of decentralization and increased migrant philanthropy are having an impact on local governance in Mexico. Although the program continues to be designed and funded at the federal level, its inclusion of subnational governments and HTAs has reinforced both devolution and partnership. On a few occasions, HTA federations have even been able to reshape the program's rules.

There is also evidence that the program is contributing to better governance at the local level. First, it is forcing municipal governments to collaborate with non-state actors in the design, funding, and implementation of community projects. Because many HTAs represent communities outside the *cabecera municipal*, this collaboration is producing a more equitable distribution of projects *within* municipalities. It also may be encouraging innovative leadership based on the organization of cooperative networks and the mobilization of transnational social capital. Second, the combination of transparency requirements and HTA participation appears to be enhancing accountability.

There is less evidence that the HTAs have challenged elite control of resources and authority. The HTAs do not appear to be acting as change agents to mobilize less advantaged members of the community, in part because association members are a relatively elite group within the migrant community and in their hometowns. At best, they may be disrupting established patronage networks by injecting new resources into local communities and exercising independent leverage with public authorities. But their positive impact on participation and accountability may have multiplier effects that facilitate such mobilization in the future. If other groups begin to demand the same standards of accountability from local authorities, the impact of the HTAs will have gone beyond the projects themselves to reshape local governance in general.

CAPÍTULO 4

Filantropía de Migrantes y Gobernanza Local

KATRINA BURGESS

México tiene una larga historia de toma centralizada de decisiones y de desarrollo inequitativo. La autoridad política ha estado concentrada en los más altos mandos del gobierno nacional, y una pequeña minoría de los mexicanos ha acaparado la mayor parte de la riqueza y oportunidades del país. En este contexto, muchas comunidades, sobre todo en zonas rurales, se ven seriamente afectadas por la ineficiencia de los gobiernos locales y por desigualdades persistentes. Carentes de voz política y de oportunidades económicas en su lugar de origen, millones de mexicanos y mexicanas han migrado hacia los Estados Unidos.

Durante los últimos años, la gobernanza local está siendo replanteada por dos tendencias paralelas pero pocas veces relacionadas entre sí: el desplazamiento de recursos y responsabilidades hacia los gobiernos municipales, como consecuencia de la descentralización y de las reformas sociales promovidas por el neoliberalismo, y la creciente transferencia de dinero de los migrantes a sus comunidades de origen, por lo general para apoyar el consumo familiar, pero cada vez más como donaciones colectivas a proyectos comunitarios. Cada una de estas tendencias tiene por sí misma el potencial para lograr la democratización de la gobernanza local y fortalecer la equidad, especialmente si la descentralización y la filantropía de migrantes convergen para generar sinergias positivas. Sin embargo, no hay garantías de que este potencial se haga realidad, y es probable que ello dependa de un complejo conjunto de factores.

Traducido por Mario Samper.

GOBERNANZA LOCAL DEMOCRÁTICA

En 1997, la Organización para la Cooperación y el Desarrollo Económicos (OCDE) emitió un informe para impulsar la gobernanza local democrática, a la que se define como "autoridad significativa traspasada a unidades locales de gobernanza accesibles para la ciudadanía local, que disfruta de plenos derechos políticos y libertad" (Blair 2000, 21). Quienes proponen la gobernanza local democrática creen que asegurar la participación popular y la rendición de cuentas en la gobernanza genera gobiernos locales con mayor capacidad de reacción y eficiencia (Blair 2000, 21). A su vez, el mejoramiento de la gobernanza permite ofrecer a las comunidades locales resultados sociales y económicos más equitativos.

En el informe de la OCDE convergen dos temas que pasaron al primer plano de la agenda del desarrollo en la década de 1990: la descentralización y el buen gobierno. Ambos constituían respuestas a los radicales cambios que se estaban efectuando en los países en vías de desarrollo, en particular a la doble transición hacia una política democrática y economías de mercado. La comunidad del desarrollo, desilusionada por el generalizado fracaso de estas transiciones en cuanto a representación política significativa y crecimiento económico sostenido, comenzó a prestar más atención a factores como el diseño institucional, la capacidad de respuesta gubernamental y el estado de derecho. Para fines de los años noventa varias organizaciones internacionales de desarrollo habían diseñado programas para fomentar la descentralización y el buen gobierno en los países en vías de desarrollo. Sólo el Banco Mundial desarrolló más de 600 programas e iniciativas relacionados con la gobernanza en 95 países entre 1996 y el 2000 (Santiso 2001, 3).

En general, la comunidad de desarrollo ha seguido dos enfoques principales. Primero, las instituciones financieras, tales como el Banco Mundial, el Fondo Monetario Internacional (FMI) y los bancos de desarrollo regionales, que se ocupan primordialmente del marco institucional necesario para lograr resultados eficientes, comenzaron a abogar por la descentralización y el buen gobierno como parte de la "segunda generación" de reformas económicas orientadas a reestructurar la relación entre los Estados y los mercados, y por su parte, las agencias internacionales de cooperación, como el Programa de las Naciones Unidas para el Desarrollo (PNUD) y la U.S. Agency for International Development (Agencia de los Estados Unidos para el Desarrollo Internacional, USAID), despliegan una agenda más amplia que incluye objetivos explícitamente políticos. Estas agencias visualizan la descentralización y el buen gobierno como fines en sí mismos, no únicamente como medios para mejorar el desempeño económico, y tienden a prestar más atención a la democracia que las instituciones financieras internacionales.

A pesar del consenso generalizado de que la descentralización y el buen gobierno son importantes para el desarrollo, hay alguna confusión conceptual acerca de su significado. La descentralización puede asumir cuatro formas, cada una con implicaciones para la gobernanza local (Osmani 2000):

- Desconcentración: desplazamiento de autoridad para la toma de decisiones del plano nacional hacia oficinas subnacionales al interior del poder ejecutivo;

- Delegación: transferencia de autoridad hacia corporaciones públicas o agencias especiales fuera de los ministerios sectoriales;

- Devolución: transferencia de autoridad legislativa y fiscal a gobiernos locales electos, y

- Privatización/alianzas: transferencia de responsabilidad por funciones públicas a empresas u organizaciones privadas.

Aunque estas cuatro modalidades de descentralización pueden mejorar la prestación de servicios, sólo las últimas dos tienen potencial para incrementar el acceso público al Estado. La devolución lo hace en forma indirecta, al dotar de poder a funcionarios electos en el ámbito local; la privatización/alianzas lo hace en forma directa, al incorporar a actores no gubernamentales en el proceso de formulación de políticas.

Tanto las instituciones financieras internacionales como las agencias internacionales de cooperación impulsan los dos últimos tipos de descentralización porque se considera que fomentan, en parte, el buen gobierno. Pero el buen gobierno está aun menos claramente definido que la descentralización. El PNUD define a la gobernanza como "el ejercicio de la autoridad económica, política y administrativa para la gestión de los asuntos de un país en todos los niveles" (UNDP 1997, 2–3), y se asocia cada tipo de autoridad con una clase distinta de gobernanza: "La gobernanza económica incluye procesos decisorios que afectan a las actividades económicas de un país y su relación con otras economías. Claramente tiene implicaciones mayúsculas para la equidad, la pobreza y la calidad de vida. La gobernanza política es el proceso de toma de decisiones para formular políticas. La gobernanza administrativa es el sistema de implementación de políticas" (UNDP 1997, 3).

Aunque la mayoría de las organizaciones financieras internacionales abordan los tres tipos de gobernanza, sus énfasis varían. El FMI (IMF 1997) se concentra en la gobernanza económica y señala como sus componentes fundamentales la transparencia, la rendición de cuentas, la eficiencia y la equidad. Los investigadores del Instituto del Banco Mundial identifican seis dimensiones del buen gobierno que incluyen diversas variables políticas: tener voz y la rendición de cuentas, eficiencia gubernamental, inexistencia de carga reguladora, estado de derecho, poder judicial independiente y control de la corrupción (Kaufmann, Kraay y Zoido-Lobaton 1999). Otros documentos del Banco Mundial hacen referencia a los "cuatro puntales" del buen gobierno: rendición de cuentas, transparencia, estado de derecho y participación (Kapur y Webb 2000, 3). El Banco Mundial considera que esto último es esencial para generar partes interesadas (*stakeholders*) y titularidad en el desarrollo sostenible.

Las agencias internacionales de cooperación, que tienden a prestar más atención a las variables políticas, destacan las relaciones de autoridad y el grado en que están representados los sectores más desfavorecidos de la sociedad. El PNUD identifica nueve dimensiones del buen gobierno: participación, orientación al consenso, visión estratégica, capacidad de respuesta, eficacia y eficiencia, rendición de cuentas, transparencia, equidad y estado de derecho (Graham, Amos y Plumptre 2003, 3). La OCDE comparte el interés del PNUD por la democratización y el desarrollo participativo, aunque enfatiza aspectos que son más administrativos que políticos (estado de derecho, administración del sector público, control de la corrupción y reducción de gastos militares) (Aubut 2004).

A pesar de las diferencias de orientación y alcance, casi todas las agencias internacionales de desarrollo adoptan los "cuatro puntales" del Banco Mundial: rendición de cuentas, transparencia, estado de derecho y participación. Dos de estos puntales –la rendición de cuentas y la participación– son especialmente pertinentes para la gobernanza local democrática: "Del lado del proceso, mediante la participación [la gobernanza local democrática] ofrece incrementar los insumos populares en lo que hacen los gobiernos locales, y a través de la rendición de cuentas pretende incrementar el control popular sobre lo que han hecho o dejado de hacer los gobiernos locales. Del lado de los resultados, [la gobernanza local democrática] encuentra su justificación, en gran medida, en la idea de que puede mejorar la prestación de servicios locales y en que un buen número de donantes considera que también puede contribuir significativamente a la reducción de la pobreza" (Blair 2000, 22). En lo atinente a la participación, la gobernanza local democrática ofrece cinco resultados en cascada: (1) mayor involucramiento del público en la política local, (2) gobierno local más representativo, (3) dotación de poder a los grupos desfavorecidos, (4) distribución de beneficios más amplia y equitativa y (5) reducción de la pobreza (Blair 2000, 23–25).

Desafortunadamente, los países en vías de desarrollo enfrentan dos tipos de obstáculos para lograr estos resultados e implementar estos mecanismos: (1) los relacionados "con el traspaso de poder desde arriba hacia abajo" y (2) los asociados "a la organización de la gente en la base, de modo que todos los sectores de la población, incluyendo los más pobres y débiles, puedan participar eficazmente" (Osmani 2000, 9). En los primeros está implícita la renuencia de las autoridades nacionales a ceder control. No resulta sorprendente que la retórica de la descentralización a menudo supera el traspaso real de autoridad y recursos a los gobiernos locales o hacia actores no gubernamentales. En muchos casos, los funcionarios o grupos locales tienen mayores responsabilidades pero carecen del financiamiento necesario para atenderlas.

La segunda categoría de obstáculos refleja la debilidad de las tradiciones y prácticas democráticas en el plano local. Quizás el obstáculo más preocupante es la persistente propensión de las élites locales a acaparar la autoridad y los recursos. En especial en las zonas rurales, las redes clientelistas a menudo se encuentran fuertemente atrincheradas y pueden distorsionar los efectos democratizadores de la devolución y de las alianzas.[1] La participación es manipulada y está bajo control, y por consiguiente no produce la esperada cascada de dotación de poder, distribución más equitativa y mitigación de la pobreza. La rendición de cuentas también se desvirtúa cuando las élites locales controlan las elecciones, a la sociedad civil o a los medios de comunicación.

Otro obstáculo relacionado con este contexto es la carencia de capital social local, especialmente entre grupos y comunidades desfavorecidas. Michael Woolcock y Deepa Narayan definen el capital social como "las normas y redes que permiten a la gente actuar colectivamente" (2000, 226). Establecen una diferencia entre el capital social "lazo" que poseen grupos pequeños y muy solidarios y el capital social "puente" característico de grupos difusos y heterogéneos (2000, 227). El capital social "lazo" puede ayudar a las personas pobres a sobrevivir, pero con el capital social "puen-

---

[1] En su análisis de los programas de la USAID dirigidos a fomentar la gobernanza local democrática en Bolivia, Honduras, India, Filipinas, Ucrania y Malí, Harry Blair (2000) encuentra frecuentes ejemplos de élites locales que acaparan recursos y poder.

te" es más probable que puedan mejorar su situación, en parte porque les concede mayor poder negociador de cara a los funcionarios públicos. Algunos grupos y comunidades desfavorecidas carecen de ambos tipos de capital, especialmente cuando compiten por beneficios clientelistas, cuando han sido desarraigados por guerras o crisis económicas, o cuando se ubican en zonas destruidas por confrontaciones civiles, y otros tienen capital social "lazo" pero carecen del capital social "puente" necesario para participar eficazmente en iniciativas locales o para ejercer presión sobre las autoridades locales a fin de que cumplan sus compromisos y obligaciones.

Los clubes de migrantes mexicanos en los Estados Unidos tienen el potencial de contribuir a la gobernanza local democrática en sus comunidades de origen, especialmente en el contexto de las iniciativas del gobierno mexicano para incrementar la descentralización y fomentar la inversión de los clubes en proyectos comunitarios. Sin embargo, los alcances de su contribución dependen de la respuesta a tres preguntas:

- La participación de los clubes de migrantes ¿está haciendo que la inversión social se canalice hacia poblaciones anteriormente subatendidas, contribuyendo así a una distribución más equitativa de los beneficios?

- Los clubes de migrantes ¿están haciendo que los funcionarios públicos deban rendir cuentas de maneras nuevas y más eficaces?

- Los clubes de migrantes ¿están cuestionando el control de la autoridad y de los recursos por parte de una élite en el plano local?

DESCENTRANDO AL ESTADO MEXICANO

De acuerdo con el mandato de la Constitución de 1917, México tiene tres poderes (ejecutivo, legislativo y judicial) y una estructura federal con unidades subnacionales autónomas (31 estados y 2.477 municipios). Cada una de estas unidades subnacionales tiene autoridades ejecutivas y legislativas que son elegidas por períodos regulares no renovables. El artículo 115 de la Constitución establece al "municipio libre" como la unidad básica de gobierno, con autonomía política y administrativa. Un presidente y un concejo municipales, electos cada tres años como parte de una papeleta partidista, dirigen el municipio y, como su máxima autoridad, votan todas las iniciativas municipales, incluyendo el presupuesto (Rodríguez 1997, 29–33).

Aunque estas estructuras formales suponen el compartir poder tanto horizontal como verticalmente, la realidad es que en México ha habido una extrema centralización de la autoridad. Con la consolidación del Estado postrevolucionario durante las décadas de 1930 y 1940, la toma de decisiones y los recursos públicos se concentraron en el poder ejecutivo nacional. El abrumador dominio del Partido Revolucionario Institucional (PRI) fue crucial en esta centralización. El PRI controló la presidencia desde 1929 hasta el 2000, nunca perdió una elección de gobernador hasta 1989 y ocupó la enorme mayoría de los puestos legislativos y municipales en todos los niveles hasta fines de la década de 1980. La hegemonía del PRI redujo al Congreso mexicano a cumplir funciones de aprobación rutinaria y convirtió la elección de los gobernadores (y la de la mayoría de los alcaldes) en una mera "designación" del presidente. En el contexto de la regla de no reelección y de una práctica informal según la cual el presidente en funciones escogía al candidato por el PRI que debía sucederlo en la presidencia de la República, estas autoridades locales dependían casi por completo de la buena voluntad del ejecutivo nacional para avanzar en sus carreras.

El control político estuvo acompañado por el control fiscal. Hasta 1983 los municipios no tenían el poder de cobrar impuestos prediales o sobre la renta, lo que los hacía casi totalmente dependientes del gobierno federal para el suministro de servicios básicos e infraestructura. Los estados tenían mayor autoridad para hacerse de ingresos propios, pero a menudo carecían de la base económica o de la voluntad política requeridas para generar ingresos fiscales significativos. Entretanto, el gobierno federal utilizaba sus poderes formales e informales para acumular recursos públicos. Desde principios de los años treinta el PRI impulsó una estrategia de industrialización sustitutiva de importaciones cuya base eran las inversiones públicas y la regulación estatal, y estimulaba la concentración de las actividades económicas y de la población en la ciudad de México, fenómenos que contribuyeron, a su vez, a una concentración de los recursos fiscales. Entre 1940 y 1980 la participación de los estados en los ingresos estatales bajó de 23,3 a 9,4% y la participación municipal cayó de 5,3 a 1,1% (Shirk 1999, 5). Aunque el gobierno federal sí utilizó parte de esos ingresos para mejorar en el plano local la vivienda, los servicios de salud, la educación y la infraestructura, casi todas las decisiones importantes acerca del diseño de los programas y la asignación de fondos se tomaban en la capital de la República.

El gobierno federal afirmó y amplió sus poderes fiscales en 1980 con la creación del Sistema Nacional de Coordinación Fiscal. Bajo este sistema, los gobiernos subnacionales perdieron su derecho de cobrar los impuestos más importantes en su jurisdicción a cambio de transferencias compensatorias del gobierno federal.[2] De los ingresos que recibía de los estados, el gobierno central devolvía una proporción, denominada "participaciones", a cada uno de los gobiernos subnacionales, basándose en una fórmula universal (Hernández Trillo, Díaz Cayeros y Gamboa González 2002, 8–11).[3] Hasta 1995, los estados recibían 18,5% de los ingresos recabados por el gobierno federal, 22,1% de lo cual debía distribuirse entre sus municipios (Rodríguez 1997, 90). Aun bajo este sistema, sin embargo, el volumen de las contribuciones que el gobierno federal transfería a los gobiernos locales continuaba canalizándose por los denominados ramos del presupuesto federal, que se renegociaban cada año y dependían de las facultades discrecionales del gobierno federal.

La centralización de facto de la autoridad y de los recursos hacía que los gobiernos subnacionales de México dependieran política y financieramente del poder ejecutivo nacional y que carecieran de incentivos o capacidad para responder a las necesidades locales. Esta situación fue ventajosa para el PRI durante varias décadas, pero los cuestionamientos de su legitimidad política y de su modelo económico condujeron a esfuerzos por descentralizar tanto horizontal como verticalmente. Después de una crisis política que culminó con la masacre de cientos de manifestantes en la ciudad de México en 1968, tres administraciones presidenciales sucesivas llevaron a cabo reformas electorales que otorgaron mayor espacio a los partidos de oposición. La más importante de estas reformas se concretó en la Ley de Organizaciones Políticas y Procesos Electorales, de 1977, que reservó para los partidos de oposición la cuarta parte de todas las curules en la Cámara de Diputados; dichas curules se distribuirían con base en la denominada "representación proporcional" (Rodríguez 1997, 50). El PRI

---

[2] El gobierno federal cobraba todos los impuestos de la renta personal, corporativos y de valor agregado (que representaban más del 70% de todos los ingresos fiscales), y los gobiernos subnacionales cobraban los impuestos prediales, sobre nóminas y derechos (que representaban solamente el 4% de los ingresos fiscales totales).

[3] De acuerdo con esta fórmula, un 45% del fondo se distribuye según la población del estado, 45% de acuerdo con el cobro de ciertos impuestos y 10% en proporción inversa a los otros dos criterios, a fin de compensar a los estados pobres. No obstante, debe señalarse que el criterio de esfuerzo fiscal no incluye los impuestos prediales (que ahora son cobrados por los municipios) y no se aplica a la distribución de los estados entre los municipios (Moreno 2003, 4, 15).

también toleró un creciente número de victorias opositoras en el plano municipal, aunque utilizó mecanismos de fraude para retener el control político de unas ciudades importantes.

El PRI también comenzó a experimentar con el traspaso de poder de decisión y recursos a los estados y municipios. Mediante la descentralización, el PRI esperaba reforzar su legitimidad política en el plano local; estimular el desarrollo regional, atenuando la tensión causada por la elevada concentración de la población y de las actividades económicas en la ciudad de México, y reducir las presiones sobre el presupuesto federal, especialmente después de la crisis de la deuda en 1982. El PRI había llevado a cabo, sin gran entusiasmo, algunos esfuerzos por fomentar el desarrollo regional en la década de 1970, pero no fue sino hasta la administración de Miguel de la Madrid (1982–1988) que se realizó una seria descentralización.

La primera y más importante iniciativa de descentralización impulsada por De la Madrid fue la Reforma Municipal, aprobada por el Congreso en febrero de 1983 para modificar el artículo 115 constitucional a fin de definir y ampliar los derechos y responsabilidades de los municipios. Además de otorgarle a éstos autonomía en el manejo de sus finanzas y en el diseño de sus propios reglamentos y leyes de gobernanza, la reforma especifica cuáles servicios públicos deben estar bajo su competencia y diversifica sus opciones para el financiamiento de esos servicios.[4] Sin embargo, lo más importante de la reforma es que otorga a los municipios la autoridad para cobrar impuestos prediales y tarifas a los usuarios de servicios públicos (Rodríguez 1997, 75). Esta reforma, entonces, fue un paso decisivo para hacer realidad el municipio libre, pero no abordó en forma adecuada las limitadas capacidades administrativas y financieras de los gobiernos municipales. En consecuencia, no era raro que éstos cedieran sus derechos y responsabilidades a los gobiernos estatales (Shirk 1999, 5).[5]

Las demás reformas descentralizadoras que impulsó De la Madrid procuraban desconcentrar agencias federales y fortalecer el papel de los gobiernos estatales. Para 1988 habían sido reubicados 62.000 empleados públicos y más de una docena de agencias federales y paraestatales habían

---

[4] Los municipios devinieron responsables de los servicios de agua y alcantarillado, saneamiento, transporte y calles urbanas, parques y cementerios, rastros y mercados, alumbrado público, tránsito y policía local, ordenamiento del territorio y protección ambiental (Shirk 1999, 5).

[5] Por ejemplo, los gobiernos estatales a menudo administraban impuestos prediales por solicitud de los municipios (Cabrero Mendoza 2000, 375).

trasladado importantes funciones a sus representantes en los estados (Rodríguez 1997, 70). Para apoyar a los estados en sus nuevas responsabilidades de planeación, el gobierno federal ordenó la creación de Comités de Planeación para el Desarrollo de los Estados (Coplades) para coordinar las prioridades de inversión de los gobiernos federal, estatales y municipales (Rodríguez 1997, 72). De la Madrid también lanzó un ambicioso programa para trasladar responsabilidades de salud y educación a los gobiernos estatales, pero este programa se estancó por razones administrativas y políticas.

El Presidente Carlos Salinas (1988–1994) siguió impulsando la descentralización, tanto horizontal como vertical, pero con importantes diferencias de estilo y contenido. En primer lugar, en comparación con las medidas descentralizadoras de De la Madrid, las de Salinas estaban más directamente influidas por su agenda política, lo cual implicaba la construcción de su propia legitimidad y el debilitamiento de sus enemigos políticos, muchos de ellos pertenecientes a la maquinaria tradicional del PRI. Salinas asumió funciones en diciembre de 1988 con la votación más baja obtenida por cualquier candidato del PRI en toda su historia y en medio de acusaciones de fraude electoral. Su más fuerte contendiente había sido el candidato del recién formado Partido de la Revolución Democrática (PRD), integrado primordialmente por antiguos militantes del PRI que abandonaron este partido para oponerse a la candidatura de Salinas. Éste recurrió a varias estrategias para fortalecer su legitimidad mientras debilitaba al PRD. Entre ellas, permitió que el Partido Acción Nacional (PAN) obtuviera importantes victorias electorales, incluyendo la que convirtió al PAN en 1989 en el primer partido de oposición en ganar una gubernatura.

En segundo lugar, en gran medida la descentralización vertical que se dio durante su mandato ocurrió indirectamente a través de la reestructuración neoliberal del Estado y el Programa Nacional de Solidaridad (Pronasol).[6] Este programa estaba orientado esencialmente al alivio de la pobreza, pero, por su diseño impulsado por la demanda, tuvo un impacto significativo en la gobernanza local y en la asignación de los recursos. El Pronasol requería de "participación comunitaria en la selección y ejecución de proyectos a través de los Comités de Solidaridad locales, responsabilidades compartidas con autoridades estatales y municipales en la ejecución del

---

[6] Una excepción importante fue un acuerdo de 1992 para descentralizar la educación, con el que se "trasladó a los gobiernos estatales tanto la responsabilidad como el dinero para la educación y se les otorgó plena autonomía para gastar estos fondos" (Rodríguez 1997, 83).

programa, y costos compartidos entre los tres niveles de gobierno y los beneficiarios" (Rodríguez 1997, 81). Los fondos del Pronasol se distribuyeron como parte del Ramo 26 del presupuesto federal y fueron integrados al Acuerdo de Desarrollo Social de cada estado (Rodríguez 1997, 101). Sin embargo, en lugar de ser asignados a los gobiernos estatales para su distribución entre los municipios, los fondos del Pronasol fueron directamente a los Comités de Solidaridad y a sus Concejos Municipales (Rodríguez 1997, 82).[7]

De igual forma, Salinas creó en 1990 un programa de fondos municipales para fortalecer a los ayuntamientos y estimular la participación de las comunidades.[8] Como sucedió con otros proyectos del Pronasol, los fondos fueron financiados por donaciones de contrapartida estatal-federales, con una distribución 50/50 para los estados más ricos y una división 75/25 para los más pobres. Se esperaba que, por su parte, las comunidades contribuyeran al menos con el 20% del costo de cada inversión específica. La mayoría de los proyectos tenían costos menores de US$14.000. El programa operaba en 27 estados y daba a los municipios pobres de las zonas rurales acceso a fondos adicionales para infraestructura y servicios locales (Rodríguez 1997, 102–3).

Por el Pronasol las comunidades locales tuvieron nuevos recursos y responsabilidades y se crearon mecanismos institucionales para impulsar el desarrollo, especialmente mediante la Secretaría de Desarrollo Social (Sedesol). Al mismo tiempo, el programa le brindó a Salinas una herramienta de uso muy discrecional para generar apoyo político y perpetuó la dependencia de los gobiernos locales respecto de los recursos y la toma de decisiones del gobierno federal. Asimismo, en gran parte, con el Pronasol se relegó a los gobiernos subnacionales, pues el programa funcionaba "como una estructura paralela a los gobiernos estatales y locales en el combate a la pobreza" (Cabrero Mendoza 2000, 376). Así, aunque el Pronasol llevó recursos a comunidades pobres y estimuló la organización local, adoptó más la forma de un programa federal desconcentrado que de un programa que trasladara funciones y recursos a los ámbitos de gobierno subnacionales.

---

[7] El flujo total de los recursos del Ramo 26 equivalía al 31% del gasto municipal bruto en 1989, al 49% en 1992 y al 45% en 1995 (Cabrero Mendoza y Martínez-Vázquez 2000, 148).

[8] Los fondos municipales también recibieron financiamiento del Banco Mundial mediante dos préstamos entre 1991 y 1999 (Fox 2002, 97).

En parte para corregir estas deficiencias, el Presidente Ernesto Zedillo (1994–2000) sustituyó al Pronasol con dos nuevas iniciativas. En 1997 puso en marcha el Programa de Educación, Salud y Alimentación (Progresa), que distribuyó subvenciones de asistencia social directamente a beneficiarios que fueron seleccionados con base en una encuesta nacional de pobreza,[9] y al año siguiente el Congreso mexicano creó el Ramo 33, que incluía nuevos fondos de uso discrecional (denominados aportaciones) para estados y municipios. Dos de estos fondos fueron diseñados especialmente para gobiernos municipales: (1) el Fondo de Aportaciones para Infraestructura Social Municipal (FAISM) y (2) el Fondo de Aportaciones para el Fortalecimiento de los Municipios y el Distrito Federal (FAFM). Los fondos que antes pertenecían al Ramo 26 (incluyendo los fondos municipales) fueron trasladados al FAISM. En lugar de distribuirse directamente entre las comunidades locales, estos recursos se asignaron a los gobiernos estatales, de acuerdo con una fórmula que incluía variables de pobreza pero asignaba mayor prioridad al tamaño de la población (Fox 1999, 38). Siguiendo una fórmula similar, los estados entonces debían distribuir los fondos entre sus municipios, que sólo podían gastarlos en proyectos relacionados con infraestructura social básica.[10] De esta manera, en 1999 los ingresos municipales provinieron de participaciones (53,1%), aportaciones (19,3%), cobro de derechos (13,9%), impuestos locales (10,4%) e instrumentos de deuda (3,4%) (Moreno 2003, 5).

Aunque presumiblemente mejorarían la equidad y la transparencia, estas iniciativas revirtieron tres rasgos del Pronasol que habían sido favorables a la gobernanza local democrática. Primero, el Progresa eliminó el papel de las organizaciones comunitarias locales en la petición y administración de fondos federales para el alivio a la pobreza. El suministro directo de ayuda a los beneficiarios pobres probablemente es más eficiente en el corto plazo, pero contribuye poco al empoderamiento de las comunidades para demandar servicios y para lograr la rendición de cuentas de las autoridades locales (Cabrero Mendoza s.f., 25). Segundo, la transferencia de fondos del Ramo 26 al Ramo 33 reestableció el anterior poder de los go-

---

[9] Para ver detalles sobre las fórmulas empleadas para establecer los beneficiarios, véase Pronasol 2000, 16. El Presidente Vicente Fox (2000–2006) continuó y expandió su programa bajo un nuevo nombre: Oportunidades.

[10] En contraste con el mecanismo para asignar las donaciones incondicionales (participaciones), la fórmula para la distribución de las aportaciones no toma en cuenta los esfuerzos de recaudación fiscal de los gobiernos estatales (Moreno 2003, 5).

biernos estatales de asignar recursos a los municipios. Aunque esta reforma constituía una descentralización hacia los estados, también puede argumentarse que restaba poder a las comunidades locales, especialmente aquellas ubicadas fuera de la cabecera municipal. Tercero, bajo el Ramo 33 la fórmula de asignación revisada privilegiaba a los municipios urbanos a expensas de las comunidades rurales pobres.

El Ramo 33 formaba parte de un programa más amplio promovido por Zedillo que se denominó Nuevo Federalismo, "en el cual las asignaciones de ingresos compartidos del gobierno federal, la capacidad de obtener ingresos a través de impuestos y otros mecanismos, y el control del desarrollo regional y social [se] incrementaron para los estados" (Shirk 1999, 6).[11] Los resultados del Nuevo Federalismo para los gobiernos municipales fueron mixtos. Por una parte, la evidencia indica que la creación del Ramo 33, en conjunto con la crisis del peso en 1995, contribuyó a revertir una tendencia favorable de mayores ingresos fiscales a escala local durante la primera mitad de la década de 1990. Apoyándose en varios modelos estadísticos, Carlos Moreno encuentra que el Ramo 33 tuvo un impacto negativo en los ingresos fiscales de los municipios; según un modelo, estos ingresos cayeron en promedio 6,6 pesos por persona en 1998, en comparación con el período anterior de cinco años (Moreno 2003, 14–15). Además, los ingresos fiscales de los ayuntamientos no se recuperaron después de la crisis de 1995, en contraste con los derechos locales, que sobrepasaron a los impuestos como fuente de ingresos de los municipios (Moreno 2003, 6).[12]

Por otra parte, bajo el Nuevo Federalismo los gobiernos municipales obtuvieron nuevos recursos y derechos, con lo que en 1998 algunos municipios triplicaron su gasto (Cabrero Mendoza y Martínez-Vázquez 2000, 148). Además, el Congreso mexicano reformó de nuevo el artículo 115 para otorgar a los municipios el derecho de tomar decisiones de planeación sin el aval de la legislatura del estado, reforzar su autoridad para resistirse a los esfuerzos de los gobiernos estatales por asumir sus responsabilidades, modificar los mecanismos para compartir ingresos estatales y fortalecer el control directo de los municipios sobre sus presupuestos (Shirk 1999, 7).

---

[11] La educación y la salud estuvieron entre los sectores que, con este programa, quedaron bajo un control mucho más firme de los estados, con lo que se completó la descentralización iniciada por De la Madrid en el decenio de 1980.

[12] Es necesario señalar que Moreno no encontró efecto negativo alguno en los ingresos fiscales locales como consecuencia de las transferencias incondicionales, especialmente en los municipios más grandes.

Los gobiernos municipales de México siguen enfrentando serias deficiencias financieras y administrativas. No obstante, algunos de ellos, estimulados en parte por una mayor competencia política, han hecho innovaciones en sus sistemas de gobierno. Así, los municipios más vanguardistas, los que compiten por un Premio de Gobierno y Gestión Local que se otorga cada año, han mostrado cuatro tipos de innovación: (1) estilos de liderazgo basados en la organización de redes cooperativas, (2) formas participativas de toma de decisiones, (3) fortalecimiento de la cooperación intergubernamental y (4) sistemas de gestión para mejorar la provisión de servicios (Cabrero Mendoza 2000, 377). Los programas de donaciones de contrapartida creados por los gobiernos federal y estatales de México, a fin de estimular la inversión de los clubes de migrantes en el desarrollo de las comunidades, tienen el potencial de estimular esos cuatro tipos de innovación. Durante este proceso, los programas pueden mejorar la gobernanza local democrática y la equidad en comunidades con proyectos financiados por clubes de migrantes.

INVERSIONES DE CLUBES DE MIGRANTES EN DESARROLLO COMUNITARIO

Los emigrados mexicanos que viven en los Estados Unidos tienen una larga historia de inversión social privada en sus comunidades de origen. Tradicionalmente, la mayor parte de estas donaciones provinieron de un solo individuo o de un grupo informal y se dedicaban a la asistencia caritativa o de emergencia, a la recreación o al embellecimiento del pueblo. Sin embargo, en los últimos años la filantropía de migrantes se ha organizado mejor, es más diversa y sustantiva, y ha comenzado a converger con iniciativas gubernamentales para descentralizar la gestión e impulsar el desarrollo local.

Los clubes de migrantes son la fuente más importante de inversión social privada en México por parte de emigrantes mexicanos. En el 2003 estaban registrados en la Secretaría de Relaciones Exteriores 623 de estos clubes en 30 ciudades de los Estados Unidos (Lanly y Valenzuela 2004, 15). En un estudio reciente basado en más de un centenar de entrevistas, Manuel Orozco (2003) ofrece un perfil de los clubes de migrantes mexicanos. Encuentra que usualmente tienen un grupo básico de alrededor de diez miembros, incluidos un presidente, un tesorero, un secretario y varios fiscales. Aunque el procedimiento para conformar la dirigencia varía de un club a otro, es común que la elección del presidente se realice una o dos veces al año. Los miembros organizan eventos y actividades para recaudar fondos (US$10.000 en promedio) para diversos tipos de proyectos en sus comunidades de origen, en áreas como educación y salud, infraestructura, renovación de cementerios e iglesias, recreación, embellecimiento del pueblo e inversión económica. Orozco también encuentra que es usual que los proyectos se ejecuten en coordinación con una contraparte en el pueblo natal, por lo general un pariente de un miembro del club, que funge asimismo como administrador y contratista del proyecto (véase también Orozco y Welle en este volumen). En promedio, los proyectos tardan al menos seis meses en concretarse.

Antes de los años noventa, la mayoría de los clubes de migrantes eran clubes sociales (a excepción de los grupos formados en respuesta directa a emergencias económicas), pero gradualmente fueron evolucionando hasta convertirse en organizaciones filantrópicas (Espinosa 1999, 16). Es común que tengan poca o ninguna interacción con otras organizaciones, incluyendo a otros clubes de migrantes. La excepción más notable fue la Federación de Clubes Mexicanos Unidos, conformada en 1972 por clubes de migrantes de Zacatecas, Jalisco, Durango y Chihuahua (Moctezuma 2004, 100). Durante los años ochenta, esta organización se dividió en varias federaciones estatales, la más activa de las cuales fue la Federación de Clubes Zacatecanos del Sur de California (FCZSC).[13]

Sin embargo, ambos patrones comenzaron a cambiar después de que el gobierno mexicano lanzó una nueva política de impulsar la formación de clubes de migrantes y sus inversiones en proyectos locales. La primera iniciativa de este tipo se desarrolló en el plano estatal en 1986. Durante una visita a Los Ángeles poco después de resultar electo gobernador de Zacatecas, Genaro Borrego anunció el Programa para los Zacatecanos Ausentes, mediante el cual el gobierno del estado daba una contrapartida equivalente a cada peso invertido por la FCZSC en proyectos locales. Aunque el programa sólo generó 28 proyectos entre 1986 y 1992, se convirtió en un modelo para otros programas estatales y federales, e impulsó a la FCZSC a emprender más iniciativas filantrópicas (Lanly y Hamann 2004, 141).

No fue sino hasta que llegó a la presidencia de la República Salinas de Gortari que el gobierno federal comenzó a cortejar a los clubes de migran-

---

[13] Constituida formalmente en 1986 como Federación de Clubes Unidos Zacatecanos, cambió su nombre a Federación de Clubes Zacatecanos del Sur de California en 1993 (Moctezuma 2004, 100; Lanly y Hamann 2004, 141). Hay varias versiones de la historia de esta federación. Por ejemplo, Rafael Alarcón (2002, 104) afirma que fue establecida en 1965, mientras que Guillaume Lanly y Volker Hamann (2004, 141) afirman que se fundó en 1972.

tes. Con el interés de fortalecer su legitimidad política y cabildear a favor de México en los Estados Unidos, Salinas creó el Programa Paisano en 1989 y el Programa para las Comunidades Mexicanas en el Extranjero (PCME) en 1990. El PCME, basado en la Secretaría de Relaciones Exteriores y con una red de 42 consulados y 23 institutos y centros culturales, se proyectó hacia los clubes de migrantes existentes y facilitó la formación de nuevos clubes. El consulado en Los Ángeles encabezó este esfuerzo a principios de la década de 1990, cuando estableció un proceso de registro de clubes de migrantes, organizó reuniones entre éstos y destacados políticos y autoridades, y convocó a reuniones para discutir la formación de nuevos clubes. Otros consulados siguieron su ejemplo, especialmente los de Chicago y Dallas. El PCME también impulsó a los gobiernos estatales para que establecieran Oficinas Estatales de Atención a Migrantes (OFAMs), lo que después condujo a la creación de una oficina federal encargada de coordinarlas en 25 estados (Riestra Venegas 2002).

Siguiendo el ejemplo zacatecano, la administración Salinas lanzó un programa diseñado específicamente para impulsar la inversión de clubes de migrantes en proyectos de desarrollo local. En 1993 la Sedesol colaboró con el sucesor de Borrego en Zacatecas, Arturo Romo, para crear el Programa de Solidaridad Internacional entre Mexicanos, que llegó a ser conocido como el Programa Dos por Uno. Con recursos del Pronasol, este programa aportaba un peso del gobierno federal y un peso del gobierno estatal por cada peso invertido por un club de migrantes. En sus primeros dos años, el programa pasó de tener siete proyectos en siete lugares a 30 proyectos en 21 lugares (Lanly y Hamann 2004, 142). Varios otros estados adoptaron el programa, pero Zacatecas contaba con la gran mayoría de los proyectos.

En 1995, al igual que otros programas que formaban parte del Pronasol, el Programa Dos por Uno fue relegado por el Nuevo Federalismo de Zedillo y durante el resto de la administración de éste "los clubes de migrantes ... tuvieron que negociar directamente con los gobiernos locales y estatales el apoyo financiero a proyectos en comunidades, exactamente igual que antes de la creación del Programa para las Comunidades Mexicanas en el Extranjero" (Espinosa 1999, 21). No obstante, el Programa Dos por Uno continuó en el plano estatal en Zacatecas con fondos de contrapartida donados por los gobiernos municipales en sustitución de la contribución federal. En 2002 fueron financiados a través del programa 868 proyectos, con un costo real de 464 millones de pesos (Lanly y Hamann 2004, 143). Los gobiernos estatales de Jalisco, Durango y Guanajuato también crearon programas para estimular las inversiones de los clubes de migrantes durante este período.

Estas iniciativas gubernamentales fortalecieron tanto los incentivos como las oportunidades para que se organizaran los emigrantes mexicanos. No fue por casualidad que hubo un apogeo de clubes de migrantes en la década de 1990. De los clubes incluidos en el estudio de Orozco en 2003, sólo un 20% se formó antes de 1990, mientras que casi la mitad se creó después de 1994 (2003, 6).[14] Entre 1995 y 2002 el número total de clubes registrados creció de 263 a 580 (Lanly y Hamann 2004, 131). En contraste con sus predecesores, muchos de los nuevos clubes comenzaron con una misión filantrópica y dedicaron una parte considerable de los fondos recaudados a proyectos de infraestructura (Orozco 2003, 10).

Los clubes de migrantes también comenzaron a agruparse rápidamente. En el 2002 ya había ocho federaciones basadas en Los Ángeles (incorporando a clubes de migrantes que representaban a personas provenientes de Jalisco, Michoacán, Zacatecas, Guanajuato, Sinaloa, Durango, Nayarit y Oaxaca), y siete en Chicago, con clubes de migrantes de Jalisco, Michoacán, Zacatecas, Guanajuato, Durango, Guerrero y San Luis Potosí (Escala-Rabadán 2004, 433; Alarcón 2002, 104).[15] Como señala Luis Escala-Rabadán, "la preeminencia posterior de las federaciones estatales puede explicarse por las ventajas que ofrece esta estructura para la interacción entre la comunidad migrante y los diversos niveles del gobierno mexicano" (2004, 438). En cambio, el historial de la constitución de las organizaciones más complejas ha sido irregular. En 1997 los zacatecanos conformaron una Confederación de Clubes de Zacatecanos que sólo sobrevivió hasta 1999, y en 2002 varias federaciones de Los Ángeles establecieron el Consejo de Federaciones Mexicanas (Escala-Rabadán 2004, 430, 439).

Cuando Vicente Fox asumió la presidencia de México en el 2000 renovó el compromiso del gobierno federal de trabajar con los clubes de migrantes, y casi de inmediato estableció la Oficina Presidencial para la Atención a Comunidades Mexicanas en el Extranjero. Aunque esta oficina fue cerrada sólo 18 meses después por disputas sobre competencia, Fox traspasó varias de sus funciones al organismo sucesor del PCME, el Instituto de los

---

[14] En Chicago, el número de clubes de migrantes de Guerrero, Jalisco, Zacatecas y Guanajuato aumentó de 22 en 1994 a 101 en 1998 (Orozco 2002, 89).

[15] Por ejemplo, muchos dirigentes de clubes de migrantes de Michoacán en Chicago se conocieron por primera vez en eventos organizados en el consulado, y ello facilitó la fundación de la Federación de Clubes Michoacanos en 1997 (Espinosa 1999, 20).

Mexicanos en el Exterior (IME), creado en agosto de 2002. Una de las más interesantes innovaciones del IME fue su consejo asesor, que incluyó a 105 representantes de migrantes, 10 representantes de organizaciones de latinos en Estados Unidos, 10 asesores especiales y 32 representantes de los gobiernos estatales de México (IME 2004).

Fox también resucitó el programa de donaciones de contrapartida al interior de la Sedesol, esta vez trabajando con todos los estados y ampliando el programa para incluir contribuciones de los gobiernos municipales. El Programa Iniciativa Ciudadana – Tres por Uno, que comenzó en 2002, convoca a los clubes de migrantes y a otras organizaciones cívicas a solicitar fondos de contrapartida para respaldar proyectos comunales. Más de la mitad de los clubes de migrantes entrevistados por Orozco se había unido al programa durante su primer año (2003, 15). El programa financió 942 proyectos en 2002 y 899 proyectos en 2003 en tres áreas generales: infraestructura pública, asistencia social y proyectos productivos (cuadro 4.1).[16] En ambos años, la mayor parte del financiamiento se dedicó a pavimentación y mantenimiento de carreteras y a espacios comunales e instalaciones recreativas.

Cuadro 4.1. Distribución de proyectos del Programa Tres por Uno por tipo (%)

Tipo de Proyecto	2002	2003
Educación, salud e infraestructura de vivienda	15,07	8,90
Electrificación	10,51	15,24
Pavimentación y mantenimiento de caminos	22,40	18,35
Agua y alcantarillado	13,48	15,13
Asistencia social y servicios comunales	12,53	16,02
Producción y riego	5,73	2,45
Espacios comunales e instalaciones recreativas	20,28	22,80

Fuente: Cálculos de la autora basados en Sedesol 2002, 2003.

Según la Sedesol, el objetivo del programa es "apoyar las iniciativas ciudadanas para concretar proyectos que conlleven a mejorar la calidad de vida de los habitantes mediante la concurrencia de recursos de la Federación, estados, municipios y de los propios ciudadanos organizados, princi-

---

[16] El presupuesto del programa se redujo 9% en 2003. Los estados que sufrieron el mayor impacto negativo de esta reducción fueron Zacatecas, Michoacán y Guanajuato (Red de Consultores 2004, 16).

palmente radicados en el extranjero" (*Diario Oficial* 2003). El programa procura llegar a las comunidades pobres que requieren de infraestructura social básica y de proyectos productivos, y hasta 2004 permitía la participación de cualquier grupo u organización local cuando no había un club de migrantes. En cada proyecto se debe establecer un "comité comunal" que incluya a representantes de la organización de migrantes o a ciudadanos de la comunidad, a la oficina estatal de la Sedesol y a los gobiernos estatal y municipal. Este comité tiene la responsabilidad de proponer el proyecto, constatar que cumpla con los requisitos del programa, difundir información sobre el proyecto entre las comunidades afectadas y sustentarlo. Además, el Coplade de cada estado es responsable de coordinar el proyecto con otros programas gubernamentales (*Diario Oficial* 2003).

El Programa Dos por Uno en Zacatecas y el Programa Tres por Uno en el plano nacional fueron los primeros que incorporaron a los gobiernos municipales como socios plenos en el financiamiento y gestión de proyectos desarrollados en colaboración con los clubes de migrantes. La interacción entre los clubes de migrantes y los gobiernos municipales ha aumentado significativamente desde que se lanzó el Programa Tres por Uno en el 2002, y ha incluido esfuerzos por parte de presidentes municipales para movilizar a sus expatriados a fin de que establezcan nuevas asociaciones (Williams 2004, 13). Esta interacción está creando tanto oportunidades como retos. Por un lado, ambas partes reciben con beneplácito los recursos adicionales para proyectos; por otro, unos y otros tienen preocupaciones en torno al control del financiamiento y la ejecución de los proyectos.

Dos son las preocupaciones más importantes para los presidentes municipales: las demandas planteadas a los municipios y la ambigüedad acerca de la fuente apropiada para el financiamiento. En primer lugar, muchos municipios carecen de la capacidad administrativa para ejecutar y monitorear los proyectos, lo que ha conducido en algunos casos a un mal manejo o a la cancelación de éstos (Red de Consultores Nacionales 2004). En segundo lugar, los requerimientos financieros a menudo son sustanciales respecto de los presupuestos municipales de obras públicas, y esto origina que algunos pequeños municipios rurales contribuyan en especie con trabajo y equipo (Orozco 2003, 37). Los funcionarios municipales también carecen de directrices claras acerca de si pueden utilizar fondos federales de otras fuentes, especialmente del Ramo 33, para hacer su contribución.[17]

---

[17] Apoyándose en la autonomía municipal que establece el artículo 115 y en la necesidad de aportar la contrapartida de contribuciones que ya habían sido

Por su parte, algunos miembros de los clubes de migrantes han expresado preocupación en torno al nuevo papel asignado a los gobiernos municipales. Primero, porque se cuestionan acerca de la conveniencia de eximir a las autoridades locales de la responsabilidad de proveer servicios básicos, y segundo, porque se resisten a que se delegue los esfuerzos por desplazar hacia el municipio el control de los recursos de los proyectos y su ejecución. Bajo el Programa Dos por Uno en Zacatecas, los clubes de migrantes se opusieron firmemente al requerimiento del gobernador Romo de que las contribuciones de los clubes de migrantes se depositaran en la tesorería municipal en lugar de estar en cuentas controladas por los representantes locales de las asociaciones, y se negaron a ajustarse al Nuevo Federalismo en lo referente a la presentación de sus proyectos ante los nuevos consejos municipales de planeación para ser aprobados. Algunos clubes de migrantes también objetaron el frecuente uso *ad hoc* de fondos de los gobiernos estatales para suplir faltantes en las contribuciones de los municipios al programa. Reflejando la influencia política de los clubes de migrantes zacatecanos, el sucesor de Romo en el gobierno del estado, Ricardo Monreal, revirtió ambas políticas cuando asumió funciones en 1999 (Goldring 2003, 4–5).

Otra queja se refiere a cómo conceptualizó Sedesol la "participación ciudadana" en los proyectos Tres por Uno. Sólo en Zacatecas tuvieron los clubes de migrantes suficiente poder como para moldear las características del programa, e incluso han podido estatuir que solamente los clubes de migrantes registrados en las federaciones puedan solicitar apoyo para sus proyectos (Xóchitl Bada, comunicación personal, 16 de septiembre de 2004). En los estados donde los clubes de migrantes eran menos preeminentes o activos, los emigrantes desorganizados o miembros de familias que reciben remesas individuales han conformado grupos para solicitar financiamiento Tres por Uno. No resulta sorprendente, entonces, que los clubes zacatecanos vieran en este tipo de participación indirecta una amenaza a su cuota del presupuesto total, y en buena medida como respuesta a sus quejas la Sedesol cambió las reglas en 2004 para limitar la participación a las asociaciones de migrantes registradas (Red de Consultores Nacionales 2004; Sedesol Zacatecas 2004).

Una tercera cuestión es la tensión entre la agenda nacional de la Sedesol y el deseo de los clubes de migrantes de maximizar los beneficios para sus

---

efectuadas por grupos de ciudadanos, varios presidentes municipales de Zacatecas, efectivamente, emplearon fondos del Ramo 33.

comunidades de origen. Como se mencionó, la Sedesol pretende llegar a las comunidades que tienen mayor necesidad de infraestructura básica. No es mera coincidencia que el Programa Tres por Uno sea manejado por el coordinador general de Microrregiones de la secretaría, cuyo objetivo es "el desarrollo integrado y sostenible de aquellas regiones que registran los más altos niveles de marginalización en el país" (Sedesol s.f.). Pero los niveles de marginalización y las tasas de emigración no siempre están en concordancia, y los municipios con comunidades migrantes organizadas tienen mayor probabilidad de recibir proyectos pero es menos probable que sean las más necesitadas. Así, la meta de la Sedesol de llegar a las comunidades más pobres no es plenamente congruente con su dependencia de los migrantes organizados para proponer y administrar los proyectos.

De manera relacionada, los funcionarios gubernamentales y los clubes de migrantes no siempre concuerdan en cuanto a las necesidades de las comunidades beneficiarias de los proyectos Tres por Uno. Los funcionarios gubernamentales de todos los niveles prefieren en mayor medida las inversiones en infraestructura básica y cada vez más, las iniciativas en el campo de la producción. Los clubes de migrantes comparten esta preferencia, pero también les interesan proyectos que los funcionarios de la Sedesol y algunas autoridades municipales encuentran menos atinentes al desarrollo, como la renovación de iglesias o la construcción de instalaciones recreativas. De ello han resultado negociaciones tensas durante la fase de selección de proyectos entre la Sedesol y los clubes de migrantes, especialmente las federaciones más influyentes.

FILANTROPÍA DE MIGRANTES Y GOBERNANZA LOCAL EN ZACATECAS, JALISCO Y MICHOACÁN

El involucramiento de los clubes de migrantes en el Programa Tres por Uno probablemente tendrá un impacto mixto en la gobernanza local democrática. Por una parte, constituye una novedosa forma de participación y de colaboración sociedad-Estado en el plano local, con implicaciones potencialmente positivas para la equidad y la rendición de cuentas, y por otra, las relaciones entre los clubes de migrantes y las autoridades locales a menudo son más conflictivas que de colaboración, y los intereses de los clubes de migrantes no siempre coinciden con los del resto de la comunidad. De manera más general, no resulta evidente que los clubes de migrantes estén cuestionando el control de la autoridad y de los recursos por parte de la élite.

Para dilucidar algunos de estos efectos, en la sección final de este capítulo se examina la filantropía de migrantes, especialmente los proyectos Tres por Uno, en Zacatecas, Michoacán y Jalisco, estados de gran tradición migratoria. En el 2000 Zacatecas tenía la más alta tasa de emigración (12,18%) y la mayor proporción de hogares que recibían remesas (13,03%) de todos los estados de México (Conapo 2002), y se estima que en 2003 recibió remesas por US$353 millones (US$269 per cápita) (Banco de México 2004). Comparado con Zacatecas, en el 2000 Michoacán tenía una tasa de emigración más baja (10,37%) y una menor proporción de hogares que recibían remesas (11,37%) (Conapo 2002), pero en 2003 recibió más remesas totales (US$1,685 millones) y más remesas per cápita (US$415) que cualquier otro estado (Banco de México 2004). Jalisco también tenía una tasa de emigración (6,5%) y una proporción de hogares que recibían remesas (7,7%) superiores al promedio en el 2000 (Conapo 2002), y de todos los estados mexicanos fue el que en 2003 recibió el segundo más alto volumen total de remesas (US$1,275 millones) y el noveno más alto nivel de remesas per cápita (US$194) (Banco de México 2004).

Los tres estados tienen comunidades bien organizadas de migrantes en Estados Unidos, y los gobiernos estatales están activamente involucrados en estimular la participación de los emigrados en el desarrollo local. Sin embargo, Jalisco y Michoacán han estado rezagados respecto de Zacatecas en ambos aspectos. Los clubes de migrantes de Jalisco establecieron una federación en Los Ángeles en 1991, en gran parte por iniciativa del PCME, pero un liderazgo autoritario al interior de la federación limitó el activismo de la organización. El gobierno estatal no mostró ningún interés en el club de migrantes hasta que en 1995 asumió su cargo el gobernador Alberto Cárdenas. Cárdenas estableció una Oficina de Atención a Jaliscienses en el Extranjero para coordinar iniciativas a favor de sus emigrantes. Entre 1997 y 2001, el gobierno de Jalisco promovió varias iniciativas para atraer inversiones de migrantes en proyectos productivos (Lanly y Hamann 2004, 149).

Por su parte, la primera federación de clubes de migrantes michoacanos se estableció en 1997, cuando los clubes de Chicago se unieron en la Federación de Clubes Michoacanos en Illinois (Fedecmi) a fin de mejorar su posición negociadora de proyectos con el gobierno del estado (Espinosa 1999, 24).[18] Sin embargo, aunque trabajaron con el gobernador Tinoco Rubí (1995–2001) para concretar algunos proyectos, no pudieron negociar un

---

[18] Cinco años después (con ayuda de la Fedecmi) se estableció en California otra federación de clubes michoacanos (Bada 2004, 202).

acuerdo de colaboración formal con el gobierno del estado sino hasta la administración de Lázaro Cárdenas Batel (2001–2006), quien incrementó significativamente el involucramiento del estado con su comunidad emigrante al establecer una nueva Coordinación General para la Atención al Migrante Michoacano (Cogamin). Además de organizar reuniones periódicas con clubes de migrantes e impulsar el Programa Tres por Uno del estado, la junta directiva de la Cogamin incluye a cinco representantes de la comunidad emigrante (Bada 2004, 209).

Zacatecas es el mayor beneficiario del Programa Tres por Uno (cuadro 4.2). Además de tener más proyectos y de recibir las mayores asignaciones del presupuesto total, en 2002 y en 2003 el estado tuvo la mayor cuota de municipios con al menos un proyecto (88%). Jalisco y Michoacán también se han beneficiado sustancialmente con ese programa. Durante los primeros dos años en que fue implementado, el 57% de los municipios de Michoacán y el 48% de los de Jalisco tuvieron al menos un proyecto.[19]

Cuadro 4.2. Proyectos Tres por Uno, por estado

Estado	2002		2003	
	Número	*Proporción del total*	*Número*	*Proporción del total*
Jalisco	122	13%	184	21%
Michoacán	65	7%	64	7%
Zacatecas	259	28%	322	36%
Otros estados	496	52%	329	36%
Total	942	100%	899	100%

Fuente: Cálculos de la autora basados en Sedesol 2002, 2003.

Con base en estadísticas descriptivas y en evidencia anecdótica de estos tres estados, podemos comenzar a elaborar respuestas a las tres preguntas planteadas al principio. Primero, ¿beneficia a las poblaciones antes subatendidas la participación de clubes de migrantes en proyectos comunales? Si comparamos entre municipios, la respuesta parece ser negativa, al menos en Jalisco y Zacatecas (cuadro 4.3). En Jalisco (excluyendo a su capital, Guadalajara) y en Zacatecas, los municipios con proyectos son, en promedio, más poblados, más ricos y menos rurales que los municipios que care-

[19] Cálculos de la autora basados en datos internos de la Sedesol.

cen de proyectos. Este patrón resulta especialmente marcado en Zacatecas. Por razones que requieren de mayor investigación, Michoacán sobresale como el único estado en el que los proyectos se han dirigido hacia los municipios ligeramente más pobres y rurales.

Cuadro 4.3. Características socioeconómicas de las municipalidades en los estados, por Proyectos Tres por Uno (promedios, 2002–2003)

Estado	Población promedio en el municipio	Índice de Desarrollo Humano	Trabajadores en la agricultura
Jalisco			
Municipalidades con proyectos	34.962	0,746	31,94%
Municipalidades sin proyectos	25.205	0,737	34,01%
Michoacán			
Municipalidades con proyectos	38.951	0,702	39,49%
Municipalidades sin proyectos	30.465	0,711	39,17%
Zacatecas			
Municipalidades con proyectos	26.211	0,720	30,33%
Municipalidades sin proyectos	6.154	0,713	33,42%

Fuente: Cálculos de la autora basados en Sedesol 2002, 2003; Sistema Nacional de Información Municipal s.f.

Nota: La muestra de Jalisco omite a Guadalajara porque es mucho más grande y rica que la municipalidad promedio sin proyectos.

Sin embargo, los resultados son distintos cuando miramos cómo se han distribuido los proyectos *al interior* de los municipios. Un dato revelador es el número de proyectos ubicados fuera de la cabecera municipal (cuadro 4.4). Históricamente, ha habido muy poco gasto gubernamental en las comunidades más aisladas, de menor tamaño y localizadas en zonas rurales. El Programa Tres por Uno, en cambio, ha canalizado la mayoría de sus proyectos hacia esos lugares, especialmente en Michoacán y Zacatecas. Sin duda, este resultado es consecuencia directa de la participación de los clubes de migrantes, puesto que son los que solicitan los proyectos a la Sedesol. Así, al cabildear en favor de comunidades que históricamente no han recibido atención, los clubes de migrantes están contribuyendo a una distribución más equitativa de los beneficios.

Cuadro 4.4. Proporción de proyectos en comunidades fuera de las cabeceras municipales (%)

Estado	2002	2003	Promedio, 2002–2003
Jalisco	59,84	59,78	59,81
Michoacán	72,31	79,69	74,50
Zacatecas	73,36	68,32	70,84

Fuente: Cálculos de la autora basados en Sedesol 2002, 2003; Sistema Nacional de Información Municipal s.f.

La segunda cuestión es si los clubes de migrantes en formas nuevas y más eficaces consiguen que los funcionarios públicos rindan cuentas. La evidencia anecdótica sugiere que sí lo están logrando:

> Mediante demandas específicas respecto de los proyectos que financian, los clubes de migrantes han presionado a los gobiernos para que satisfagan normas de transparencia y rendición de cuentas más estrictas. Han requerido que los gobiernos generen presupuestos claros y cronogramas para la ejecución de los proyectos, y también han solicitado de forma insistente que rindan cuentas claras de los dineros. Además, los clubes vigilan el avance de los proyectos (Orozco 2003, 19).

En sus entrevistas con miembros de clubes de migrantes de Zacatecas y Michoacán, Víctor Espinosa (1999) y Heather Williams (2004) encuentran más evidencias en apoyo a las conclusiones de Orozco. La colaboración entre los clubes de migrantes y los comités paralelos establecidos para administrar los proyectos en las comunidades de origen ha conducido a menor corrupción y menores pérdidas (Espinosa 1999, 28). Un miembro de un club de migrantes afirmó que la presión de su federación estatal impidió que se hiciera un mal uso de los fondos Tres por Uno, y otro "enfatizó en las importantes salvaguardias que le dieron mayor confianza en el programa de obras públicas, y mencionó el requerimiento de que los funcionarios en los clubes se registraran y que se les exigiera llevar contabilidad y registros" (Williams 2004, 18).

Más ampliamente, los clubes de migrantes han evitado en gran medida los tradicionales riesgos de colaborar con el Estado mexicano, aun cuando muchos de ellos se formaron con el respaldo de éste: "Los inmigrantes fueron fácilmente organizados y registrados, pero no fueron capturados políticamente con la misma facilidad" (Williams 2004, 10). Este resultado es especialmente cierto en estados con federaciones fuertes, como Zacatecas y Michoacán. En lugar de hacer la voluntad de las élites políticas de México, estas federaciones han resguardado con esmero su autonomía e independencia. Su éxito refleja, en grado significativo, los profundos cambios que han ocurrido en el sistema político mexicano, en particular el surgimiento de una competencia real entre los partidos políticos y la devolución de poder a los gobernadores de los estados. Pero el éxito de las federaciones también se debe a su transnacionalismo. No sólo están acostumbradas a operar en una sociedad con mecanismos más fuertes de rendición de cuentas, sino que su condición de forasteras los hace menos susceptibles a la manipulación. Así, aunque colaboran con las autoridades de sus estados de origen, tienen la capacidad de negociar las condiciones de esta colaboración, e incluso normas más estrictas de rendición de cuentas.

La tercera cuestión es si los clubes de migrantes están cuestionando el control de la autoridad y de los recursos locales por parte de una élite. Dicho cuestionamiento puede asumir dos formas. Una es que los clubes actúen directamente como contrapeso a las élites locales, y desbaraten así las redes de clientelismo. La otra es que los clubes de migrantes actúen como "agentes de cambio" y motiven a los grupos constreñidos por el analfabetismo, la inseguridad económica o la falta de autoconfianza a que cuestionen ellos mismos a las élites locales (Osmani 2000, 19). Esto último promete cambios más sostenibles y de más largo alcance, puesto que construye capital social "puente" y no requiere la intervención permanente de actores externos.

Hay poca evidencia de que los clubes de migrantes estén actuando como agentes de cambio en Jalisco, Michoacán o Zacatecas. Rara vez trabajan con organizaciones cívicas en la comunidad, y los comités paralelos creados para administrar los proyectos generalmente incorporan a pequeños grupos de personas que se desbandan tan pronto se completa el proyecto. Las pocas excepciones documentadas se encuentran en Michoacán. Xóchitl Bada (2004) encuentra que algunos clubes de migrantes han forjado alianzas con grupos de justicia agraria y Espinosa (1999, 28) señala que "en algunos pueblos de Michoacán, debido al ejemplo de los clubes de migrantes, se han emprendido proyectos locales que ni siquiera están conectados con los clubes de migrantes".

Hay más evidencia que los clubes de migrantes involucrados en proyectos comunales están cuestionando las estructuras de poder existentes a través de su control independiente de los recursos financieros y su poder de negociación con los funcionarios gubernamentales. Este resultado es probable especialmente cuando los miembros de los clubes de migrantes no tienen vínculos personales con las élites locales. En la medida en que este reto genera competencia, es probable que los grupos desfavorecidos tengan más opciones y que, por consiguiente, sean menos susceptibles de manipulación clientelista. Pero el cuestionamiento no se da necesariamente desde una posición subalterna. Los dirigentes de los clubes de migrantes son mayormente varones y a menudo constituyen un subconjunto de élite al interior de la comunidad migrante (sin hacer referencia a su situación respecto de los miembros desfavorecidos en sus comunidades de origen). Este elitismo es aún más pronunciado entre los clubes de migrantes que participan en el Programa Tres por Uno. Williams (2004, 15) encuentra que "una dimensión notable del programa de donaciones de contrapartida es su tendencia a poner la organización de los emigrantes en manos de expatriados que están en mejores condiciones económicas y mejor establecidos". Así, el involucramiento de los clubes de migrantes puede guardar más relación con la creación de una élite alternativa que con la dotación de poder a grupos desfavorecidos.

CONCLUSIÓN

Del análisis preliminar del Programa Tres por Uno en Zacatecas, Michoacán y Jalisco, en este capítulo se infiere que la doble tendencia hacia la descentralización y hacia una mayor filantropía de migrantes está teniendo un impacto en la gobernanza local en México. Aunque el programa está diseñado y financiado en el plano federal, la incorporación de los gobiernos subnacionales y de los clubes de migrantes ha reforzado tanto la devolución como las alianzas. En unos cuantos casos las federaciones de clubes de migrantes han podido replantear las reglas del programa.

También hay evidencia de que el programa está contribuyendo a un mejor gobierno en el plano local. En primer lugar, está obligando a los gobiernos municipales a colaborar con actores no estatales en el diseño, financiamiento y ejecución de proyectos comunales. Dado que muchos clubes son de migrantes de comunidades alejadas de la cabecera municipal, su colaboración está generando una distribución más equitativa de los proyectos *al interior* de los municipios, y también puede estar estimulando un liderazgo innovador basado en la organización de redes cooperativas y en la movilización de capital social transnacional. En segundo lugar, la combinación de requerimientos de transparencia y participación de clubes de migrantes parece estar mejorando la rendición de cuentas.

Hay menos evidencia de que los clubes de migrantes hayan cuestionado el control de los recursos y de la autoridad por parte de la élite. Los clubes de migrantes no parecen estar actuando como agentes de cambio para movilizar a los miembros desfavorecidos de la comunidad, en parte porque los miembros de los clubes conforman un grupo relativamente elitista tanto en la comunidad migrante como en sus comunidades de origen. En el mejor de los casos, pueden estar alterando sustancialmente las redes clientelistas establecidas con la inyección de nuevos recursos a las comunidades y el ejercicio de un poder de negociación independiente frente a las autoridades públicas. Pero su impacto positivo en la participación y en la rendición de cuentas puede tener efectos multiplicadores que faciliten este tipo de movilización en el futuro. Si otros grupos empiezan a exigir las mismas normas de rendición de cuentas de las autoridades locales, la participación de los clubes de migrantes habrá trascendido los proyectos mismos para dar nueva forma a la gobernanza local en general.

Bibliography/Bibliografía

Alarcón, Rafael. 2002. The Development of Hometown Associations in the United States and the Use of Social Remittances in Mexico. In *Sending Money Home: Hispanic Remittances and Community Development*, edited by Rodolfo de la Garza and Briant Lindsay Lowell, 101–24. Lanham, MD: Rowman & Littlefield Publishers.

Aubut, Julie. 2004. The Good Governance Agenda: Who Wins and Who Loses. Development Studies Institute (DESTIN) Working Paper Series No. 04-48. London: London School of Economics.

Bada, Xóchitl. 2004. Reconstrucción de identidades regionales a través de proyectos de remesas colectivas: la participación ciudadana extraterritorial de comunidades migrantes michoacanas en el área metropolitana de Chicago. In Lanly and Valenzuela 2004, 175–215.

Banco de México. 2004. Remesas familiares por entidad federativa. At http://www.banxico.org.mx/CuadrosAnaliticos/controlcuadros?cuadro=12&sector=1&idioma=esp.

Blair, Harry. 2000. Participation and Accountability at the Periphery: Democratic Local Governance in Six Countries. *World Development* 28: 21–39

Cabrero Mendoza, Enrique. 2000. Mexican Local Governance in Transition: Fleeting Change or Permanent Transformation? *American Review of Public Administration* 30: 374–88.

———. n.d./s.f. Decentralización de la política social y nuevo papel de los gobiernos locales. Unpublished manuscript.

Cabrero Mendoza, Enrique, and Jorge Martínez-Vázquez. 2003. Assignment of Spending Responsibilities and Service Delivery. In *Achievements and Challenges of Fiscal Decentralization: Lessons from Mexico*, edited by Marcelo M. Giugale and Steven B. Webb, 139–76. Washington, DC: World Bank.

Conapo (Consejo Nacional de Población). 2002. Índice de intensidad migratoria México–Estados Unidos, 2000. Mexico City: Secretaría de Desarrollo Social.

Diario Oficial. 2003. *Diario Oficial de la Federación.* March 5. Mexico City: Government of Mexico.

Escala-Rabadán, Luis. 2004. Migración y formas organizativas en los Estados Unidos: los clubes y federaciones de migrantes mexicanos en California. In Lanly and Valenzuela 2004, 425–54.

Espinosa, Víctor. 1999. The Federation of Michoacán Clubs in Illinois. Report commissioned by the Heartland Alliance for Human Needs and Human Rights, Chicago, IL.

Fox, Jonathan. 1999. The Interdependence between Citizen Participation and Institutional Accountability: Lessons from Mexico's Rural Municipal Funds. Unpublished manuscript.

————. 2002. La relación recíproca entre la participación ciudadana y la rendición de cuentas: la experiencia de los Fondos Municipales en el México rural. *Política y Gobierno* 9 (1): 95–132.

Goldring, Luin. 2003. From Market Membership to Transnational Citizenship? Paper available on the Documentos page of the Red de Migracion y Desarrollo. At http://www.migracionydesarrollo.org/.

Graham, John, Bruce Amos, and Tim Plumptre. 2003. Principles for Good Governance in the 21st Century. IOG Policy Brief No. 15. Ottawa: Institute on Governance (IOG).

Hernández Trillo, Fausto, Alberto Díaz Cayeros, and Rafael Gamboa González. 2002. Fiscal Decentralization in Mexico: The Bailout Problem. Research Network Working Paper (R-447). Washington, DC: Inter-American Development Bank.

Kapur, Devesh, and Richard Webb. 2000. Governance-related Conditionalities of the International Financial Institutions. G-24 Discussion Paper Series. New York and Geneva: United Nations.

Kaufmann, Daniel, Aart Kraay, and Pablo Zoido-Lobatón. 1999. Governance Matters. World Bank Policy Research Paper No. 2196. Washington, DC: World Bank.

Lanly, Guillaume, and M. Basilia Valenzuela V., eds. 2004. Introducción. In *Clubes de migrantes oriundos mexicanos en los Estados Unidos*, edited by Lanly and Valenzuela, 11–36. Guadalajara: Centro Universitario de Ciencias Económico Administrativas, Universidad de Guadalajara.

Lanly, Guillaume, and Volker Hamann. 2004. Solidaridades transfronterizas y la emergencia de una sociedad civil transnacional: la participación de dos clubes de migrantes en el desarrollo local del occidente de México. In Lanly and Valenzuela 2004, 127–74.

Moctezuma, Miguel. 2004. La presencia migrante en la distancia. Clubes de zacatecanos en los Estados Unidos. In Lanly and Valenzuela 2004, 85–126.

Moreno, Carlos. 2003. Fiscal Performance of Local Governments in Mexico: The Role of Federal Transfers. CIDE Working Paper 127. Mexico City: Centro de Investigación y Docencia Económicas.

Osmani, S.R. 2000. Participatory Governance, People's Empowerment, and Poverty Reduction. UN/Social Development and Poverty Elimination Division (SEPED) Conference Paper Series, #7. New York.

Orozco, Manuel. 2003. Hometown Associations and Their Present and Future Partnerships: New Development Opportunities? Report commissioned by the U.S. Agency for International Development, Washington, DC.

Pronasol (Programa Nacional de Solidaridad). 2000. Progresa: Más oportunidades para las familias pobres. Evaluación de resultados del Programa de Educación, Salud y Alimentación: Impacto a nivel comunitario. Mexico City: Secretaría de Desarrollo Social.

Punyaratabandhu, Suchitra. 2004. Commitment to Good Governance, Development, and Poverty Reduction: Methodological Issues in the Evaluation of Progress at National and Local Levels. Paper prepared for the Sixth Session of the Committee on Development Policy, March 29–April 2.

Red de Consultores Nacionales. 2004. *Evaluación del Programa Iniciativa Ciudadana 3x1, Tercer Informe.* Unpublished report.

Riestra Venegas, Mario. 2002. Remarks delivered at the conference on Immigrants and Homeland, Metropolis Interconference Seminar, the Croatian Centre for Strategic Studies and the "Ivo Pilar" Institute of Social Sciences, Dubrovnik, Croatia, May 9–12. At http://www.international.metropolis.net/events/croatia/prog_e.htm.

Rodríguez, Victoria. 1997. *Decentralization in Mexico.* Boulder, CO: Westview Press.

Santiso, Carlos. 2001. International Co-operation for Democracy and Good Governance: Moving toward a Second Generation? *European Journal of Development Research* 13: 154–80.

Sedesol (Secretaría de Desarrollo Social). 2002. BD Iniciativa 3x1a 2002. Unpublished internal database.

———. 2003. Base 3x1 31 Dic 2003. Unpublished internal database.

———. n.d./s.f. Montos Máximos de Apoyo por Modalidad. Unidad Administrativa Responsable del Programa, Coordinación General de Microrregiones. At http://www.sedesol.gob.mx/programas/microrregiones.htm.

Sedesol Zacatecas. 2004. Cambiarán reglas del 3x1 en beneficio de migrantes. *Boletín de Prensa,* February. At http://www.sedesol.gob.mx/delegaciones/zacatecas/Prensa%20Old2.htm#DOS.

Shirk, David. 1999. New Federalism in Mexico: Implications for Baja California and the Cross-Border Region. Briefing paper prepared for the Fronterizo policy luncheon series, San Diego Dialogue, July.

Sistema Nacional de Información Municipal. n.d./s.f. Versión 7.0. Instituto Nacional para el Federalismo y el Desarrollo Municipal. Mexico City: Secretaría de Gobernación.

UNDP/PNUD (United Nations Development Programme). 1997. *Governance for Sustainable Human Development.* New York: UNDP.

Williams, Heather. 2004. Both Sides Now: The Emerging Power of Migrant Associations in Mexican Politics. Unpublished manuscript.

Woolcock, Michael, and Deepa Narayan. 2000. Social Capital: Implications for Development Theory, Research, and Policy. *The World Bank Research Observer* 15: 225–49.

CHAPTER 5

Hometown Associations and Development: Ownership, Correspondence, Sustainability, and Replicability

MANUEL OROZCO AND KATHERINE WELLE

Hometown associations (HTAs), organizations of immigrants who raise funds for the betterment of their places of origin, are growing in importance for communities in Latin America and the Caribbean. HTAs illustrate the evolving relationship between development and migration. One key aspect of this relationship is the impact on equity, an important component of development philosophy. These migrant associations seek to promote social change, particularly for the benefit of vulnerable populations, such as children and the elderly. They do this by financially supporting critical sectors, such as health and education, in their communities of origin. In this way, the migrant members of HTAs strengthen their relationship to the development of their country of origin.

In considering the relationship between HTA donations and development, it is important to keep four premises in mind. First, these financial flows are significant in volume and have broad economic effects. Second, although remittances to families and donations to communities are channeled primarily to the poor, these resources alone do not constitute a solution to the structural constraints of poverty, and they often fail to create financial security for households or sustainable development in a community. Third, to strengthen the ways in which remittances and community donations can promote sustainable development, concrete donor policies and assessments are needed. Fourth, any approach to this issue demands a transnational perspective because this is precisely the context in which HTAs operate.

In Mexico, hometown associations are playing an increasingly important role in transnational development. Yet, their influence is limited. To exert a greater positive effect, HTAs must achieve improved contact with community stakeholders in order to learn about development priorities.

Certain aspects of this relationship between migrants and their hometowns are particularly relevant for development, as they make it possible to assess the opportunities and challenges for HTA activity in regard to improving the quality of life in those communities. We developed four criteria—*ownership, correspondence, sustainability,* and *replicability*—which we applied during field research on Mexican HTA projects operating in rural communities within the municipality of Jerez, Zacatecas. We focused on Zacatecas because it is the Mexican state exhibiting the highest levels of migration and hometown association activity. The formation in the United States of several umbrella federations representing Zacatecan HTAs has facilitated a strong collaboration with the Mexican government through matching-grant programs to improve hometowns. Although each region of Mexico is marked by distinct migratory patterns, specific economic problems, and different levels of HTA activity, Zacatecas, and in particular the four communities described here, are indicative of what the future may hold for other regions with newer patterns of migration and more recently formed HTAs.

The criteria of *ownership, correspondence, sustainability,* and *replicability* are measures of the extent to which a project actually enhances community development. Based on those criteria, we analyzed four matching-grant projects undertaken in these rural communities in Jerez. Recognizing the need for tools that HTA leaders and community residents might use to evaluate projects in terms of their development potential, we created a scorecard that ranks the projects on each criterion.

Before turning to the analysis of HTA activity in Jerez, we need to set the context for understanding the relationship between development and migration as it pertains to the work of HTAs, the literature on diasporas and transnationalism, and the experience of HTA activism in Mexico. A key aspect of this evolving relationship has been the Iniciativa Ciudadana, also known as the Programa Tres por Uno (Three-for-One Program), Mexico's government matching-grant program to partner with HTAs.

SETTING THE CONTEXT: DEVELOPMENT, INCLUSION, AND EQUITY

Economic development is a complex process that involves a range of actors and institutions working together to implement sound, long-term strategies. The development of those strategies may require integrating new actors and accommodation to the changing needs of the target society. The complexities of development, the ability to adapt policies according to variations over time, and the need to focus on country-specific realities are crucial issues in the field of social change and within the current context of a globalized world.

This complex reality takes on critical importance in Mexico, where the shifting dynamic of migration affects the nation's regional economies. Mexican migration is largely a consequence of development failures, but it also results from globalization (Orozco 2002). The prevailing trend of inequity—a pervasive historical reality—has provoked large emigrations. However, the economic activities that migrants promote in their home communities reposition them to take more prominent roles, while simultaneously helping keep local economies afloat. Currently, the Mexican government, international financial organizations, and international donors have shifted the development approach away from one that focuses on basic needs to one that focuses on social inclusion. This new approach requires a more profound understanding of the role of migrants, especially active migrant groups such as HTAs, in promoting growth in their home countries.

The "development doctrine" has evolved over the past five decades based on the assessment of development objectives, theories, and available data (Thorbecke 2000). Under the assumption that economic growth and modernization alone would eliminate inequity, foreign aid focused on capital-resource transfer as a way to increase savings rates and propel the countries into self-sustained growth (p. 23). Donors later revisited this approach, emphasizing it in the agricultural sector. By the 1970s, however, it was widely agreed that financial investment and economic growth were only part of the development equation. A "basic-needs" approach, one that focused on the poor, then emerged. This approach addressed land reform, public investment, food, shelter, and other basic infrastructure needs. During the 1980s, partly as a result of major financial crises, the basic-needs approach was replaced with a focus on structural adjustment and a valuation of the effects of human capital on development (p. 37). In the 1990s, donor organizations and governments reinforced this by strengthening institutions while reforming the state and conditioning assistance to performance (Hjertholm and White 2000). Meanwhile, except for studies on the impact of rural-to-urban migration, little academic research focused on the relationship between migration and development.

In the past five years, international financial institutions and the broader donor community have approached development based on an alternative model of social inclusion. The World Bank's strategy, building primarily on the work of Amartya Sen's *Development as Freedom* (1999) and Nicholas H. Stern's *A Strategy for Development* (2002), has two pillars: (1) building a climate for investment and growth and (2) empowering poor people to participate in that growth. Within this strategy, donor institutions could position members of a diaspora as agents of development as well as objects of the strategy. Development would be aided by incorporating diaspora investment into local communities, enhancing the voices of members of diasporas and their relatives remaining in the home country, and enabling financial infrastructures and environments. These efforts would also broaden the approach, which has traditionally neglected migrants in the development equation.

Taking diasporas into account when designing a development strategy is justified not only by the presence of millions of immigrants who are regularly connected to their homelands but also by the impact those connections have on local economies and communities. Diasporas have been defined as a "sociopolitical formation, created as a result of either voluntary or forced migration, whose members regard themselves as being of the same ethno-national origin and who permanently reside as minorities in one or several host countries. Members of such entities maintain regular or occasional contacts with what they regard as their homeland and with individuals and groups of the same background residing in other host countries" (Sheffer 2003, 10–11; see also Chaliand and Rageau 1996; Laguerre 1996; King 1997; Safran 1991; Cohen 1996). Diasporas define themselves through relationships with the homeland, international entities, and host-country governments and societies, thereby influencing various dynamics, including development. One key premise of the relationship between diasporas, migration, and development is that diasporas form as a response to development or underdevelopment but also in response to changes in the composition of the international system (whether the global economy or the international political landscape). People leave their countries because of development conditions there, yet they continue to engage with their homelands at various levels. Such engagement stretches the idea of development beyond territorial boundaries.

Thus, the interplay between micro and macro dynamics across borders, with diasporas as economic agents, has specific effects on economies. Jenny Robinson (2002) speaks of the relationship between diasporas and development as being three-pronged: (1) development in the diaspora, (2) development through the diaspora, and (3) development by the diaspora. The first refers to the use of networks in the host country, which includes the formation of ethnic businesses, cultural ties, and social mobilization. Development *through* the diaspora refers instead to "how diasporic [sic] communities utilize their diffuse global connections beyond the locality to facilitate economic and social well being" (Robinson 2002, 113). The third applies to the ramifications of "the flows of ideas, money, and political support to the migrant's home country" (123).

Each of these three dynamics has crosscutting implications along various facets of the social reality that exists between the diaspora and its homeland communities (Kearney 1986). Ideas related to income improvement, business development, gender relations, class structure, and ideological positions intersect when diasporas and their home countries engage. One result has been the formation of transnational relations and networks, which, in turn, have contributed significantly to the integration of countries into the global economy. These connections include immigrant-based donations, small and large investments, trade, tourism, and unilateral transfers—what can be termed the 5Ts: transfer of family remittances, tourism, transportation, telecommunication, and nostalgic trade (Orozco 2003a). The practice by migrants of sending donations to their home communities has significant potential implications for development.

The emergence of immigrant-based organizations working on projects for the betterment of their hometowns raises a question about their ability to function as effective agents of development. The research that we conducted in Jerez, Zacatecas, focuses on the experience of Mexican HTAs, and it revealed that for a development project to be successful, it should meet four criteria: local ownership, correspondence to community needs, sustainability over time, and replicability in other contexts (table 5.1).

Ownership: The ability to provide people with a sense of control of their personal and social lives is central to the idea of inclusion. When considering the HTA contribution to development, local ownership of projects is key, and providing tools for that ownership is essential. Projects must encompass not only a collective good, benefiting all members, but also a means to transmit ownership or control of the projects to the members, to legitimate them as their own. Ownership of a project can occur through participation in the decision-making and implementation process or by directly transferring the property to the community.

Table 5.1. Definition of Four Criteria for Evaluating Development Potential

Ownership	Correspondence	Sustainability	Replicability
Community members participate in decision making	Project meets basic needs	Project enables development goals	Resources for the project are easily available in other communities
Community members participate in implementation	Needs met are a development priority	Project does not constitute a burden or entail added costs	Institutional environment facilitating implementation is available in other communities
Community members have control of project after completion	Implementation occurs in association or coordination with other institutions	Project has a long life cycle.	

Table 5.2. Three-for-One Program Projects and Communities in Jerez, Zacatecas

Type of Project	Specific Activity	Community	Three-for-One Contribution (US$ as of 2003)	Population
Educational infrastructure	School renovation	San Juan del Centro	68,000	419
Microenterprise	Sewing workshop	Jomulquillo	7,224	305
Public infrastructure	Potable water	Sauz de los García	175,263	138
Business investment	Lamb-producing project	El Briseño	19,200	91

Correspondence: Another issue central to development is the degree to which a project's goal corresponds with the community's true needs. The more a project reflects basic community needs, the greater its contribution to development. To assess correspondence in HTA projects, we considered three indicators: a project must (1) respond to the broad social needs of a community; (2) be based on a clear understanding or diagnosis of the status of health-care delivery, education, public and financial infrastructure, and the economic base of the community; and (3) allocate its resources to those areas defined as being of highest priority for the community.

Sustainability: Another important factor enabling a project's contribution to local development is its sustainability. A project is sustainable when it delivers the means to enable people to improve their quality of life and material circumstances. Sustainability also requires that the investment yield a long-lasting impact that does not burden the community or its future generations.

Replicability: Finally, a project makes a successful contribution to development when its attributes and functions may be replicated with ease and do not depend on the local or unique circumstances of a community nor on a unique situation for the institutional donor. The replicability of a project allows for the establishment of regional strategies focusing on achieving a development goal beyond the effects on a single community.

UNDERSTANDING HTAS

Vis-à-vis their natal communities, hometown associations fulfill several functions, ranging from social exchange and political influence to the pursuit of small-scale development goals. Migrants living in the United States who come from Mexico, El Salvador, Guatemala, Guyana, and the Dominican Republic, to name just a few countries, have increasingly been organizing, in part in order to improve their hometowns. Although few studies were conducted on HTAs before 2000 (Alarcón 2000; Andrade-Eekhoff 1997; Orozco 2000; Mahler 2000; Zabin and Escala-Rabadán 1998), there is now a growing body of HTA literature. It attempts to build a theoretical framework related to transnationalism and diasporas. It is also introducing new conceptual understandings of migration trends by providing a description of the attributes of HTAs. This literature provides case studies that may constitute building blocks from which to generalize. Finally, it attempts to look at the relationship between HTA activity and partnerships with the home country's government.

The academic discussion of HTAs has focused on them as a source of social capital and as a feature of transnational relations. Transnationalism refers to the dynamics of migrant cross-border engagements, encompassing a range of activities, including but not limited to the sending of remittances, the building of social networks and economic relationships, and the fostering of cultural practices and political participation.[1] Katharine Andrade-Eekhoff and Claudia Marina Silva-Ávalos claim that the origin and the depth of the transnational ties that migrants maintain with both the sending and receiving communities help determine the creation and success of an HTA (2003, 3, 4, 17). Trends in migratory patterns, such as the increase of women migrants and the reunification of families as permitted under U.S. law, affect transnational relationships and, thus, they also affect the HTAs (Moctezuma 2004, 86–91). Gaspar Rivera-Salgado (1999) views HTAs and other migrant organizations throughout history as being attempts at "economic empowerment and social incorporation." Similarly, Xóchitl Bada (2004, 190–1) believes that HTAs establish an alternative hierarchy that offers the members an ability to achieve social and economic success that would otherwise be unattainable in either the United States or the hometowns abroad.

Regarding the transnational nature of HTAs, Luin Goldring draws an important distinction between "migrant-led transnationalism" and "state-led transnationalism" (2002, 56–57). Transmigrant organizations, in the form of HTAs, preceded the Mexican government's efforts to reach out to its diaspora. The subsequent efforts of the Mexican government, embodied in the various matching-grant schemes and the overt promotion of HTAs and their incorporation into federations, was a response by the state to migrant-led transnationalism.

Some scholars have also sought to provide a conceptual definition of HTAs that not only theorizes them in a broader context but also describes what they do. Rafael Alarcón (2000, 3), for example, defines an HTA as an organization formed by migrants from the same locality with the purpose of transferring money and resources to their community of origin. Most scholars also agree that members come primarily from rural backgrounds, and the leaders are generally male, first-generation migrants (Escala-

---

[1] For more on the evolution of a conceptual framework for transnationalism, see Guarnizo 2003, 3–6.

Rabadán 2004). Generally, HTAs are non-sectarian, voluntary organizations that depend entirely on donations (Leiken 2000, 16).

Scholars have also addressed the characteristics of HTAs. Four features stand out: activities, structure, decision making, and endowment (Orozco 2000). First, the activities performed range from charitable aid to the building of recreational or religious facilities (such as arenas for rodeos or shrines to a saint) all the way to projects that address basic or public infrastructure (including building and maintaining schools, waterworks, and electricity or telecommunications networks), and any other area of community urbanization (Goldring 2003, 13). Although these activities may not constitute productive economic projects, they nevertheless help strengthen the local productive base of the community (Moctezuma 2003).

The second characteristic relates to organizational structure. In her analysis of Salvadoran HTAs, Andrade-Eekhoff (1997) identified three types of organizational structures in Los Angeles: hierarchic, modified hierarchy, and mutual collaboration. The majority of the organizations are hierarchical, meaning they work with a contact person in the hometown but dictate major decisions from Los Angeles; others work with counterpart organizations in the hometown, such as committees or representatives of the Catholic Church. Other classifications of HTA organizational structures include informal migrant social networks, formal HTAs with boards of directors, federations of HTAs, and HTA confederations (Escala-Rabadán 2004, 426).[2]

The third characteristic deals with decision making. Specifically, the associations' decisions defining agendas or activities depend on an array of factors, such as availability of resources, relationship with the hometown, preferences of their members, and organizational structure.

A fourth characteristic deals with the size of their resource endowments. Like many other Latino nonprofit groups, HTAs have a small economic base and are generally able to raise less than US$20,000 per year (Orozco 2000; see Burgess in this volume). Both HTA events in the United States and project implementation in the hometown rely on volunteers, allowing HTAs to avoid intermediate costs.

---

[2] A federation is an umbrella organization of HTAs representing members from the same home state who now reside in the same region of the host country. A confederation is the umbrella organization for a set of federations representing the same state but operating in different states or regions of the host country. Only one Mexican confederation has existed, the Confederation of Zacatecan Clubs (1997–1999) (Escala-Rabadán 2004, 430).

When analyzing the economic impact of HTA activity on hometown communities, few scholars have conducted a systematic analysis. However, some argue that HTAs promote development as long as they are designed to generate wealth through investments. They also stress that whether HTAs can be considered an actor in the economic development of their home countries depends on the nature of their projects as well as the partnerships they establish. More recently, scholars and policy practitioners have stressed the importance of evaluating HTA performance in development. Specifically, they have considered if training would be useful to better identify the basic needs of hometowns, improve relations between HTA counterparts and local governments in the home country, or increase the extent and effectiveness of HTA collaborations with government and development agencies.

Alarcón (2000, 23) argues that sustainable development rarely results from HTA projects, except when infrastructure projects, such as street paving, improve economies by facilitating economic transactions. Infrastructure projects, however, generally do not create permanent jobs. Raúl Delgado Wise and Héctor Rodríguez Ramírez (2001, 760–61) believe that investment by migrants holds the greatest potential for promoting productive investment and encouraging local and regional development. However, he notes that these types of projects are still relatively new, and it is too early to say if they are an effective agent of economic development. Most authors would agree that HTAs have made considerable advances in improving the quality of life of the hometowns. Although improved quality of life and development go hand in hand, M. Basilia Valenzuela (2004, 472) stresses that HTAs, in general, have not been able to articulate a coherent development strategy.

THE MEXICAN HTA EXPERIENCE

Hometown associations established by Mexican migrants are among the more widely studied forms of HTA organization. There are some 600 Mexican HTAs, based in over 30 U.S. cities, representing communities from various Mexican states, and most of these associations have been in existence for at least 11 years (Orozco 2003b, 6). Their organizational nature is relatively cohesive, with a close-knit membership that follows basic rules of group discussion and decision making. These associations adapt to changing circumstances by either joining other groups, such as federations, or electing new authorities. Mexican HTAs identify community needs and projects in several ways: through liaisons in the hometown, based on the preferences of HTA leaders and members; in response to natural disasters in the hometown; and in partnerships with other institutions. Usually an HTA member visits the community, returns with a list of identified needs, and proposes that the association work on three or four activities while concentrating efforts on one large project. On average, the amount Mexican HTAs raise for a project is less than US$10,000 (Orozco 2003b, 12). Immigrants directly donate their resources to a project and avoid intermediation costs by having a counterpart in the hometown, usually a relative or other community member, volunteer to oversee the project.

Most HTAs have contacted and collaborated with other institutions. Nearly 80% have approached municipal leaders to discuss their projects, coordinate efforts, and distribute resources (Orozco 2003b, 14). The federal government has inserted itself in the partnerships through a range of formal and informal relationships that culminated with the Three-for-One Program. Half of all Mexican HTAs have participated in the program (Orozco 2003b, 16), which matches donations the clubs make to community development projects in their hometowns with funds from the three levels of the Mexican government (federal, state, and municipal). The government officially implemented this program on a national level in 2002, after hometown associations demanded partnerships in projects that benefit their communities of origin.[3] In 2003, the projects connected with the Three-for-One Program totaled US$36 million, one-quarter of which came from the contributions of Mexican HTAs. Nearly two-thirds of the national total allotment for the program was apportioned to four states: Zacatecas, Guanajuato, Jalisco, and Michoacán, the source of more than 30% of Mexican migration to the United States (Orozco 2003b, 26).

HTAs are having a direct effect on communities by providing goods and services that benefit collective needs in health, education, and economic infrastructure. The aggregate volume of annual HTA donations to Mexico reached US$30 million in 2003 (Orozco 2003b, 19–20). Funds are channeled primarily to localities with basic development problems, which are also the places that have high emigration rates precisely because they have historically lacked employment opportunities as well as basic health services, education, and housing. In many communities, the donations

---

[3] When the program was created on a national level in 2002, it allowed any group of Mexican citizens to apply for government matching funds. The rules of operation changed in 2004 to require that all applications demonstrate having the support of a registered Mexican HTA (see www.sedesol.gob.mx).

represent as much as the amount the municipality allocates for public works. Mexican HTAs donate to localities with populations as small as one thousand people—representing a US$7 donation per inhabitant. Three-for-One Program contributions average US$23,000 and on average represent over 20% of the municipal budget allocated for public works (Orozco 2003b, 18).

HTAs AT WORK IN ZACATECAS

The previous sections provide an illustration of both the dynamics of HTAs and their relationship to development. This relationship is organic by virtue of the HTAs' focus on key issues that affect social transformation and equity, such as health, education, and public infrastructure. In the analysis of the research on social and economic infrastructure projects funded by the Three-for-One Program in four communities in the municipality of Jerez, Zacatecas, we relate macro socioeconomic conditions to individual project dynamics, using the measures we developed: ownership, sustainability, correspondence, and replicability (see table 5.2, presented earlier).

Jerez is a municipality of 55,000 people, 56 kilometers west of the city of Zacatecas, the state capital (SNIM n.d.). Jerez is representative of areas with high emigration that also have a history of receiving large flows of remittances. The town of Jerez, the municipal seat, is the center for more than 100 communities, ranging in population from fewer than 50 inhabitants (communities that account for nearly one-third of the municipality's population) to more than 2,000 inhabitants. Since 1950, Jerez's population growth rate has steadily slowed, dropping from 2.1 to −0.06% in 2000. Of the total population, only 36% is economically active, most of them men (82%) (INEGI 2002).

The municipality's major economic activities are agriculture and animal husbandry. More than one-third of the employed population receives a monthly income between one and two minimum salaries (based on a daily minimum wage of 38.30 Mexican pesos, or about US$3.50) (INEGI 2002). According to the 2000 General Census of Population and Housing, overall annual per capita GDP is equivalent to US$3,521 (SNIM n.d.). The municipal government calculates that remittances make up 37% of total per capita income (Padilla 2004).

At least 10 HTAs, most of which are associated with the Federación de Clubes Zacatecanos del Sur de California (Federation of Zacatecan Clubs of

Southern California, FCZSC), are extremely active in Jerez and its communities (Jiménez interview). Between 1999 and 2003, US$3.65 million in donations was invested for the implementation of 109 Three-for-One Program projects. Most of these involved public infrastructure, such as street and highway paving (Rodríguez Arroyo, España interviews).

San Juan del Centro: School Rehabilitation Project

San Juan del Centro is a community of 419 residents, 7 kilometers northwest of the town of Jerez (SNIM n.d.). An important Three-for-One Program project completed there was the rehabilitation of the adjoining primary and secondary schools. This renovation included installing windows, potable water, and bathrooms; extending electricity; replacing the roof; building a basketball court; and creating a computer classroom with 14 computers (Cabrera Torres interview). The school had been in need of repairs for more than a decade, yet the funds to undertake the project became possible only under the Three-for-One Program scheme (Sánchez Murillo interview). It required an investment of US$68,000, with 25% being donated by the HTA. The total cost was three times the municipal funds spent on public works for education in 2001 (INEGI 2002).

As occurs with most Three-for-One Program projects, the community of San Juan del Centro elected a project committee, formed by students' parents, who oversaw and coordinated project implementation and completion. Community involvement, and hence, community members' sense of "ownership," continues today through the local school board, which makes decisions about curriculum and the use of school funds. The school's continuing dependence on regular HTA donations tempers the sense of ownership resulting from this Three-for-One Program project (Rodríguez Arroyo, Cabrera Torres interviews).

This project is a good example of correspondence with a community's development needs. The school was in need of serious repairs and important improvements, and once the facility's renovations were completed, it offered adult education and computer-literacy classes.

In terms of sustainability, San Juan del Centro's local government body, which oversees public education and pays teacher salaries, maintains the renovated school. The government welfare program, Oportunidades, also provides aid to families to meet education costs, including school uniforms and supplies. Community members also help to sustain the project by paying a small enrollment fee for the computer classes to offset maintenance costs. Additionally, the HTA regularly donates funds for equipment and repairs. These donations, however, are completely voluntary, and there is no guarantee of their quantity or frequency (Fernández interview).

This project demonstrates sound replicability. HTA donations channeled to educational needs are a common practice. Similar school renovation projects can be replicated as part of an approach to regional development. Importantly, the project's implementation was enabled by institutional support from existing government programs and institutions, such as the welfare program "Oportunidades" and the federal entity that supports education, the Secretaría de Educación Pública (Ministry of Education). Thus the project could potentially be replicated as part of regional or national development strategies.

Jomulquillo: Microenterprise Project

Jomulquillo is a community of 305 residents, 8 kilometers from Jerez (SNIM n.d.). Like many other rural communities in Mexico, in Jomulquillo, employment opportunities are a major need. Fertile agricultural land is in short supply, and so the residents often turn to temporary agricultural work in fields owned by neighboring communities (Ibarra Muñoz interview). In 2001, seven women organized themselves into a sewing cooperative after taking sewing classes offered through a Zacatecas state government organization, the Brigada de Educación Rural (Rural Education Brigade, BER), dedicated to educating members of rural communities in self-employment strategies.

During a visit to the hometown, the community's HTA president proposed a Three-for-One Program project to build a workspace for the microenterprise. The seven women formed the project committee to oversee the construction. An investment of US$7,224, with 25% contributed by the HTA, enabled these women to build that space. Once the space was built, the BER, in addition to having provided training for the women, also donated industrial sewing machines. To help cover start-up costs, the women also obtained a loan from another state-level government program designed to support women in rural areas. Today, these seven women make collective decisions about using revenue, paying off the loan, and developing business strategies (Ibarra Muñoz interview).

This sewing microenterprise illustrates an HTA project channeling community donations to a wealth- and employment-generating endeavor, by providing the means for basic economic independence for women partners. Their participation in the decision making and management of this small enterprise enhanced their sense of being valued within the community. In 2003, 3% of all Three-for-One Program projects implemented in Zacatecas involved income-generating projects. Managers of federal and state matching-grant programs asserted that they hoped in 2004 to target 30% of program funds toward such income-generating projects (Quesada Hernández, Briceño de la Mora interviews). However, because of the small scale of Jomulquillo's sewing cooperative, both earnings and market potential remain modest. Consequently, the project's actual benefits can be considered more social than economic.

There is a significant correspondence between the community's employment needs and the project. The limited possibilities for productive investment in Jomulquillo require creative employment-generating strategies, especially due to low market prices for local crops (beans and corn), small agricultural output, and the lack of land ownership. Although the women earn only 1.2 times the wage for an average workday in agriculture (Ibarra Muñoz interview), this is significant because employment opportunities are particularly scarce for women. On average in the Jerez municipality, only 11.6% of women are economically active (INEGI 2002; SNIM n.d.). This project has given these seven women the opportunity to enter the local economy.

In terms of sustainability, the difficulty in increasing the cooperative's revenue is the main obstacle to ensuring a long lifespan for this microenterprise. Because the project is still in its beginning stages, as long as there is an adequate margin of profit to provide input and labor, the sewing workshop will stay in business. Under these conditions, the business represents no added cost for the community: it would become self-sustainable. At present, government support aids project survival.

Rural areas throughout Mexico have limitations for employment and wealth generation that are similar to those found in Jomulquillo. The replicability of the Jomulquillo project responds to a regional development need. The project's essential inputs are relatively simple: an organized group of individuals with sewing skills, and access to capital to implement the project physically. Institutional support providing resources and opportunities can be found in many rural Mexican communities. The HTA and the Three-for-One Program partnership, the government loan, the BER's equipment donation and the technical support, all of which made this project possible, have similar counterparts in other communities and states. Importantly, although these resources are available elsewhere, the members of communities may not be aware of them. Considerable initiative and organization are necessary on the part of residents who seek to create similar projects. Additionally, lack of access to or awareness of public and private financing is a common obstacle to business development in the region (see Bouquet in this volume).

Sauz de los García: Potable-Water Project

Sauz de los García is a community of 138 residents, 37 kilometers from Jerez (SNIM n.d.). The building of its basic infrastructure occurred only recently, and none of its main roads is paved. A major Three-for-One Program project was implemented there in 2001 to construct a potable-water system serving the entire community, at an investment cost of US$175,263, with 25% donated by the HTA.

The potable-water project was the community's and the HTA's first Three-for-One project. One community leader commented that at its onset, local participation was slim, but over time the project galvanized broad participation and even enthusiasm for future Three-for-One projects (Berumen interview). The project also enhanced the community's control over its own well-being. For 25 years, there had been persistent efforts to bring potable water into the community. Its water sources were wells dug near the river, and they were susceptible to contamination from agricultural run-off and waste. All previous attempts had failed to locate a viable water source. Only when sufficient funds became available through the community's organization and the contributions of the HTA were the necessary equipment, infrastructure, and geologic testing possible.

This project allocated its resources to a high-priority development area, enabling the community to work toward additional development goals in the future. For example, now that a potable-water system is in place, the community hopes to install a water-irrigation system to improve local agricultural production (Saldívar interview).

Another successful attribute of this project is its level of sustainability. By design, potable-water projects are relatively sustainable because of simple maintenance procedures and the long lifespan of the equipment. The water utility company conducts monthly cleaning and water-quality treatment and testing. As a subsidized service, domestic water use is affordable. Thus, once a potable-water project is completed, it does not represent an added burden to the community it benefits. The lifespan of a particular project depends on the population size it serves and the quantity of water available, but in the case of Sauz de los García, the project's lifespan is expected to be between 50 and 300 years (Hernández, Sotelo Montelongo interviews).

This potable-water project demonstrates that obstacles to fulfilling basic needs are surmountable. In similar cases where environmental factors impede the realization of a project, access to financial resources is key. The contribution of the HTA, matched with government funds under the Three-for-One Program, was the prime enabling factor in Sauz de los García. Some comparable matching programs exist in other parts of Latin America (Orozco 2003a, 2004a, 2004b).

El Briseño: Lamb-Production Project

El Briseño is a community of 91 residents, 22 kilometers from Jerez (SNIM n.d.). In 2002, nine residents of El Briseño and other nearby communities organized themselves into a cooperative to raise lambs for the market. They received assistance from Raíces Zacatecanas, a California-based HTA, to participate under the Three-for-One Program. They acquired 200 sheep with an investment of $4,800 from the HTA and each of the three levels of government, for a total of US$19,200. Implementation involved additional financial support from the federal government program, the Secretaría de Agricultura, Ganadería, Desarrollo Rural, Pesca y Alimentación (Ministry of Agriculture, Livestock, Rural Development, Fisheries, and Alimentation, SAGARPA), which aids agricultural development under the Alianza para el Campo program. This support helped to purchase corrals and feed under a 50/50 cost-sharing scheme. To increase the herd, each of the business partners also took out a loan for US$3,200 from a state government program. A community leader who lives in Jerez and works for the BER was instrumental in connecting the community to the government through the office's resources. Under his direction, the BER trained the business partners in sheep breeding and lamb production and guided them through the legal aspects of applying for the loans for the project (Agire, Escamilla interviews).

Like the sewing cooperative in Jomulquillo, El Briseño's lamb-producing project is an example of an employment- and income-generating strategy that enhances a sense of community ownership. This project has the added feature of yielding a greater profit margin. In broader development terms, its success can highlight viable future opportunities for channeling migrant remittances and HTA-state partnerships to other wealth-generating projects.

In terms of sustainability, the lamb-producing project does not depend on the Three-for-One Program for survival. In this way, the business partners have greater control. They meet regularly to discuss business strategies and to solve problems. Business revenue is used at their collective discretion. One key factor affecting ownership is the business partnership with the BER government worker. In some ways, the group is dependent on this individual's leadership and government connections.

This project demonstrates recognition of community needs and market realities. The low profitability of conventional agricultural goods creates incentives to experiment with alternative production schemes. In contrast to the high price volatility of many agricultural products, the domestic market price for lamb in Mexico has been stable for the last 20 years. The project also takes advantage of existing economic infrastructure, namely, by using an efficient sprinkler technology obtained by the community in 2000 under a cost-sharing plan with a Zacatecas state government agricultural development program. This irrigation system tolerates the heavy use that is necessary to produce sufficient feed for the lambs without being incredibly costly (Agire, Escamilla interviews). Other indicators of correspondence include the collaboration of various actors, signifying relevance in terms of shared development goals.

Revenues from the enterprise have thus far proven sufficient to sustain the project. They cover transportation costs, loan payments, and feed costs. The accumulating profits provide capital for expansion, which the business has already experienced. During its first year, the original 200 head of livestock grew to 1,000. The business partners calculate that 250 lambs per partner, or a total of 2,000 lambs, is a sustainable population, a level they aim to reach within two years (Agire, Escamilla interviews).

The project is highly replicable because, with the proper care, lambs can be raised in a variety of environments. Additionally, although the inability to attract private and public investment continues to be a recurring problem for the region, government agencies promoting agricultural development, training, and loans are available to communities throughout Mexico. An overall lack of mechanized infrastructure for agricultural production, however, is a potential obstacle in implementing comparable projects elsewhere.

COMPARING DEVELOPMENT EFFECTS ACROSS HTA PROJECTS

Based on the four criteria of ownership, correspondence, sustainability, and replicability, these projects are relative success stories. However, each has distinctive strengths and weaknesses. Here we compare the projects together, quantifying their development effects according to each criterion.

Ownership

The Three-for-One Program in Zacatecas facilitates community participation. During community assemblies, residents vote on priorities and elect committees to oversee each project. Individual project dynamics, however, affect the degree of participation. For example, because of the technical aspects of the potable-water project, residents contributed little to project planning. A project that involves self-organization, on the other hand, such as a microenterprise or business partnership, calls for more engagement by individuals, thereby contributing to a sense of ownership that is more robust.

Community involvement also varies. Some projects encourage ongoing participation, as was the case with the school renovation, which led to regular meetings of the school board, and also with the lamb producers, who meet regularly. The potable-water project, however, requires little ongoing community involvement. Community members' involvement in implementing and maintaining projects also establishes continuity. Over time, project committee members frequently work on several projects. An HTA will often appoint a local representative in the hometown as a permanent liaison, who communicates needs and reports on the progress to HTA members in the United States.

Thus, the control of the end products of these four projects has been transferred to the corresponding communities to differing degrees. For example, the women partners in the sewing cooperative have the ultimate responsibility for the success of their microenterprise. In contrast, San Juan del Centro's school remains somewhat dependent on the donations and preferences of the HTA. The potable-water project's community relies on the water utility for project maintenance. The continual participation of the BER in the lamb-production project also slightly reduces community participation in decision making as well as in the control of the end product.

Correspondence

These projects demonstrate a high degree of correspondence to local needs, as the communities prioritize them. However, the development targets of the four do not represent needs that are of equal priority. The potable-water project fulfills a fundamental human necessity, and it represents infrastructure that must be in place before it is feasible to pursue additional development goals. By addressing deficiencies in the existing infrastructure, the rehabilitation of the school also tackled a basic development need for the community. Regarding access to jobs, the sewing cooperative serves women, a population that statistically, and traditionally, has had few opportunities for economic inclusion. In contrast to the types of projects that were traditionally popular with HTAs, such as those aimed at town beautification or the building of leisure facilities, the four projects described here generate income, create opportunities for education, or build useful infrastructure, even though the number of direct beneficiaries was, in some cases, few.

All four of the projects benefited from the support of government agencies working in local development. This effort ensured a better correspondence to local needs. To a more extensive degree, the sewing workshop and lamb-producing projects received significant support in both training and capital from outside institutions, exceeding the financial contributions delivered from Three-for-One Program donations. This is illustrative of current efforts to establish wealth-generating projects on the part of Mexican institutions.

Sustainability

These projects have been implemented only recently, since 2002, and therefore they cannot be evaluated in terms of their performance over time. However, certain characteristics are indicative of their level of sustainability. The potable-water project and the renovation of the school are two examples of projects that could enable the attainment of development goals in the future. For example, the school project maximizes the development benefits by offering adult education and computer-literacy classes in the improved facility.

The potable-water project exhibits the highest degree of sustainability, as mechanisms for maintenance are in place and are relatively simple. In the wealth-generating projects, the need to provide ongoing inputs to keep the project viable (in the case of the sewing cooperative, materials and electricity, and in the case of the lamb project, feed and transportation) implies added cost for a community. Its ability to meet these costs rests partly on profitability and market conditions. In this sense, the lamb-producing project presents less of a burden to the community than the sewing workshop, which has a lower profit margin.

Some of the projects benefit by having long life cycles. For example, both the potable-water and lamb-producing projects have long-term viability. In the case of the first, the well will operate for generations, and in the latter case, the sheep herd could reach a size that would make it self-sustaining. The school receives regular support from the HTA, which will extend the facility's lifespan, but these donations are not formally guaranteed and do not target long-range development goals. The sewing project is a microenterprise activity that has yet to become financially self-sustaining; therefore, it faces greater challenges to survive over time.

Replicability

The project with the most replicable components is the sewing cooperative, given the microenterprise's low start-up cost and simple inputs. Because it utilized existing infrastructure, most aspects of the school rehabilitation project are also replicable in other communities with existing schools. Additionally, the sheep-raising initiative (or a similar livestock-raising project) would also have replicable components. However, access to capital, business training, and productive infrastructure, such as irrigation systems, would be needed to duplicate the project. Moreover, the institutional environments that make these projects possible exist widely and provide both services and programs aimed at supporting potable-water systems, developing the educational infrastructure, and aiding agriculture and small businesses.

Although these four projects are successful overall, they differ in their performance vis-à-vis the four component indicators. We assessed this variation using a scorecard that we have designed to make the strengths and weaknesses of each project easily visible. The scorecard ranks projects based on a scale of 1 to 5 across each of the criteria, with 5 indicating the highest ranking within a criterion (table 5.3).

The scorecard is an example of the type of tool that HTA leaders could use in selecting projects to support. The scorecard's four criteria attempt to convey the critical components that must be present if a project is going to improve the standard of living in these Mexican communities. The project-selection process and ongoing evaluation are critical steps to achieving that end.

CONCLUSION

Hometown associations formed by Mexican migrants living in the United States are increasingly contributing to development in Mexico. The impact of that development will depend on the extent to which HTAs and local communities share a commitment to invest in high-quality projects. We believe that it is important to provide decision-making tools, such as the

Table 5.3. Scorecard for Evaluating a Project's Potential for Enhancing Equity

Criteria	School	Microenterprise	Potable Water	Lamb Production
Ownership				
Participation in decision making	4	4	3	3
Participation in implementation	5	5	3	4
Control of project	3	5	4	4
Correspondence				
Project meets basic needs	4	4	5	3
Needs met are a development priority	3	3	5	3
Implementation in association or coordination with other institutions	4	5	3	5
Sustainability				
Enables development goals	4	4	5	4
Does not constitute burden or entail added costs	4	3	5	4
Long life cycle	3	2	5	4
Replicability				
Resources are easily available in other communities	4	4	4	3
Institutional environment is available in other communities	4	4	4	4
Total	42	43	46	41

Source: Scorecard developed by the authors.

scorecard described here, that can help the leadership of HTAs and the residents of communities in Mexico to evaluate the relative development potential of possible projects. Tools to increase the capacity to assess projects based on their development impact may take many forms, but they must include knowledge about the basic needs of the recipient community. Donors are positioned to help develop the tools for strengthening the organizational capacity of HTAs, including the ability to assess and maximize projects in terms of development impacts. Donors must also work to ensure that such tools are made available to HTA leaders and to residents in the communities. Sharing projects among the HTAs, the government, and, especially, the local community promotes inclusion and participation of members of the Mexican diaspora in the pressing development needs of their hometowns.

Although it is important that governments and foundations continue to engage with HTAs, they must maintain realistic expectations about the potential influence of hometown associations. Fewer than 5% of Mexican immigrants who actively send remittances to relatives in their hometowns are HTA members (Orozco 2004a). Yet, hidden within that statistic, there is a bright spot—the possibility for HTA expansion within the rapidly growing Mexican migrant population in the United States. With the proper policies and incentives, the talents and efforts of a wider Mexican community may be brought to bear in strengthening civic activity and development in Mexico. We can anticipate that not only will the membership of HTAs continue to rise, but the number of HTAs working on development projects will also increase. Moreover, with the proper tools, the capacity for HTAs to make effective investments will spread. These higher-quality investments will produce more lasting development opportunities for Mexican hometowns.

CAPÍTULO 5

Clubes de Migrantes y Desarrollo: Pertenencia, Concordancia, Sostenibilidad y Replicabilidad

MANUEL OROZCO Y KATHERINE WELLE

La importancia de los clubes de migrantes –organizaciones compuestas por inmigrantes que recaudan fondos para el mejoramiento de sus lugares de origen– se está incrementando en América Latina y el Caribe. Los clubes de migrantes son una muestra de la evolución de la relación entre desarrollo y migración. Un aspecto medular de esta relación es el impacto en la equidad, un importante componente de la filosofía del desarrollo. Estas asociaciones de migrantes buscan impulsar el cambio social, sobre todo en favor de poblaciones vulnerables, tales como niños o niñas y personas de la tercera edad. Para ello, apoyan financieramente a sectores cruciales, tales como salud y educación, en sus comunidades de origen. De este modo, los miembros de los clubes de migrantes fortalecen su relación con el desarrollo de su país de origen.

Al considerar la relación entre las donaciones de los clubes de migrantes y el desarrollo, es importante tener en mente cuatro premisas. Primero, el volumen de estos flujos financieros es significativo y ellos tienen amplios efectos económicos. Segundo, aunque las remesas a familias y las donaciones a comunidades se canalizan primordialmente hacia los pobres, estos recursos por sí mismos no constituyen una solución a los impedimentos estructurales al desarrollo y a menudo no logran dar seguridad financiera a los hogares ni generar desarrollo sostenible en una comunidad. Tercero, se requieren evaluaciones y políticas concretas por parte de los donantes a fin de fortalecer los modos en que las remesas y las donaciones comunitarias pueden impulsar el desarrollo sostenible. Cuarto, para cualquier abordaje de esta cuestión es indispensable una perspectiva transnacional, puesto que ése es precisamente el contexto en el que operan los clubes de migrantes.

Traducido por Mario Samper.

En México, los clubes de migrantes están desempeñando una función cada vez más importante en el desarrollo transnacional. Sin embargo, su influencia es limitada. Para ejercer un mayor efecto positivo, los clubes de migrantes tienen que mejorar sus contactos con las partes interesadas en las comunidades a fin de aprender acerca de las prioridades del desarrollo.

Ciertos aspectos de esta relación entre los migrantes y sus comunidades de origen son especialmente pertinentes para el desarrollo, puesto que permiten evaluar las oportunidades y los retos de la actividad de los clubes de migrantes para el mejoramiento de la calidad de vida en esas comunidades. Desarrollamos cuatro criterios –*pertenencia, concordancia, sostenibilidad* y *replicabilidad*– y los aplicamos durante una investigación basada en trabajo de campo en proyectos de clubes de migrantes mexicanos que operaban en comunidades rurales del municipio de Jerez, Zacatecas. Nos centramos en Zacatecas porque es el estado mexicano con los más altos niveles de migración y de actividad de los clubes de migrantes. El establecimiento de varias federaciones de clubes de migrantes zacatecanos en los Estados Unidos ha permitido una mayor colaboración con el gobierno mexicano mediante programas de donaciones de contrapartida para el mejoramiento de las comunidades de origen. Aunque las diferentes regiones de México tienen patrones migratorios claramente diferenciados, como también problemas económicos específicos y diferentes niveles de actividad de los clubes de migrantes, Zacatecas –específicamente, las cuatro comunidades aquí descritas– indica cuál podría ser el futuro de otras regiones con patrones de migración más recientes y clubes de migrantes establecidos hace menos tiempo.

Los criterios de *pertenencia, concordancia, sostenibilidad* y *replicabilidad* miden hasta qué punto un proyecto efectivamente mejora el desarrollo de la comunidad. Con base en esos criterios, analizamos cuatro proyectos de donaciones de contrapartida ejecutados en estas comunidades rurales de Jerez. Dado que los dirigentes de los clubes de migrantes y quienes viven en esas comunidades requieren herramientas para evaluar el potencial de desarrollo de los proyectos, creamos una tarjeta de calificación que los clasifica según cada uno de esos criterios.

Antes de analizar las actividades de los clubes de migrantes en Jerez, es necesario presentar el contexto para comprender la relación entre desarrollo y migración en lo atinente al trabajo de los clubes de migrantes, los estudios sobre diásporas y transnacionalismo, y la experiencia del activismo de los clubes de migrantes en México. Un aspecto clave de esta relación evolutiva ha sido la Iniciativa Ciudadana, conocida también como Pro-

grama Tres por Uno, el programa de donaciones de contrapartida del gobierno de México para trabajar en alianza con los clubes de migrantes.

ESTABLECIENDO EL CONTEXTO: DESARROLLO, INCLUSIÓN Y EQUIDAD

El desarrollo económico es un proceso complejo que involucra a una gama
de actores e instituciones que trabajan en conjunto para implementar estrategias sólidas y de largo plazo. El desarrollo de esas estrategias puede re-
querir la incorporación de nuevos actores y la adaptación a las cambiantes
necesidades de la sociedad a la que se dirigen. Las complejidades del desarrollo, la capacidad de adaptar las políticas de acuerdo con las variaciones
a lo largo del tiempo y la necesidad de concentrarse en las realidades específicas de cada país son cuestiones cruciales en el ámbito del cambio social
y en el contexto actual de la mundialización.

Esta compleja realidad asume una importancia crucial en México, donde la cambiante dinámica de la migración afecta a las economías regionales. La migración mexicana es en gran medida consecuencia de fallas del
desarrollo, pero también es resultado de la mundialización (Orozco 2002).
La tendencia a la inequidad prevaleciente –una realidad histórica acucian-
te– ha provocado grandes emigraciones. No obstante, las actividades económicas que impulsan los migrantes en sus comunidades de origen los
reposicionan para asumir funciones más destacadas, a la vez que ayudan a
mantener a flote las economías locales. Actualmente, el gobierno mexicano,
las instituciones financieras y los donantes internacionales han desplazado
su enfoque desde la concentración anterior en necesidades básicas hacia
otro centrado en la inclusión social. Este nuevo enfoque requiere una comprensión más profunda del papel de los migrantes, especialmente de los
grupos de migrantes activos, tales como los clubes de migrantes, en el
impulso al crecimiento económico en sus países de origen.

La "doctrina del desarrollo" ha evolucionado durante las últimas cinco
décadas basándose en la evaluación de los objetivos del desarrollo, las
teorías y los datos disponibles (Thorbecke 2000). Bajo el supuesto de que el
crecimiento económico y la modernización eliminarían por sí mismos la
inequidad, la ayuda exterior se concentró en la transferencia de recursos de
capital como forma de incrementar las tasas de ahorro e impulsar a los
países hacia el crecimiento autosostenible (2000, 23). Los donantes luego
reevaluaron este enfoque e hicieron énfasis en el sector agrícola. Sin embargo, ya en la década de 1970 había un amplio consenso de que la inver-

sión financiera y el crecimiento económico eran solamente una parte de la ecuación del desarrollo. Surgió entonces un enfoque de las "necesidades básicas", centrado en los pobres. Este enfoque abordó la reforma agraria, las inversiones públicas, la alimentación, el abrigo y otras necesidades de infraestructura básica. Durante el decenio de 1980, en parte como consecuencia de graves crisis financieras, el enfoque centrado en las necesidades básicas fue reemplazado por otro que se centraba en el ajuste estructural y en la evaluación de los efectos del capital humano en el desarrollo (2000, 37).

En la década de 1990, las entidades donantes y los gobiernos reforzaron lo antedicho mediante el fortalecimiento institucional, a la vez que se reformaba el Estado y la ayuda se condicionaba al desempeño (Hjertholm y White 2000). Entretanto, salvo por los estudios sobre el impacto de la migración rural-urbana, hubo poca investigación académica centrada en la relación entre migración y desarrollo.

Durante los últimos cinco años, los entes financieros internacionales y la comunidad más amplia de donantes han abordado el desarrollo basándose en un modelo alternativo de inclusión social. La estrategia del Banco Mundial, cimentada fundamentalmente en *Development as Freedom* (1999), de Amartya Sen, y *A Strategy for Development* (2002), de Nicholas H. Stern, tiene dos columnas principales: (1) la creación de condiciones propicias para la inversión y el crecimiento y (2) el empoderamiento de la gente pobre para participar en ese crecimiento. Con esta estrategia las entidades donantes podrían posicionar a los miembros de una diáspora como agentes de desarrollo y también como objetivos de la estrategia. El desarrollo podría beneficiarse con las inversiones de la diáspora en las comunidades locales, reforzando la voz de los miembros de las diásporas y de sus parientes que permanecen en el país de origen, y posibilitando infraestructuras financieras y ambientes facilitadores. Estos esfuerzos también podrían ampliar el enfoque, que tradicionalmente ha dejado de lado a los migrantes en la ecuación del desarrollo.

Tomar en cuenta a las diásporas en el diseño de una estrategia de desarrollo se justifica no sólo por la presencia de millones de inmigrantes que están conectados regularmente con sus lugares de origen, sino también por el impacto que tienen esas conexiones en las comunidades y economías locales. Las diásporas se han definido como una "formación sociopolítica, creada como consecuencia de una migración ya sea voluntaria o forzada, cuyos miembros consideran tener un mismo origen étnico-nacional y residen permanentemente como minorías en uno o varios países receptores. Los miembros de dichas entidades mantienen contactos regulares u ocasionales con el que consideran su lugar de origen y con individuos o grupos con ese mismo origen que residen en otros países receptores" (Sheffer 2003, 10–11; véase también Chaliand y Rageau 1996; Laguerre 1996; King 1997; Safran 1991; Cohen 1996). Las diásporas se definen por sus relaciones con el lugar de origen, con entidades internacionales y con el gobierno y la sociedad en los países receptores, y por consiguiente, influyen en diversas dinámicas, incluyendo la del desarrollo. Una premisa crucial de la relación entre diásporas, migración y desarrollo es que las diásporas surgen como respuesta al desarrollo o al subdesarrollo pero también a cambios en la composición del sistema internacional (ya sea la economía mundial o el panorama político). La gente sale de sus comunidades por las condiciones de desarrollo que prevalecen en ellas, pero sigue vinculada en varios planos con sus lugares de origen. Esta vinculación hace que la idea del desarrollo trascienda los límites territoriales.

De este modo, la interacción entre dinámicas transfronterizas a escala micro y macro, con las diásporas como agentes económicos, tiene efectos específicos en las economías. Jenny Robinson (2002) habla de una relación tripartita entre diásporas y desarrollo: (1) el desarrollo en la diáspora, (2) el desarrollo a través de la diáspora y (3) el desarrollo por la diáspora. El primer punto se refiere al uso de redes en el país receptor, que incluye el establecimiento de negocios étnicos, lazos culturales y movilización social. El desarrollo *a través de* la diáspora alude, en cambio, a "cómo las comunidades diaspóricas [sic] utilizan sus conexiones globales difusas más allá de la localidad para facilitar el bienestar económico y social" (Robinson 2002, 113). El tercer aspecto se aplica a las ramificaciones de "los flujos de ideas, dineros y apoyo político al país de origen del migrante" (123).

Cada una de estas tres dinámicas tiene consecuencias transversales que abarcan varias facetas de la realidad social que existe entre la diáspora y sus comunidades de origen (Kearney 1986). Las ideas relacionadas con el mejoramiento de los ingresos, el desarrollo de los negocios, las relaciones de género, la estructura de clases y las posiciones ideológicas se entrecruzan cuando se vinculan las diásporas y sus países de origen. Un resultado de ello ha sido el establecimiento de redes y relaciones transnacionales, las que a su vez han contribuido significativamente a la integración de esos países a la economía mundial. Estas conexiones incluyen las donaciones basadas en inmigrantes, sus pequeñas o grandes inversiones, el comercio, el turismo y las transferencias unilaterales –lo que podríamos llamar las 5 T: transferencia de remesas familiares, turismo, transporte, telecomunicaciones, y transacciones comerciales nostálgicas (Orozco 2003a). El envío de donaciones de los migrantes a sus comunidades de origen tiene consecuencias potencialmente significativas para el desarrollo.

Cuadro 5.1. Definición de cuatro criterios para evaluar el potencial de desarrollo

Pertenencia	Concordancia	Sostenibilidad	Replicabilidad
Los miembros de la comunidad participan en la toma de decisiones	El proyecto atiende necesidades básicas	El proyecto posibilita metas de desarrollo	Los recursos para el proyecto están fácilmente disponibles en otras comunidades
Los miembros de la comunidad participan en la ejecución	Las necesidades atendidas son prioritarias para el desarrollo	El proyecto no constituye una carga ni conlleva costos adicionales	El ambiente institucional para facilitar la ejecución se encuentra en otras comunidades
Los miembros de la comunidad tienen control sobre el proyecto una vez completado	La ejecución se da en asociación o coordinación con otras instituciones	El proyecto tiene un largo ciclo de vida	

Cuadro 5.2. Proyectos del Programa Tres por Uno y comunidades en Jerez, Zacatecas

Tipo de proyecto	Actividad específica	Comunidad	Contribución Tres por Uno (US$ en el 2003)	Población
Infraestructura educativa	Remodelación escolar	San Juan del Centro	68.000	419
Microempresa	Taller de costura	Jomulquillo	7.224	305
Infraestructura pública	Agua potable	Sauz de los García	175.263	138
Inversión empresarial	Proyecto de cría de corderos	El Briseño	19.200	91

Fuentes: SNIM s.f.; SEPLADER 2004.

El surgimiento de organizaciones basadas en migrantes y que trabajan en proyectos para el mejoramiento de sus comunidades de origen plantea la cuestión de su capacidad para operar como eficaces agentes de desarrollo. La investigación que realizamos en Jerez, Zacatecas, está centrada en la experiencia de los clubes de migrantes mexicanos y reveló que, para ser exitoso, un proyecto de desarrollo debe reunir los siguientes cuatro criterios: pertenencia local, concordancia con las necesidades de la comunidad, sostenibilidad en el tiempo y replicabilidad en otros contextos (cuadro 5.1).

Pertenencia: La capacidad de brindar a la gente un sentido de control sobre sus vidas personales y sociales es un aspecto medular de la idea de la inclusión. Al abordar la contribución de los clubes de migrantes al desarrollo es crucial la pertenencia local de los proyectos, y resulta esencial proveer herramientas para dicha pertenencia. Los proyectos deben abarcar no solamente un bien colectivo, beneficiando a todos los miembros, sino también un medio para transmitir el control o pertenencia de los proyectos a sus miembros, para legitimarlos como sus propios proyectos. La pertenencia de un proyecto puede ocurrir a través de la participación en la toma de decisiones y en el proceso de ejecución, o directamente mediante la transferencia de la propiedad a la comunidad.

Concordancia: Otra cuestión medular para el desarrollo es el grado en el cual concuerda el objetivo del proyecto con las verdaderas necesidades de la comunidad. Para evaluar la concordancia en los proyectos de los clubes de migrantes tomamos en cuenta tres indicadores: un proyecto debe (1) responder a necesidades sociales amplias de una comunidad; (2) basarse en una clara comprensión o diagnóstico de la situación en salud pública, educación, infraestructura financiera e infraestructura pública, y de la base económica de la comunidad, y (3) asignar sus recursos a las áreas definidas por la comunidad como sus máximas prioridades.

Sostenibilidad: Otro factor importante que posibilita la contribución de un proyecto al desarrollo local es su sostenibilidad. Un proyecto es sostenible si brinda los medios que permitan a la gente mejorar su calidad de vida y sus circunstancias materiales. La sostenibilidad también requiere que la inversión tenga un impacto duradero que no constituya una carga para la comunidad o sus futuras generaciones.

Replicabilidad: Finalmente, un proyecto brinda una contribución exitosa al desarrollo cuando sus atributos y funciones pueden replicarse con facilidad y no dependen de circunstancias locales o exclusivas de una comunidad ni de una situación única para el donante institucional. La replicabilidad de un proyecto permite establecer estrategias regionales centradas en el logro de una meta de desarrollo, más allá de los efectos en una sola comunidad.

ENTENDIENDO A LOS CLUBES DE MIGRANTES

Los clubes de migrantes desempeñan varias funciones respecto de sus comunidades de origen, desde el intercambio social y la influencia política hasta la búsqueda de metas de desarrollo a pequeña escala. Migrantes que viven en los Estados Unidos y provienen de México, El Salvador, Guatemala, Guyana y la República Dominicana, para mencionar sólo unos cuantos países, han estado organizándose cada vez más, en parte, para lograr mejoras en sus lugares de origen. Aunque antes del 2000 se habían realizado pocos estudios sobre los clubes de migrantes (Alarcón 2000; Andrade-Eekhoff 1997; Orozco 2000; Mahler 2000; Zabin y Escala-Rabadán 1998), ahora se cuenta con un creciente conjunto de trabajos sobre ellos que procuran construir un marco teórico acerca del transnacionalismo y las diásporas y que introducen nuevas comprensiones conceptuales de las tendencias migratorias al describir las características de los clubes de migrantes. Estos trabajos incluyen estudios de caso que pueden constituir puntos de partida para la generalización. Finalmente, intentan analizar la relación entre las actividades de los clubes de migrantes y sus alianzas con el gobierno del país de origen.

El estudio académico de los clubes de migrantes se ha centrado en ellos como fuentes de capital social y como rasgo de las relaciones transnacionales. El transnacionalismo se refiere a la dinámica de los compromisos transfronterizos y abarca una gama de actividades, que incluyen –mas no se limitan a– el envío de remesas, la forja de redes sociales y relaciones económicas, y el impulso a las prácticas culturales y la participación política.[1] Katharine Andrade-Eekhoff y Claudia Marina Silva-Ávalos afirman que el origen y la profundidad de los lazos transnacionales que mantienen los migrantes tanto con las comunidades que envían las remesas como con aquellas que las reciben contribuyen a determinar la creación y éxito de un club de migrantes (2003, 3, 4, 17). Las tendencias en los patrones migratorios, tales como el incremento de las migrantes mujeres y la reunificación de las familias según lo permite la legislación estadounidense, afectan las relaciones transnacionales y, de este modo, también a los clubes de migrantes (Moctezuma 2004, 86–91). Gaspar Rivera-Salgado (1999) ve a los clubes

---

[1] Para ahondar en la evolución de un marco conceptual para el transnacionalismo, véase Guarnizo 2003, 3–6.

de migrantes y a otras organizaciones de migrantes a lo largo de la historia como intentos de "empoderamiento económico e incorporación social". De manera semejante, Xóchitl Bada (2004, 190–1) cree que los clubes de migrantes establecen una jerarquía alternativa que ofrece a sus miembros la posibilidad de lograr un éxito social y económico que de otro modo no hubiesen alcanzado ni en los Estados Unidos ni en sus lugares de origen.

En lo referente a la naturaleza transnacional de los clubes de migrantes, Luin Goldring establece un importante contraste entre "transnacionalismo conducido por migrantes" y "transnacionalismo conducido por el Estado" (2002, 56–57). Las organizaciones transmigrantes, bajo la forma de clubes de migrantes, precedieron a los esfuerzos del gobierno de México por extenderle la mano a su diáspora. Los esfuerzos posteriores del gobierno mexicano, que se tradujeron en diversos sistemas de donaciones de contrapartida y en el impulso abierto a los clubes de migrantes y su incorporación a federaciones, fueron una respuesta del Estado mexicano al transnacionalismo conducido por los migrantes.

Algunos estudiosos también han procurado ofrecer una definición de los clubes de migrantes que no sólo los aborda teóricamente en un contexto más amplio sino que también describe lo que hacen. Rafael Alarcón (2000, 3), por ejemplo, define a un club de migrantes como una organización constituida por migrantes de un mismo lugar con la finalidad de transferir dinero y recursos a su comunidad de origen. La mayoría de los estudiosos concuerda en que los miembros provienen primordialmente de zonas rurales y en que los dirigentes por lo común son migrantes varones de la primera generación (Escala-Rabadán 2004). En general, los clubes de migrantes son organizaciones no sectarias y voluntarias que dependen completamente de las donaciones (Leiken 2000, 16).

Los estudiosos también han abordado las características de los clubes de migrantes. Cuatro son los rasgos sobresalientes: actividades, estructura, toma de decisiones y dotación (Orozco 2000). Primero, la gama de actividades realizadas abarca desde la construcción caritativa de instalaciones recreativas o religiosas (tales como redondeles para rodeos o santuarios) hasta proyectos de infraestructura básica o pública (incluyendo la construcción y el mantenimiento de escuelas, acueductos y redes eléctricas o de telecomunicaciones), y cualquier otra área relacionada con la urbanización de la comunidad (Goldring 2003, 13). Aunque estas actividades pueden no ser proyectos económicos productivos, ayudan a fortalecer la base productiva de la comunidad (Moctezuma 2003).

La segunda característica guarda relación con la estructura organizativa. En su análisis de los clubes de migrantes salvadoreños, Andrade-

Eekhoff identificó tres tipos de estructuras organizativas en Los Ángeles: jerárquicas, de jerarquía modificada y de colaboración mutua (Andrade-Eekhoff 1997). La mayoría de las organizaciones son jerárquicas, lo cual significa que trabajan con una persona contacto en el lugar de origen pero toman la mayoría de las decisiones en Los Ángeles; otras trabajan con organizaciones contraparte en el lugar de origen, tales como comités o representantes de la Iglesia católica. Otras clasificaciones de las estructuras organizativas de los clubes de migrantes incluyen las redes sociales informales de migrantes, los clubes formales de migrantes con juntas directivas, las federaciones de clubes de migrantes y las confederaciones de clubes de migrantes (Escala-Rabadán 2004, 426).[2]

La tercera característica se refiere, concretamente, a las decisiones de las asociaciones que definen agendas o actividades y que dependen de una gama de factores, tales como la disponibilidad de recursos, la relación con el lugar de origen, las preferencias de sus miembros y la estructura organizativa.

La cuarta característica atañe a la escala de dotación de recursos. Como muchos otros grupos latinos sin fines de lucro, los clubes de migrantes tienen una base económica pequeña y generalmente recaudan menos de US$20.000 al año (Orozco 2000; véase Burgess en este volumen). Tanto los eventos de los clubes de migrantes en los Estados Unidos como la ejecución de proyectos en el lugar de origen dependen de voluntarios, lo cual permite a los clubes de migrantes evitar costos intermedios.

Pocos estudiosos han realizado análisis sistemáticos del impacto económico de las actividades de los clubes de migrantes en las comunidades de origen. No obstante, algunos afirman que los clubes de migrantes impulsan el desarrollo siempre y cuando estén diseñados para generar riqueza mediante inversiones. También subrayan que el considerar a los clubes de migrantes como actores en el desarrollo económico de sus países de origen depende tanto de la naturaleza de sus proyectos como de las alianzas que establezcan. Más recientemente, estudiosos y responsables en el área de las políticas han enfatizado la importancia de evaluar el desempe-

---

[2] Una federación es una organización coordinadora de clubes de migrantes de un mismo estado de origen y que viven en la misma región del país receptor. Una confederación es una organización coordinadora para un conjunto de federaciones que representan al mismo estado pero operan en diferentes estados o regiones del país anfitrión. Hasta el momento, solamente ha existido una confederación mexicana, la Confederación de Clubes Zacatecanos (1997–1999) (Escala-Rabadán 2004, 430).

ño de los clubes de migrantes en lo atinente al desarrollo. Concretamente, han considerado si sería útil que hubiese capacitación para identificar mejor las necesidades básicas de los lugares de origen, mejorar las relaciones entre las contrapartes de los clubes de migrantes y los gobiernos locales en el país de origen, o incrementar el alcance y la eficacia de la colaboración de los clubes de migrantes con entidades gubernamentales y agencias de desarrollo.

Alarcón (2000, 23) plantea que los proyectos de los clubes de migrantes rara vez generan desarrollo sostenible, salvo cuando los proyectos de infraestructura, tales como la pavimentación de calles, mejoran las economías al facilitar las transacciones económicas. Sin embargo, los proyectos de infraestructura generalmente no crean puestos de trabajo permanentes. Raúl Delgado Wise y Héctor Rodríguez Ramírez (2001, 760–61) creen que las inversiones de los migrantes tienen el mayor potencial para impulsar inversiones productivos y estimular el desarrollo local y regional. No obstante, señalan que estos tipos de proyectos son relativamente nuevos y que es demasiado pronto para afirmar si son o no un eficaz agente de desarrollo económico. La mayoría de los autores concuerda en que los clubes de migrantes han logrado avances sustanciales en el mejoramiento de la calidad de vida en sus lugares de origen. Aunque el mejoramiento de la calidad de vida y el desarrollo van de la mano, M. Basilia Valenzuela (2004, 472) subraya que en general los clubes de migrantes no han podido sistematizar una estrategia de desarrollo coherente.

LA EXPERIENCIA DE LOS CLUBES DE MIGRANTES MEXICANOS

Los clubes establecidos por migrantes mexicanos son una de las formas más ampliamente estudiadas de organización de clubes de migrantes. Hay unos 600 en más de 30 ciudades estadounidenses, con representación de comunidades de varios estados mexicanos, y la mayoría de estas asociaciones ha existido por al menos 11 años (Orozco 2003b, 6). Su estructura organizativa es relativamente cohesionada, con una membresía muy unida que sigue reglas básicas de discusión grupal y toma de decisiones. Estas asociaciones se adaptan a circunstancias cambiantes, ya sea uniéndose a otros grupos, tales como federaciones, o eligiendo nuevas autoridades. Los clubes de migrantes mexicanos identifican necesidades y proyectos en las comunidades de varias maneras: a través de enlaces en el lugar de origen, con base en las preferencias de los dirigentes y miembros del club de migrantes; en respuesta a desastres naturales en el lugar de origen; y en alianzas con otras instituciones. Usualmente, un miembro del club de migrantes visita la comunidad, vuelve con una lista de necesidades identificadas y propone que la asociación trabaje en tres o cuatro actividades, a la vez que concentra sus esfuerzos en un proyecto de gran magnitud. En promedio, lo recaudado por los clubes de migrantes mexicanos para un proyecto no rebasa los US$10.000 (Orozco 2003b, 12). Los inmigrantes donan sus recursos directamente a un proyecto y evitan los costos de intermediación al ofrecerse voluntariamente a supervisar el proyecto una contraparte en el lugar de origen, usualmente un pariente u otro miembro de la comunidad.

La mayoría de los clubes de migrantes han contactado a y colaborado con otras instituciones. Casi el 80% de ellos ha abordado a las autoridades municipales para discutir sus proyectos, coordinar esfuerzos y distribuir recursos (Orozco 2003b, 14). El gobierno federal se ha insertado en las alianzas a través de una gama de relaciones formales e informales que desembocaron en el Programa Tres por Uno. La mitad de los clubes de migrantes mexicanos ha participado en ese programa (Orozco 2003b, 16), que da fondos de los tres niveles del gobierno mexicano (federal, estatal y municipal) como contrapartida de las donaciones hechas por los clubes a proyectos de desarrollo comunitario en sus lugares de origen. El gobierno puso en vigencia oficialmente este programa en 2002 a escala nacional, después de que los clubes de migrantes exigieron alianzas en proyectos que beneficiaran a sus comunidades de origen.[3] En 2003, los proyectos vinculados al Programa Tres por Uno sumaron US$36 millones, una cuarta parte de ellos proveniente de contribuciones de los clubes de migrantes mexicanos. Casi dos tercios del total nacional de las asignaciones al programa se adjudicaron en cuatro estados: Zacatecas, Guanajuato, Jalisco y Michoacán, que originan más del 30% de la migración mexicana a los Estados Unidos (Orozco 2003b, 26).

Los clubes de migrantes están logrando efectos directos en las comunidades al proveer bienes y servicios que generan beneficios relacionados con necesidades colectivas de salud, educación e infraestructura económica. El volumen agregado de las donaciones anuales de los clubes de migrantes a México fue de US$30 millones en 2003 (Orozco 2003b, 19–20). Los fondos se canalizan primordialmente hacia lugares con problemas básicos

---

[3] Cuando el programa se estableció a escala nacional en 2002, permitía a cualquier grupo de ciudadanos mexicanos solicitar fondos gubernamentales de contrapartida. Las reglas de operación cambiaron en 2004 al establecerse el requisito de que todas las solicitudes debían demostrar el respaldo de un club de migrantes mexicanos registrado (ver www.sedesol.gob.mx).

de desarrollo, que también son los que tienen tasas de emigración elevadas precisamente porque históricamente han carecido de oportunidades de empleo como también de salud pública, educación y vivienda básicas. En muchas comunidades las donaciones constituyen un monto semejante al que asigna el municipio a obras públicas en determinada comunidad. Los clubes de migrantes donan a lugares con poblaciones tan bajas como un millar de personas –con donaciones equivalentes a US$7 por habitante. Las contribuciones del Programa Tres por Uno son en promedio de US$23.000, que equivalen en promedio a más del 20% del presupuesto municipal asignado a obras públicas (Orozco 2003b, 18).

CLUBES DE MIGRANTES TRABAJANDO EN ZACATECAS

En las secciones anteriores se muestran tanto la dinámica de los clubes de migrantes como su relación con el desarrollo. Esta relación es orgánica debido a la focalización de los clubes de migrantes en cuestiones medulares que afectan la transformación social y la equidad, tales como salud, educación e infraestructura pública. Al estudiar los proyectos de infraestructura económica y social financiados por el Programa Tres por Uno en cuatro comunidades de la municipalidad de Jerez, Zacatecas, relacionamos las condiciones socioeconómicas a escala macro con la dinámica de los proyectos individuales, utilizando las medidas que desarrollamos: pertenencia, sostenibilidad, concordancia y replicabilidad (cuadro 5.2, presentado anteriormente).

Jerez es un municipio con 55.000 habitantes, situado 56 kilómetros al oeste de la ciudad de Zacatecas, la capital estatal (SNIM s.f.), representativo de zonas con alta emigración que históricamente también han recibido altos volúmenes de remesas. El pueblo de Jerez, la cabecera municipal, funge como centro para más de 100 comunidades con poblaciones desde menos de 50 habitantes (que en conjunto representan casi un tercio de la población del municipio) hasta más de 2.000. Desde 1950, la tasa de crecimiento de la población de Jerez ha declinado constantemente, bajando de 2,1 a –0,06% en el 2000. De la población total, sólo el 36% es económicamente activa, y la mayoría de ésta es masculina (82%) (INEGI 2002).

Las principales actividades económicas de la municipalidad son la agricultura y la ganadería. Más de un tercio de la población empleada recibe ingresos mensuales de entre uno y dos salarios mínimos (sobre la base de un salario mínimo de 38,30 pesos mexicanos diarios, o aproximadamente US$3,50) (INEGI 2002). Según el Censo General de Población y Vivienda del 2000, el producto interno bruto (PIB) anual per cápita general equivale a US$3.521 (SNIM s.f.). El gobierno municipal calcula que las remesas constituyen el 37% del ingreso total per cápita (Padilla 2004).

Hay al menos 10 clubes de migrantes sumamente activos en Jerez y sus comunidades, en su mayoría asociados a la Federación de Clubes Zacatecanos del Sur de California (FCZSC) (entrevista a Jiménez). Entre 1999 y el 2003 se invirtieron US$3,65 millones en donaciones para la ejecución de 109 proyectos del Programa Tres por Uno. La mayor parte de estos proyectos tenía que ver con infraestructura pública, como pavimentación de calles y carreteras (entrevistas a Rodríguez Arroyo, España).

San Juan del Centro: proyecto de rehabilitación de escuelas

San Juan del Centro es una comunidad con 419 residentes, localizado siete kilómetros al noroeste del pueblo de Jerez (SNIM s.f.). Un importante proyecto del Programa Tres por Uno que se completó en este lugar fue la rehabilitación de las escuelas primarias y secundarias cercanas. Esta remodelación incluyó la colocación de ventanas, agua potable y servicios sanitarios; la ampliación de la electricidad; el reemplazo del techo; la construcción de una cancha de baloncesto, y la creación de un aula de cómputo con 14 computadoras (entrevista a Cabrera Torres). La escuela había necesitado reparaciones desde hacía más de una década, pero los fondos para emprender el proyecto sólo pudieron obtenerse mediante el modelo del Programa Tres por Uno (entrevista a Sánchez Murillo). Fue necesaria una inversión de US$68.000, 25% de los cuales fueron donados por el club de migrantes. El costo total representó el triple de los fondos municipales invertidos en 2001 en obras públicas para la educación (INEGI 2002).

Como sucede con la mayoría de los proyectos del Programa Tres por Uno, la comunidad de San Juan del Centro eligió a un comité de proyecto, conformado por padres de familia de estudiantes, el cual supervisó y coordinó la ejecución del proyecto hasta que fue concluido. El involucramiento de la comunidad, y por consiguiente el sentido de "pertenencia" de sus miembros, continúa hoy en día a través de la junta escolar de la localidad, que toma decisiones sobre el currículum y sobre el uso de los fondos escolares. El hecho de que la escuela siga dependiendo de las donaciones periódicas del club de migrantes atenúa el sentido de pertenencia derivado de este proyecto del Programa Tres por Uno (entrevistas a Rodríguez Arroyo y Cabrera Torres).

Este proyecto es un buen ejemplo de la concordancia con las necesidades de desarrollo de una comunidad. La escuela necesitaba importantes reparaciones y mejoras, y una vez completada la remodelación de sus instalaciones, ofrece educación para adultos y clases de computación básica.

En lo atinente a la sostenibilidad, el gobierno local de San Juan del Centro, que supervisa la educación pública y paga los salarios de los educadores, le da mantenimiento a la escuela renovada. El programa de bienestar social del gobierno, Oportunidades, también ayuda a las familias a cubrir los costos de la educación, incluyendo uniformes y útiles escolares. Algunos miembros de la comunidad también ayudan a sostener el proyecto pagando bajas cuotas de matrícula en las clases de computación a fin de compensar los costos de mantenimiento. Además, el club de migrantes periódicamente dona fondos para equipo y reparaciones. Sin embargo, estas donaciones son completamente voluntarias y no hay garantía alguna de su monto y frecuencia (entrevista a Fernández).

Este proyecto muestra una sólida replicabilidad. Las donaciones de clubes de migrantes orientadas hacia necesidades educativas son una práctica común. Es posible replicar proyectos de remodelación similares como parte de un enfoque hacia el desarrollo regional. Resulta significativo que la ejecución del proyecto fue posible gracias a apoyos institucionales de entidades y programas gubernamentales existentes, tales como el programa de bienestar social Oportunidades y la entidad federal responsable de impulsar la educación, la Secretaría de Educación Pública. Así, resultaría factible replicar el proyecto como parte de estrategias de desarrollo regionales o en el plano nacional.

Jomulquillo: proyecto microempresarial

Jomulquillo es una comunidad con 305 habitantes, a 8 kilómetros de Jerez (SNIM s.f.). Como en muchas otras comunidades rurales de México, en Jomulquillo las oportunidades de empleo son una necesidad importante. La tierra agrícola fértil es escasa, de modo que los habitantes a menudo realizan labores agrícolas temporales en los campos de las comunidades aledañas (entrevista a Ibarra Muñoz). En 2001, siete mujeres se organizaron en una cooperativa de costura, después de recibir clases de un organismo gubernamental del estado de Zacatecas, la Brigada de Educación Rural (BER), dedicada a educar a miembros de comunidades rurales en estrategias de autoempleo.

Durante una visita al pueblo de origen, el presidente del club de migrantes de la comunidad propuso un proyecto del Programa Tres por Uno a fin de construir un espacio de trabajo para la microempresa. Las siete mujeres conformaron el comité del proyecto para supervisar la construcción. Una inversión de US$7.224, de los que el 25% lo constituyó la contribución del club de migrantes, permitió a estas mujeres construir dicho espacio. Una vez construido el espacio, la BER, además de la capacitación que brindó a las mujeres, donó máquinas de coser industriales. Para ayudar a cubrir los costos de arranque, las mujeres también obtuvieron un préstamo de otro programa del gobierno estatal, diseñado para apoyar a las mujeres en zonas rurales. Estas siete mujeres ahora toman decisiones colectivas sobre el uso de los ingresos, el pago del préstamo y el desarrollo de estrategias empresariales (entrevista a Ibarra Muñoz).

Esta microempresa de costura es un ejemplo de proyecto de un club de migrantes que canaliza donaciones comunitarias a una iniciativa generadora de riqueza y empleo, brindando a las mujeres socias los medios para su independencia económica básica. La participación en la toma de decisiones y en la gestión de esta pequeña empresa fortaleció el sentido de valoración de estas mujeres en la comunidad. En 2003, el 3% de todos los proyectos del Programa Tres por Uno ejecutados en Zacatecas guardaba relación con proyectos generadores de ingresos. Los administradores de los programas de donaciones de contrapartida federales y estatales afirmaron que en 2004 tenían la meta de canalizar el 30% de los fondos del programa a este tipo de proyectos generadores de ingresos (entrevistas a Quesada Hernández y Briceño de la Mora). Sin embargo, debido al reducido tamaño de la cooperativa de costura de Jomulquillo, tanto los ingresos como el mercado potencial siguen siendo modestos. En consecuencia, los beneficios efectivos del proyecto pueden considerarse más sociales que económicos.

Hay un grado significativo de concordancia entre el proyecto y las necesidades de empleo de la comunidad. Las escasas posibilidades de inversión productiva en Jomulquillo exigen estrategias creativas para la generación de empleo, especialmente por los bajos precios de mercado para los cultivos locales (frijoles y maíz), la baja producción agrícola y la falta de propiedad sobre la tierra. Aunque las mujeres ganan solamente 1,2 veces el salario de un día de trabajo promedio en la agricultura (entrevista a Ibarra Muñoz), esto es significativo porque las oportunidades de empleo son especialmente escasas para las mujeres. En promedio, en el municipio de Jerez sólo el 11,6% de las mujeres son económicamente activas (INEGI 2002; SNIM s.f.). Este proyecto ha brindado a estas siete mujeres la oportunidad de insertarse en la economía local.

Desde el punto de vista de la sostenibilidad, la dificultad de aumentar los ingresos de la cooperativa es el principal obstáculo para asegurarle a esta microempresa una larga vida. Dado que el proyecto todavía se encuentra en su fase inicial, mientras haya un margen de ganancias adecuado para suministrar insumos y trabajo, el taller de costura seguirá operando. Bajo estas condiciones, el negocio no constituye un costo adicional para la comunidad: devendría autosostenible. Actualmente, el apoyo del gobierno contribuye a la supervivencia del proyecto.

En todo México hay zonas rurales que tienen limitaciones de generación de riqueza y empleo similares a las que se encuentran en Jomulquillo. La replicabilidad del proyecto de Jomulquillo responde a una necesidad de desarrollo regional. Los insumos esenciales del proyecto son relativamente simples: un grupo organizado de individuos con habilidades para la costura y acceso a capital para ejecutar físicamente el proyecto. El apoyo institucional con recursos y oportunidades puede encontrarse en muchas comunidades rurales del país. La alianza del Programa Tres por Uno y el club de migrantes, el préstamo gubernamental, el apoyo técnico y la donación de equipo hecha por la BER, que en conjunto hicieron posible este proyecto, tienen contrapartes similares en otras comunidades y estados. Resulta significativo que si bien estos recursos están disponibles en otras partes, los miembros de las comunidades podrían no estar conscientes de ello. Se requiere una considerable iniciativa y organización de los residentes del lugar que buscan crear proyectos semejantes. Además, la falta de acceso a o conciencia acerca del financiamiento público y privado es un obstáculo común al desarrollo de empresas en la región (véase Bouquet en este volumen).

Sauz de los García: proyecto de agua potable

Sauz de los García es una comunidad de 138 habitantes, a 37 kilómetros de Jerez (SNIM s.f.). La construcción de su infraestructura básica sólo ocurrió recientemente, y ninguna de sus carreteras principales está pavimentada. En 2001 se ejecutó ahí un importante proyecto del Programa Tres por Uno para construir un sistema de agua potable para toda la comunidad, con un costo de inversión de US$175.263, el 25% donado por el club de migrantes.

El de agua potable fue el primer proyecto Tres por Uno de la comunidad y del club de migrantes. Un dirigente comunal comentó que al principio la participación local fue escasa, pero con el tiempo el proyecto estimuló una amplia participación e incluso entusiasmo por futuros proyectos Tres por Uno (entrevista a Berumen). El proyecto también fortaleció el control de la comunidad sobre su propio bienestar. Durante 25 años hubo esfuerzos persistentes por proveer de agua potable a Sauz de los García. Sus fuentes de agua eran pozos excavados cerca del río, susceptibles de ser contaminados por los desperdicios y la escorrentía agrícola. Todos los intentos anteriores de encontrar una fuente de agua viable habían fracasado. Sólo cuando hubo suficientes fondos a través de la organización de la comunidad y las contribuciones del club de migrantes fue posible contar con el equipo y la infraestructura que se requería y realizar las pruebas geológicas necesarias.

Este proyecto asignó sus recursos a un área de desarrollo de alta prioridad, permitiéndole a la comunidad trabajar en otras metas de desarrollo en el futuro. Por ejemplo, ahora que está instalado un sistema de agua potable, la comunidad espera instalar un sistema de riego para mejorar la producción agrícola local (entrevista a Saldívar).

Otro rasgo exitoso de este proyecto es su grado de sostenibilidad. Por su diseño, los proyectos de agua potable son relativamente sostenibles por los sencillos procedimientos de mantenimiento y por la larga duración del equipo. La compañía de acueductos realiza limpiezas mensuales, así como tratamiento y pruebas de la calidad del agua. Como servicio subsidiado, el agua para consumo doméstico tiene un precio razonable. Así, una vez que se completa un proyecto de agua potable, no constituye una carga adicional para la comunidad a la que beneficia. La duración de la vida de un proyecto específico depende del tamaño de la población atendida y de la cantidad de agua disponible, pero en el caso de Sauz de los García se espera que dure entre 50 y 300 años (entrevistas a Hernández y Sotelo Montelongo).

Este proyecto de agua potable demuestra que los obstáculos a la satisfacción de las necesidades básicas son superables. En casos similares en que los factores ambientales impiden la realización de un proyecto, el acceso a recursos financieros es crucial. La contribución del club de migrantes, junto con los fondos de contrapartida del gobierno bajo el Programa Tres por Uno, fue el principal factor posibilitador en Sauz de los García. En otras partes de América Latina hay algunos programas comparables con fondos de contrapartida (Orozco 2003a, 2004a, 2004b).

El Briseño: proyecto de producción de corderos

El Briseño es una comunidad con 91 habitantes, situada a 22 kilómetros de Jerez (SNIM s.f.). En 2002, nueve residentes de El Briseño y de otras comunidades cercanas se organizaron en una cooperativa para criar corderos para la venta. Recibieron apoyo de Raíces Zacatecanas, un club de migrantes con base en California, a fin de participar bajo el Programa Tres por Uno. Adquirieron 200 ovejas con una inversión de US$4.800 del club de migrantes y de cada uno de los tres niveles del gobierno, para un total de

US$19.200. La ejecución se realizó con apoyo financiero adicional de la Secretaría de Agricultura, Ganadería, Desarrollo Rural, Pesca y Alimentación (SAGARPA), que apoya al desarrollo agropecuario con el programa Alianza para el Campo. Con este apoyo se compraron corrales y alimentos bajo un modelo de costos compartidos 50/50. A fin de incrementar el rebaño, cada uno de los socios en el negocio obtuvo, además, un préstamo de US$3.200 de un programa del gobierno estatal. Un dirigente comunal que vive en Jerez y trabaja en la BER permitió a la comunidad conectarse con el gobierno a través de los recursos de la oficina. Bajo su dirección, la BER dio a los socios en el negocio capacitación en la crianza de ovejas y en la producción de corderos, y los orientó en lo referente a los aspectos legales de las solicitudes de préstamos para el proyecto (entrevistas a Agire y Escamilla).

Como la cooperativa de costura en Jomulquillo, el proyecto de producción de corderos de El Briseño es un ejemplo de estrategia de generación de empleo e ingresos que fortalece el sentido de pertenencia en la comunidad. Este proyecto tiene la característica adicional de que ofrece un mayor margen de ganancia. Desde una perspectiva de desarrollo más amplia, su éxito puede subrayar futuras oportunidades viables para canalizar las remesas de los migrantes y las alianzas entre los clubes de migrantes y el Estado hacia otros proyectos generadores de riqueza.

En cuanto a la sostenibilidad, el proyecto de producción de corderos no depende del Programa Tres por Uno para su supervivencia. De este modo, los socios en el negocio tienen mayor control. Se reúnen regularmente para discutir estrategias empresariales y para resolver problemas. Los ingresos del negocio se emplean de acuerdo con su criterio colectivo. Un factor decisivo que afecta a la pertenencia es la alianza de negocios con el funcionario gubernamental del BER. En cierto modo, el grupo depende del liderazgo y de las conexiones gubernamentales de este individuo.

Este proyecto muestra el reconocimiento de las necesidades de la comunidad y las realidades del mercado. La baja rentabilidad de los bienes agrícolas tradicionales genera incentivos para experimentar con sistemas de producción alternativos. En contraste con la gran volatilidad de los precios de muchos productos agrícolas, el precio en el mercado interno para el cordero en México ha permanecido estable durante los últimos 20 años. El proyecto también aprovecha la infraestructura económica existente, principalmente mediante el empleo de una eficiente tecnología de riego por aspersión obtenida por la comunidad en el 2000 bajo un plan de costos compartidos con un programa de desarrollo agropecuario del gobierno de Zacatecas. Este sistema de riego tolera el uso pesado que se requiere para producir suficiente alimento para los corderos sin ser exageradamente costoso (entrevistas a Agire y Escamilla). Otros indicadores de concordancia incluyen la colaboración de diversos actores, lo cual significa pertinencia en cuanto a metas de desarrollo compartidas.

Los ingresos de la empresa hasta el momento han resultado suficientes para sostener el proyecto. Cubren los gastos de transporte, el pago de préstamos y los costos del alimento. Las ganancias acumuladas brindan capital para la expansión que ya ha experimentado la empresa. Durante el primer año, el rebaño pasó de las 200 cabezas iniciales a un millar. Los socios en el negocio estiman que 250 corderos por socio, o un total de 2.000 corderos, es una población sostenible, a la que aspiran llegar en dos años (entrevistas a Agire y Escamilla).

Este proyecto es altamente replicable porque, con el cuidado apropiado, los corderos pueden criarse en diversos ambientes. Además, aunque la falta de capacidad para atraer la inversión privada y pública sigue siendo un problema recurrente en la región, las agencias gubernamentales que impulsan el desarrollo agropecuario, así como la capacitación y los préstamos, están disponibles para las comunidades en todo México. No obstante, la generalizada falta de infraestructura mecanizada para la producción agropecuaria es un obstáculo potencial a la ejecución de proyectos comparables en otras regiones.

COMPARACIÓN DE EFECTOS EN EL DESARROLLO ENTRE PROYECTOS DE CLUBES DE MIGRANTES

Sobre la base de los cuatros criterios de pertenencia, concordancia, sostenibilidad y replicabilidad, estos proyectos son experiencias relativamente exitosas. No obstante, cada uno tiene fortalezas y debilidades distintivas. Aquí comparamos a los proyectos entre sí, cuantificando sus efectos en el desarrollo de acuerdo con cada criterio.

Pertenencia

El Programa Tres por Uno en Zacatecas facilita la participación comunitaria. Durante las asambleas comunales, los residentes del lugar votan sobre las prioridades y eligen comités para supervisar cada proyecto. Sin embargo, la dinámica del proyecto individual afecta el grado de participación. Por ejemplo, debido a los aspectos técnicos del proyecto de agua potable, los habitantes contribuyeron poco a la planeación del proyecto. Por otra parte, un proyecto que conlleva autoorganización, como una microempresa o sociedad empresarial, requiere de un mayor involucramiento de los individuos, con lo cual contribuye a un sentido de pertenencia más sólido.

El involucramiento de la comunidad también varía. Algunos proyectos estimulan la participación continua, como es el caso de la remodelación escolar, que llevó a reuniones regulares de la junta educativa, y también el de los productores de cordero, que se reúnen periódicamente. En cambio, el proyecto de agua potable requiere poco involucramiento continuo de la comunidad. El involucramiento de los miembros de la comunidad en la ejecución y el mantenimiento de los proyectos también genera continuidad. A lo largo del tiempo, los miembros de comités de proyectos a menudo trabajan en varios proyectos. Los clubes de migrantes frecuentemente designan a un representante local en el pueblo de origen como enlace permanente, quien comunica las necesidades e informa sobre los avances a los miembros del club de migrantes en los Estados Unidos.

Así, el control de los productos finales de estos cuatro proyectos se ha transferido en diverso grado a las respectivas comunidades. Por ejemplo, las mujeres socias de la cooperativa de costura tienen la responsabilidad final en el éxito de su microempresa. Por el contrario, la escuela de San Juan del Centro sigue dependiendo en cierto grado de las donaciones y preferencias del club de migrantes. La comunidad donde se desarrolló el proyecto de agua potable depende de la compañía de acueductos para el mantenimiento del proyecto. La participación continua de la BER en el proyecto de producción de corderos también reduce ligeramente la participación comunitaria tanto en la toma de decisiones como en el control sobre el producto final.

Concordancia

Estos proyectos muestran un alto grado de concordancia con las necesidades locales, dado que las comunidades establecen las prioridades. Sin embargo, las metas de desarrollo de los cuatro proyectos no representan necesidades igualmente prioritarias. El proyecto de agua potable atiende una necesidad humana fundamental y representa una infraestructura que debe existir antes de que sea factible buscar otras metas de desarrollo. Al atender deficiencias en la infraestructura existente, la remodelación de la escuela también ha abordado una necesidad de desarrollo básica de la comunidad. En lo referente al acceso a oportunidades de trabajo, la cooperativa de costura atiende a mujeres, una población que estadística e históricamente ha tenido pocas oportunidades de inclusión económica. En contraste con los tipos de proyectos que tradicionalmente han sido populares entre los clubes de migrantes, tales como los de embellecimiento del pueblo o de construcción de instalaciones recreativas, los cuatro proyectos descritos aquí generan ingresos, crean oportunidades educativas o construyen infraestructura útil, aunque el número de personas directamente beneficiadas fue, en algunos caso, bajo.

Los cuatro proyectos aprovecharon el apoyo de agencias gubernamentales que trabajan para el desarrollo local. Este esfuerzo aseguró una mayor concordancia con las necesidades locales. En grado más significativo, los proyectos del taller de costura y de la producción de corderos recibieron apoyo significativo de instituciones externas, tanto en forma de capacitación como de capital, superando las contribuciones financieras entregadas por las donaciones del Programa Tres por Uno. Esto es una muestra de los actuales esfuerzos de instituciones mexicanas para establecer proyectos generadores de riqueza.

Sostenibilidad

Estos proyectos fueron ejecutados recientemente, desde 2002, y por consiguiente no pueden evaluarse en lo referente a su desempeño a lo largo del tiempo. No obstante, ciertas características indican su nivel de sostenibilidad. El proyecto de agua potable y el de remodelación escolar son dos ejemplos de proyectos que podrían permitir el logro de metas de desarrollo en el futuro. Por ejemplo, el proyecto escolar maximiza los beneficios en lo atinente al desarrollo al ofrecer educación para adultos y clases de computación básica en las instalaciones mejoradas.

El proyecto de agua potable muestra el más alto grado de sostenibilidad, pues los mecanismos de mantenimiento ya están funcionando y son relativamente simples. En los proyectos generadores de riqueza, la necesidad de insumos continuos para mantener la viabilidad del proyecto (en el caso de la cooperativa de costura, materiales y electricidad, y en el caso del proyecto de producción de corderos, alimento y transporte) conlleva costos adicionales para la comunidad. Su capacidad de cubrir estos costos depende, en parte, de la rentabilidad y de las condiciones del mercado. En este sentido, el proyecto de producción de corderos representa una carga menor para la comunidad que el taller de costura, que tiene un margen de ganancia menor.

Algunos de los proyectos tienen la ventaja de que su ciclo de vida es prolongado. Por ejemplo, tanto el proyecto de agua potable como el de producción de corderos tienen viabilidad a largo plazo. En el primer caso, el pozo estará en operación durante varias generaciones, y en el segundo, el rebaño de ovejas podría llegar a un tamaño que lo haga autosostenible. La escuela recibe apoyo periódico del club de migrantes, lo cual incrementará la durabilidad de las instalaciones, pero estas donaciones no están formalmente garantizadas y no se orientan hacia metas de desarrollo a largo plazo. El proyecto de costura es una actividad microempresarial que aún no alcanza la autosostenibilidad financiera, y por consiguiente, su perdurabilidad enfrenta mayores retos.

Replicabilidad

El proyecto con componentes más replicables es la cooperativa de costura, dado el bajo costo de arranque de la microempresa y el hecho de que sus insumos son simples. Puesto que utilizó infraestructura existente, la mayoría de los aspectos del proyecto escolar también son replicables en otras comunidades donde hay escuelas. Además, la iniciativa de cría de ovejas (o un proyecto similar de cría de semovientes) también tendría componentes replicables. No obstante, se requeriría acceso al capital, capacitación empresarial e infraestructura productiva, como los sistemas de riego, para duplicar el proyecto. Por lo demás, el entorno institucional para viabilizar estos proyectos existe en forma generalizada y brinda tanto servicios como programas orientados a apoyar los sistemas de agua potable, desarrollar infraestructura educativa y apoyar a la agricultura y a las pequeñas empresas.

Aunque estos cuatro proyectos son exitosos, en términos generales su desempeño respecto de los cuatro indicadores varía. Evaluamos esta variabilidad utilizando una tarjeta de calificación que diseñamos para visualizar claramente las fortalezas y debilidades de cada proyecto. La tarjeta de calificación clasifica a los proyectos basándose en una escala de 1 a 5 para cada uno de los criterios, donde 5 indica la calificación más alta para determinado criterio (cuadro 5.3).

La tarjeta de calificación es un ejemplo del tipo de herramienta que podrían utilizar los dirigentes de los clubes de migrantes al seleccionar los proyectos que apoyarán. Los cuatro criterios de la tarjeta procuran reflejar los componentes decisivos que deben estar presentes para que un proyecto mejore el nivel de vida en estas comunidades mexicanas. El proceso de selección de proyectos y la evaluación continua son pasos cruciales para el logro de ese objetivo.

Cuadro 5.3. Tarjeta de calificación para evaluar el potencial de un proyecto para mejorar la equidad

Criterios	Escuela	Microempresa	Agua potable	Cría de corderos
Pertenencia				
Participación en la toma de decisiones	4	4	3	3
Participación en la ejecución	5	5	3	4
Control del proyecto	3	5	4	4
Concordancia				
El proyecto atiende necesidades básicas	4	4	5	3
Las necesidades atendidas son prioritarias para el desarrollo	3	3	5	3
Ejecutado en asociación o coordinación con otras instituciones	4	5	3	5
Sostenibilidad				
Posibilita metas de desarrollo	4	4	5	4
No constituye una carga ni conlleva costos adicionales	4	3	5	4
Ciclo de vida largo	3	2	5	4
Replicabilidad				
Los recursos están fácilmente disponibles en otras comunidades	4	4	4	3
El ambiente institucional se encuentra en otras comunidades	4	4	4	4
Total	42	43	46	41

Fuente: Tarjeta de calificación desarrollada por los autores.

CONCLUSIÓN

Los clubes formados por migrantes mexicanos que viven en los Estados Unidos contribuyen cada vez más al desarrollo en México. El impacto de ese desarrollo dependerá de la medida en la que los clubes de migrantes y las comunidades locales compartan el compromiso de invertir en proyectos de alta calidad. Creemos que es importante brindar herramientas para la toma de decisiones, tales como la tarjeta de calificación descrita aquí, que pueden ayudar a la dirigencia de los clubes de migrantes y a los habitantes de comunidades de México a evaluar el potencial relativo de posibles proyectos para el desarrollo. Las herramientas para mejorar la capacidad de evaluar proyectos en función de su impacto en el desarrollo pueden asumir muchas formas, pero deben incluir un conocimiento de las necesidades básicas de la comunidad receptora. Los donantes se encuentran en condiciones de ayudar a desarrollar herramientas para fortalecer la capacidad organizativa de los clubes de migrantes, incluyendo su capacidad de evaluar y maximizar proyectos en lo referente a sus impactos en el desarrollo. Los donantes también deben esforzarse por lograr que esas herramientas estén a disposición de los dirigentes de clubes de migrantes y de los habitantes de las comunidades. Al compartir proyectos entre los clubes de migrantes, el gobierno y, especialmente, la comunidad local, se fomenta la inclusión y la participación de los miembros de la diáspora mexicana en la atención de las apremiantes necesidades de desarrollo de sus lugares de origen.

Aunque es importante que los gobiernos y las fundaciones mantengan su compromiso con los clubes de migrantes, deben tener expectativas realistas sobre la influencia potencial de éstos. Menos del 5% de los inmigrantes mexicanos que envían remesas activamente a sus parientes en los lugares de origen son miembros de clubes de migrantes (Orozco 2004a). No obstante, dicha estadística también encierra un aspecto positivo: la posibilidad de expansión de los clubes de migrantes entre la población migrante mexicana que crece rápidamente en los Estados Unidos. Con políticas e incentivos apropiados, los talentos y esfuerzos de una comunidad mexicana más amplia pueden canalizarse hacia el fortalecimiento de la actividad cívica y el desarrollo en México. Prevemos que, además de seguir creciendo la membresía de los clubes de migrantes, el número de estos clubes que trabajan en proyectos de desarrollo también se incrementará. Por otra parte, con herramientas apropiadas, la capacidad de los clubes de migrantes de realizar inversiones eficaces tenderá a ampliarse. Estas inversiones de mayor calidad generarán oportunidades de desarrollo más duraderas para los lugares de origen en México.

Bibliography/Bibliografía

Alarcón, Rafael. 2000. The Development of Home Town Associations in the United States and the Use of Social Remittances in Mexico. Working paper, Inter-American Dialogue, Washington, DC.

Andrade-Eekhoff, Katharine. 1997. Asociaciones Salvadoreñas en Los Ángeles y las Posibilidades de Desarrollo en El Salvador. In *Migración Internacional y Desarrollo*, vol. 2, edited by Mario Lungo, 9–45. San Salvador: Fundación Nacional para el Desarrollo.

Andrade-Eekhoff, Katharine, and Claudia Marina Silva-Ávalos. 2003. Globalización de la periferia: los desafíos de la migración transnacional para el desarrollo local en América Central. Working paper, FLACSO-Programa El Salvador, San Salvador. At http://comminit.com/la/teoriasdecambio/lacth/lasld-255.html.

Bada, Xóchitl. 2004. Reconstrucción de identidades regionales a través de proyectos de remesas colectivas: la participación ciudadana extraterritorial de comunidades migrantes michoacanas en el área metropolitana de Chicago. In Lanly and Valenzuela 2004, 175–223.

Chaliand, Gerard, and Jean Pierre Rageau. 1996. *The Penguin Atlas of Diasporas*. London: Viking Adult.

Cohen, Robin. 1996. Diaspora and the Nation-State: From Victims to Challenges, *International Affairs* 72 (3): 507–20.

Delgado Wise, R., and H. Rodríguez. 2001. The Emergence of Collective Migrants and Their Role in Mexico's Local and Regional Development. *Canadian Journal of Development Studies* 22 (3): 747–64.

Escala-Rabadán, Luis. 2004. Migración y formas organizativas en los Estados Unidos: los clubes y federaciones de migrantes mexicanos en California. In Lanly and Valenzuela 2004, 425–54.

Goldring, Luin. 2002. The Mexican State and Transmigrant Organizations: Negotiating the Boundaries of Membership and Participation. *Latin American Research Review* 37 (3): 55–99.

———. 2003. Re-Thinking Remittances: Social and Political Dimensions of Individual and Collective Remittances. CERLAC Working Paper Series. Centre for Research on Latin America and the Caribbean, Toronto.

Guarnizo, Luis Eduardo. 2003. The Economics of Transnational Living. *International Migration Review* 37 (3): 666–69.

Hjertholm, Peter, and Howard White. 2000. Foreign Aid in Historical Perspective. In Tarp 2000, 80–103.

INEGI (Instituto Nacional de Estadística, Geografía e Informática). 2002. *Cuaderno Estadístico de Información Municipal de Jerez, Estado de Zacatecas*. At http://www.inegi.gob.mx/prod_serv/contenidos/espanol/biblioteca/Default.asp.

Kearney, Michael. 1986. From the Invisible Hand to Visible Feet: Anthropological Studies of Migration and Development. *Annual Review of Anthropology* 15: 331–61.

King, Charles. 1997. Conceptualizing Diaspora Politics: Nationalism, Transnationalism, and Post-Communism. Paper presented at the American Political Science Association meetings, Washington, DC.

Laguerre, Michel. 1996. *Diasporic Citizenship*. New York: St. Martin's Press.

Lanly, Guillaume, and M. Basilia Valenzuela V., eds. 2004. *Clubes de Migrantes Oriundos Mexicanos en los Estados Unidos*. Guadalajara: Centro Universitario de Ciencias Económico Administrativas.

Leiken, Robert S. 2000. *The Melting Border: Mexico and Mexican Communities in the United States*. Washington, DC: Center for Equal Opportunity.

Mahler, Sarah. 2000. Constructing International Relations: The Role of Transnational Migrants and Other Nonstate Actors. *Identities: Global Studies in Culture and Power* 7: 197–232.

Moctezuma, Miguel Longoria. 2003. Inversión social y productividad de los migrantes mexicanos en los Estados Unidos. Working paper, Red Internacional de Migración y Desarrollo. At www.migracionydesarrollo.org.

———. 2004. La presencia migrante desde la distancia. Clubes de zacatecanos en los Estados Unidos. In Lanly and Valenzuela 2004, 85–126.

Orozco, Manuel. 2000. Latino Hometown Associations as Agents of Development in Latin America. IAD/TRPI Working Paper. Washington, DC: Inter-American Dialogue.

———. 2002. Worker Remittances: The Human Face of Globalization. Paper commissioned by the Multilateral Investment Fund of the Inter-American Investment Bank, Washington, DC.

———. 2003a. Remitting Back Home and Supporting the Homeland: The Guyanese Community in the U.S. Paper commissioned by the U.S. Agency for International Development, GEO Project, Washington, DC.

———. 2003b. Hometown Associations and Their Present and Future Partnerships: New Development Opportunities. Report commissioned by the U.S. Agency for International Development, Washington, DC.

———. 2004a. Distant but Close: Guyanese Transnational Communities and Their Remittances from the United States. Inter-American Dialogue, Report commissioned by the U.S. Agency for International Development, Washington, DC.

———. 2004b. The Salvadoran Diaspora: Remittances, Transnationalism and Government Responses. Paper commissioned by the Tomás Rivera Policy Institute, Los Angeles, CA.

Padilla, Juan Manuel. 2004. Población y Desigualdad en Zacatecas. Doctoral dissertation, Department of Economics, Universidad de Aguascalientes, Aguascalientes, Mexico.

Rivera-Salgado, Gaspar. 1999. Mixtec Activism in Oaxacalifornia. *American Behavioral Scientist* 42 (9): 1439–58.

Robinson, Jenny. 2002. *Development and Displacement*. Oxford: Oxford University Press.

Safran, William. 1991. Diasporas in Modern Societies: Myths of Homeland and Return. *Diaspora* 1 (1): 83–99.

Sen, Amartya. 1999. *Development as Freedom*. New York: Anchor Books.

Sheffer, Gabriel. 2003. *Diaspora Politics: At Home Abroad*. Cambridge: Cambridge University Press.

SNIM (Sistema Nacional de Informacion Municipal). n.d./s.f. Versión 6.4. Secretaría de Gobernación. Instituto Nacional para el Federalismo y el Desarrollo Municipal. Mexico City.

Stern, Nicholas H. 2002. *A Strategy for Development*. Washington, DC: World Bank Publications.

Tarp, Finn, ed. 2000. *Foreign Aid and Development: Lessons Learnt and Directions for the Future*. London: Routledge.

Thorbecke, Erik. 2000. The Evolution of the Development Doctrine and the Role of Foreign Aid, 1950–2000. In Tarp 2000, 17–48.

Valenzuela V., M. Basilia. 2004. Retos y perspectivas de la sociedad civil migrante: entre la participación política transnacional y la quimera del desarrollo local. In Lanly and Valenzuela 2004, 455–88.

Zabin, Carol, and Luis Escala-Rabadán. 1998. Mexican Hometown Associations and Mexican Immigrant Political Empowerment in Los Angeles. Working paper, Non-Profit Sector Research Fund, The Aspen Institute, Washington, DC.

Interviews/Entrevistas

Agire, Rubén. Brigada de Educación Rural (Rural Education Brigade, BER), Jerez, September 12, 2004.

Berumen, Ricardo. Local HTA representative, Sauz de los García, August 7 and September 18, 2004.

Briceño de la Mora, Guillermo. Sub-delegate for Social and Human Development (Secretaría de Desarrollo Social, Sedesol), Zacatecas, September 21, 2004.

Cabrera Torres, Rubén. Local HTA representative, Club San Juan del Centro, August 9, 11, 12 and September 10, 2004.

Escamilla, Antonio. Business partner, Ganado Raza Pelibuey, Borrego Jerezano, El Briseño, August 7, 21, and 28, 2004.

España, Antonio. Regional coordinator, Secretaría de Planeación y Desarrollo Regional (Planning and Regional Development Secretariat, SEPLADER), Jerez, September 2 and 10, 2004.

Fernández, Armando. HTA president, Club San Juan del Centro, phone interview, September 6, 2004.

Hernández, Jesús García. Geologist, Comisión de Agua Potable Zacatecas, August 10, 2004.

Ibarra Muñoz, Martín. BER, Jerez, September 12, 2004.

Jiménez, Efraín. Director of projects, Federación de Clubes Zacatecanos del Sur de California (Federation of Zacatecan Clubs of Southern California, FCZSC), August 25 and September 29, 2004.

Rodríguez Arroyo, José Ángel. SEPLADER Regional Office, Jerez, August 9 and September 6, 2004.

Quesada Hernández, Saldívar. State coordinator, Three-for-One Program, SEPLADER, Zacatecas, August 5 and 18, 2004.

Rodríguez Rodarte, Moisés. Sub-delegate for Social and Human Development (Secretaría de Desarrollo Social, Sedesol), Zacatecas, September 24, 2004.

Saldívar, Irineo. Project coordinator, Federación de Clubes Zacatecanos del Sur de California, August 6, 7, and September 18, 2004.

Sánchez Murillo, José Luis. Secondary school teacher, San Juan del Centro, August 23, 2004.

Sotelo Montelongo, Martín de Jesús. Comisión Estatal de Agua Potable y Drenaje, Jerez, August 12, 2004.

CHAPTER 6

Cross-Border Philanthropy and Equity

BARBARA J. MERZ AND LINCOLN C. CHEN

Cross-border philanthropy weaves together threads of intentions, innovations, and ideals. The resulting patterns are important because philanthropy, at least in theory, can play a pivotal role in advancing equity. Philanthropic foundations have the capacity to think and operate beyond the political parameters of government and beyond the commercial interests of business. Moreover, donors often contribute not only monetary resources but also fresh perspectives and innovative approaches to demanding social problems.

Despite their potential, the implications and consequences of philanthropic investments are often poorly understood. An enhanced understanding of those factors enables donors to more strategically and effectively deploy American philanthropic resources for equitable development in Mexico. By unraveling the historical motivations for these types of investments, and by identifying pitfalls and promise in those transnational philanthropic flows, we explore how to enhance the role of American philanthropy in promoting social equity in Mexico.

Mexico is not a "poor" country. It is rich with natural resources, a modern economy, world-class scholars and universities, and a lively democracy. Nevertheless, Mexico remains an inequitable country. Although it is far more prosperous than just a few decades ago, Mexico's social and economic gaps are significant and are widening. As the Mexican economy grows, its distribution of wealth continues to be highly uneven. For example, Mexico's Gini coefficient1 is 51.9, indicating a dramatic disparity in income equality that compares poorly with the coefficients for its North American neighbors: the United States at 40.8 and Canada at 31.5 (UNDP 2003). Although Mexico

---

[1] The Gini coefficient is a number between 0 and 100, where 0 means perfect equality (for example, everyone has the same income) and 100 means perfect inequality (one person has all the income, everyone else earns nothing).

claims to have the highest number of billionaires of any Latin American country, over one-quarter of the population lives on less than US$2 per day, and one in ten individuals survives on less than US$1 per day (UNDP 2004). Hence, Mexico faces severe inequities in those areas that American foundations have historically funded—health, education, and economic development. We explicitly focus on inequities as opposed to inequalities, as equity refers to normative notions of fairness or justice and differs from equality in that the latter describes objective differences while the former casts a moral lens on that inequality.

Based on the framework developed by Amartya Sen, we define equitable development as the expansion of freedoms or capabilities to improve human lives (Sen 1999, 74–76). Sen's human approach to development focuses on removing obstacles to what a person can do or be in his or her life—obstacles such as illiteracy, ill health, lack of access to income, or lack of civil and political freedoms (Fukuda-Parr 2003). Within Sen's framework, development means augmenting people's freedom by widening the set of possibilities from which individuals can choose. Equitable development, then, means engaging in this process with an explicit focus on the distribution of expanded freedoms and capabilities, the attainment of which requires that people have access to nourishment, health services, literacy, and meaningful participation in community life.

As Mexico continues to fortify its political reforms, it must ensure a more equitable distribution of opportunity as an important ingredient to sustain a healthy democracy. Sen, writing with Jean Drèze, has noted that "the central relevance of equity arises from the fact that a fair distribution of power is a basic—indeed fundamental—requirement of democracy." They continue:

> [A] government "by the people" must ultimately include all the people in a symmetric way, and this is essential also to enable the government to become "of the people and for the people." This is not, of course, a question of the "yes or no" type. In most societies, it is the case that a person's ability to use electoral rights, to obtain legal protection, to express oneself in public, and to take advantage of democratic institutions in general tends to vary with class, education, gender, and related characteristics. In striving for democratic ideals, reducing the asymmetries of power associated with these social inequalities is one of the central challenges of democratic practice in every institutionally democratic country in the world (Drèze and Sen 2002, 353).

Efforts that strengthen democratic reform and reduce structural barriers to effective participation present important funding opportunities for American foundations that aim to begin to address social inequities in Mexico.

AMERICAN FOUNDATION GIVING OVERSEAS AND TO MEXICO

Over the last century, American foundations have expanded in both size and scope. Today, there are nearly 65,000 grant-making foundations in the United States compared to only a handful at the beginning of the twentieth century. In 2002, these foundations held US$435 billion in endowment assets and provided US$30.4 billion to thousands of grantees, and annual foundation giving had grown dramatically, nearly doubling since 1997 (Renz and Atienza 2004). Yet, only a narrow slice of this American philanthropic pie goes directly to organizations based overseas (figure 6.1). The share of grant dollars in 2002 directed to international work was only approximately 14% of the total, with the remaining 86% directed domestically. Of that 14%, approximately 9% went to American groups working internationally, whereas 5% went to overseas recipients.

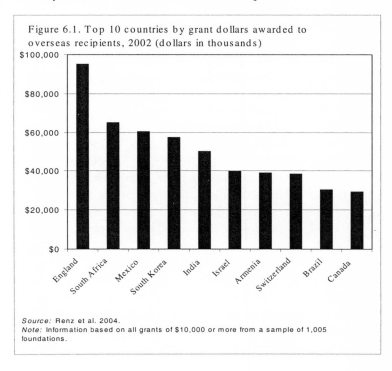

Figure 6.1. Top 10 countries by grant dollars awarded to overseas recipients, 2002 (dollars in thousands)

Source: Renz et al. 2004.
Note: Information based on all grants of $10,000 or more from a sample of 1,005 foundations.

For this consideration of philanthropy flowing from the United States to Mexico, certain terms merit definition: "Cross-border" philanthropy refers to grants made to Mexican individuals and institutions based in Mexico. "International" philanthropy encompasses both cross-border grants and those made to U.S.-based institutions for the study and treatment of international issues in Mexico. Our data set focuses on cross-border grants. However, where appropriate we will acknowledge those areas where American foundations have funded U.S.-based organizations as complements to their Mexico-based work. Arguably, one way to leverage American philanthropy in Mexico arises with projects that aim to improve Americans' understanding of Mexico, and to generate beneficial policies and practices. Such projects complement cross-border work within Mexico.

In 2002, the 25 American foundations that provided the greatest amount of support for overseas work together gave more than US$1.6 billion, distributed through more than 4,500 grants (table 6.1). Some, like the Rockefeller, Ford, and MacArthur foundations, have long histories of overseas engagement, whereas others, like the Gates Foundation, are relative newcomers to international giving.

Mexico, which received over US$60 million in 247 grants awarded by 44 different foundations in 2002, is third among the ten countries receiving the most American philanthropy that year (Renz and Atienza 2004). Although foundation decision making related to project locations is somewhat *sui generis*, the figures indicate that American foundations consider Mexico an important nation in which to work (figure 6.2).

American private foundation giving is, of course, only one component of major social and philanthropic flows across borders. Government aid and corporate foundation giving clearly have important implications for development in Mexico, as do flows from international agencies and secular and faith-based nongovernmental organizations (figure 6.3). In addition, significant sources of funding come not only from North America but from other countries as well, especially Western Europe. Although there is no way to quantify the comparative magnitude or the impact of these flows, the interaction of these resources raises important questions related to the role of philanthropy. Given the significance and volume of government, corporate, and faith-based resources that also seek to support Mexican development, how might foundations best map and channel their resources towards priority social needs? Where might effective partnerships or strategic alliances arise?

Based on research focusing on eight major foundations donating to Mexico, we calculated that total American private foundation giving to Mexico by these foundations exceeded $50 million in 2002 (see figure 6.2).[2] These eight foundations constitute the lion's share of American philanthropic support for Mexico. Therefore, studying the grant making by these U.S. foundations yields information about current funding interests and giving patterns of the largest American philanthropic actors in Mexico.

Three important points must be made to contextualize these 2002 figures. First, cross-border funding is not the only American philanthropic support that aims to advance equitable development in Mexico. A significant amount of foundation funding goes to organizations that are not based in Mexico but that are conducting projects that directly affect Mexico, Mexicans, and Mexican organizations. The work of these groups is particularly relevant for addressing transnational issues. For example, support for international education funds managed by American institutions may reach Mexicans in the form of scholarship support to study in the United States. Another example is environmental protection efforts based on the north side of the Rio Grande, which have obvious benefits for Mexicans living across the river. Second, this one-year snapshot for 2002 does not illustrate the dramatic fluctuations in funding levels and grant-making focus that have occurred over the years due to changes in foundation personnel, shifts in funding trends, and the market performance of endowment funds. Third, as noted earlier, foundations are but one type of actor in the equitable-development-funding landscape.

Philanthropic activity generated within Mexico and from its diaspora has the potential to dwarf current cross-border foundation flows from the United States. The potential growth in giving by the Mexican diaspora relies on many factors, which are discussed in depth in other chapters in this volume. As an indication of that potential, almost 70% of the U.S. Latino population is of Mexican origin, and approximately one in every three immigrants to the United States is from Mexico, making Mexican-origin

---

[2] Sources for the foundation data include the Bill and Melinda Gates Foundation, http://www.gatesfoundation.org/Libraries/InternationalLibraryInitiatives/MexicoLibraries.htm; Ford Foundation Grants Database, http://www.fordfound.org/grants_db/view_grant_detail1.cfm; the W. K. Kellogg Foundation, http://www.wkkf-lac.org/Programming/Grants.aspx?NID=3&NID=3,15; the Hewlett Foundation, http://www.hewlett.org/Programs/USLAR/; the MacArthur Foundation, http://www.macfound.org/ grants/index.htm; and the Rockefeller Foundation, http://www.rockfound.org.

Table 6.1. Top 25 Foundations by Amount of International Giving, 2002

	Foundation	No. of Intl. Grants	Amount of Intl Grants ($)	% of Total Intl. Grants	Intl. as % of All Giving
1	Bill and Melinda Gates Foundation	90	525,754,545	24.0	52.4
2	Ford Foundation	1,701	324,734,119	14.8	62.0
3	Rockefeller Foundation	464	82,362,412	3.8	67.7
4	John D. and Catherine T. MacArthur Foundation	230	61,577,024	2.8	39.1
5	Freeman Foundation	201	60,795,048	2.8	74.6
6	William and Flora Hewlett Foundation	193	57,427,877	2.6	35.4
7	W. K. Kellogg Foundation	205	56,559,766	2.6	26.8
8	Starr Foundation	118	52,617,840	2.4	26.4
9	David and Lucille Packard Foundation	174	52,609,195	2.4	28.1
10	Lincy Foundation	7	41,556,927	1.9	87.4
11	Turner Foundation	115	39,244,018	1.8	57.2
12	Andrew W. Mellon Foundation	139	38,278,750	1.7	17.1
13	Carnegie Corporation of New York	123	37,818,500	1.7	26.8

14	Charles Stewart Mott Foundation	254	33,762,429	1.5	32.8
15	Harry and Jeanette Weinberg Foundation	38	22,341,763	1.0	21.9
16	Pew Charitable Trusts	12	18,328,000	0.8	11.2
17	AVI CHAI Foundation	7	17,996,815	0.8	77.4
18	Righteous Persons Foundation	9	17,660,387	0.8	84.2
19	Lilly Endowment	8	15,937,150	0.7	2.5
20	Open Society Institute	99	15,893,500	0.7	16.9
21	Arthur S. DeMoss Foundation	28	15,441,174	0.7	58.0
22	Citigroup Foundation	313	15,397,300	0.7	32.1
23	Gordon and Betty Moore Foundation	11	14,351,100	0.7	34.0
24	Packard Humanities Institute	24	12,940,550	0.6	38.8
25	Buffet Foundation	11	12,478,832	0.6	36.8
	Total	**4,574**	**$1,643,865,021**	**75**	

Source: "Top 10 Countries by Grant Dollars Awarded to Overseas Recipients, 2002," reprinted from International Grantmaking III: An Update on U.S. Foundation Trends. ©2004 The Foundation Center, 79 Fifth Avenue, New York, NY 10003, 212-620-4230, www .fdncenter.org. Used by permission.

Note: Information based on all grants of $10,000 or more from each foundation, excluding operating program expenses and grants to individuals.

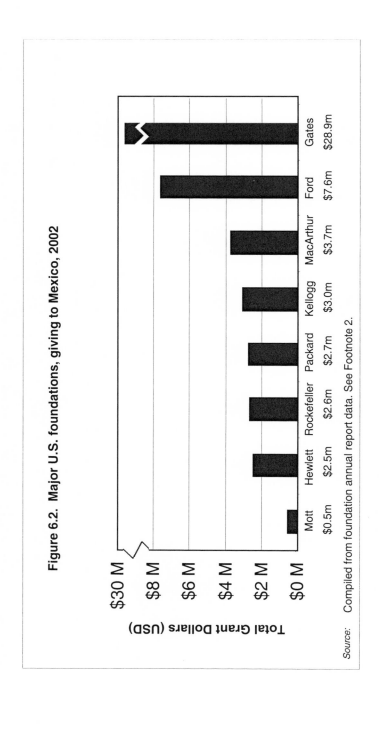

Figure 6.2. Major U.S. foundations, giving to Mexico, 2002

Total Grant Dollars (USD)

| $30 M | $8 M | $6 M | $4 M | $2 M | $0 M |

| Mott | Hewlett | Rockefeller | Packard | Kellogg | MacArthur | Ford | Gates |
| $0.5m | $2.5m | $2.6m | $2.7m | $3.0m | $3.7m | $7.6m | $28.9m |

Source: Compiled from foundation annual report data. See Footnote 2.

Figure 6.3. Sources of Support for Development in Mexico

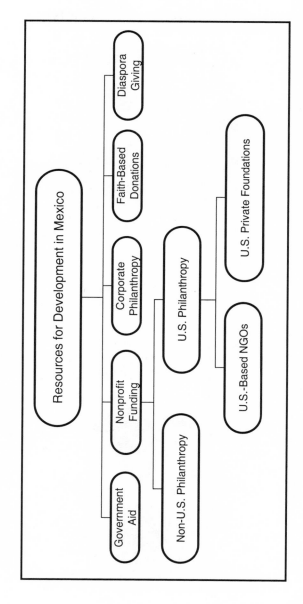

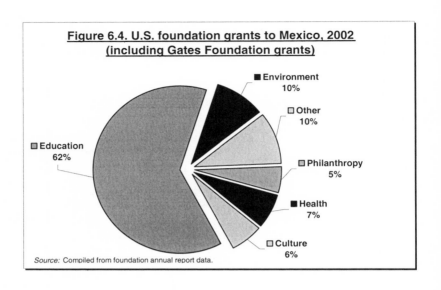

Figure 6.4. U.S. foundation grants to Mexico, 2002 (including Gates Foundation grants)

Environment 10%
Other 10%
Education 62%
Philanthropy 5%
Health 7%
Culture 6%

Source: Compiled from foundation annual report data.

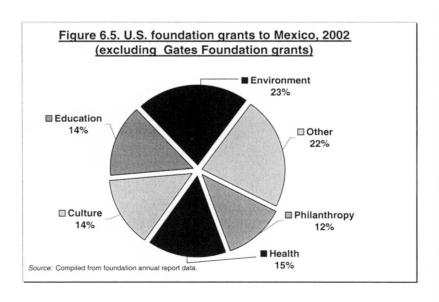

Figure 6.5. U.S. foundation grants to Mexico, 2002 (excluding Gates Foundation grants)

Environment 23%
Education 14%
Other 22%
Culture 14%
Philanthropy 12%
Health 15%

Source: Compiled from foundation annual report data.

Latinos the fastest-growing minority in America, a trend that will continue (Migration Policy Institute 2004). There is great potential for Mexican immigrants to become agents of development in their communities of origin (see the chapter by Orozco and Welle in this volume).

A breakdown, by category, of American foundation giving to Mexico in 2002 reveals that the purposes of cross-border philanthropy are as varied as are the interests and capacities of both the foundations and the recipients (figures 6.4 and 6.5). Although the focus of American philanthropy to Mexico depends a great deal on the interests of individual foundations, several key areas receive a critical mass of philanthropic support: education, environment, health and population, philanthropy and civil society, indigenous culture, and also agriculture, migration, microfinance, and human rights. Because a single large Gates Foundation grant for education in 2002 distorted the overall funding pattern, excluding that grant gives a better idea of the true breakdown by category (figure 6.5).

We now consider how major foundations define their current funding patterns to Mexico within this overarching picture. We briefly review the Bill and Melinda Gates Foundation, the Ford Foundation, the Hewlett Foundation, the Inter-American Foundation, the John D. and Catherine T. MacArthur Foundation, the Charles Stewart Mott Foundation, the David and Lucile Packard Foundation, the Rockefeller Foundation, the W. K. Kellogg Foundation, and the Pew Hispanic Center of the Pew Charitable Trusts. We also describe two U.S.-based intermediaries: Hispanics in Philanthropy and the International Community Foundation.

The *Bill and Melinda Gates Foundation*, established in 2000, is the notable newcomer to the American philanthropic scene. It is the dominant philanthropic funder for global health, primarily in the areas of infectious disease prevention, vaccine research, and reproductive and child health programs. In that work, the Gates Foundation attempts to target countries with an average per capita GDP of under US$1,000. Thus Mexico, with its relatively high GDP (over US$6,000), is not a major target (Economist Intelligence Unit 2004, 27). However, the foundation also funds education by strengthening digital capacity in libraries worldwide, and in 2002 it awarded US$28.8 million over three years to the Consejo Nacional para la Cultura y las Artes (National Arts Council, Conaculta) to support public access to technology and the Internet for Mexico's public libraries. This was the single biggest grant made by any foundation to Mexico that year. The Gates Foundation has also funded education efforts along the U.S.-Mexico border.

The *Ford Foundation* has a field office in Mexico City that supports projects in economic development, reproductive health, community and resource development, and governance and civil society. The Ford Foundation's programming reflects institutional concern over persistent exclusion of large sectors of society, particularly the indigenous population, and the growth of poverty and inequity, both of which threaten Mexico's democratic transition. In particular, Ford makes special efforts to support organizations that work closely with marginalized rural and indigenous communities of southern Mexico—especially in Oaxaca and Chiapas. The emergence of democratic political systems and the growth of civil-society organizations in Mexico provide an important opportunity for furthering Ford's goals in this region.

The *Hewlett Foundation* also has grant makers based in Mexico City, who are guided by a three-pronged strategy: (1) promote transparency, (2) mobilize philanthropic resources for a more robust civil society, and (3) strengthen the institutions that support Mexican development. As an example of a project that serves these goals, one Hewlett grantee works with the Secretaría de Hacienda y Crédito Público (the Mexican Treasury Department) to promote technical reforms that benefit the nonprofit sector. Additionally, Hewlett is working with grant-seeking and grant-making organizations on organizational effectiveness and operational transparency—significant barriers for increasing levels of philanthropic giving (Rubio, Salcedo, and Villanueva 2002). Hewlett also has demonstrated a sustained commitment to supporting environmental and reproductive health issues in Mexico.

The *Inter-American Foundation* (IAF) is an independent agency financed by the U.S. government that provides grants to nongovernmental and community-based organizations in Latin America and the Caribbean for innovative, sustainable, and participatory self-help programs. The IAF primarily funds partnerships, among grassroots and nonprofit organizations, businesses, and local governments, whose goal is to improve the quality of life of poor people and to strengthen participation, accountability, and democratic practices. It has a particular interest in the development potential of remittances. For example, IAF representatives have hosted a series of dialogues launched with immigrant groups in major U.S. cities and their counterparts overseas to increase the productive value of remittances. The IAF has co-supported development projects which Mexican immigrants in the United States are financing, participating in, and even leading in their communities of origin. The IAF continues to be interested in remittances and migrant giving as potential means to further development.

The *John D. and Catherine T. MacArthur Foundation* began its work in Mexico in the early 1990s as part of its international efforts in the areas of the environment, gender, health, population, and human rights. Like the Ford and Hewlett foundations, MacArthur has Mexico City–based field staff. Following a strategic review in 2000, the Foundation phased out its grant making in the area of conservation and sustainable development in Mexico and reoriented that program's priorities to other parts of the globe. It currently conducts two grant-making programs in Mexico—population and reproductive health, and human rights—with the aim of strengthening the nongovernmental sector and furthering structural reform in these areas.

The *Rockefeller Foundation* supports Mexican development in a variety of ways. Through the North American Transnational Communities Program, it funds research by the Inter-American Dialogue, capacity building by Enlaces América (an initiative of the Chicago-based Heartland Alliance), and advocacy training for hometown associations (Cervantes 2003; Inter-American Dialogue 2004; Torres Blair n.d.). In 2003, with its support for the Zacatecan Federation based in Los Angeles, Rockefeller became the first private foundation to make a grant to a hometown federation. It has also provided support to the Centro Binacional para el Desarrollo Indígena Oaxaqueño, Inc. for capacity building to enable the center and its Mexican counterparts to respond better to the needs of Mexican indigenous transnational communities. Rockefeller also funds work in Mexico related to its earlier focus on health equity and the Green Revolution. These grants enable Mexican scientists to conduct research on agricultural productivity and to introduce affordable drugs and vaccines against diseases of poverty.

The *Charles Stewart Mott Foundation* funds projects that promote the development of civil society and capacity building for nonprofits. An example is the Border Philanthropy Partnership, which seeks to build capacity among community foundations in both the United States and Mexico. The Mott Foundation also supports the Centro Mexicano para la Filantropía (Mexican Center for Philanthropy, Cemefi) in its work to strengthen philanthropy and the nonprofit sector in Mexico. Within the United States, Mott focuses on race and ethnic relations and the challenges and opportunities faced by new immigrants, most of whom are Mexican. For example, Mott supported a documentary mini-series on a family's migration to Garden City, Kansas, from their hometown of Guanajuato, Mexico.

The *W. K. Kellogg Foundation* was established in 1930 to help people improve their quality of life through the practical application of knowledge and resources. The Kellogg Foundation has a long history of grant making in Mexico, and it supports transnational communities. For example, Kellogg funds the Centro de Desarrollo Comunitario Centéotl, A.C. (Centéotl Community Development Center), which provides vocational training to youth in California's Central Valley and Oaxaca's Sierra Sur region. It also supports indigenous cultural and bilingual education to preserve native languages.

The *Pew Charitable Trusts* focuses on domestic organizations that provide fact-based research on challenging issues. With that aim, Pew established the Pew Hispanic Center, a research organization at the University of Southern California's Annenberg School for Communication. The Center's mission is to improve understanding of the diverse Hispanic population in the United States and to chronicle Latinos' growing influence. The Center also strives to inform the debate on critical issues related to Mexican development, such as remittances. Pew is an example of an American foundation whose work targets U.S.-based groups with an eye towards the implications for both Mexican development and U.S.-Mexico relations.

In addition to these individual foundations, intermediary structures are emerging to encourage and facilitate diaspora giving to Mexico. Many initiatives specifically aim to channel resources for social change and equity. Certain community foundations and other nonprofit groups expressly seek the support of diaspora members and try to involve Mexican Americans in their programs.

Hispanics in Philanthropy (HIP) is one such intermediary group. Founded in 1983, HIP is a transnational association of grant makers that aims to catalyze philanthropic resources for the U.S. Latino and Latin American civil sector, to enhance Latino participation and leadership in philanthropy, and to promote partnerships between organized philanthropy and Latino communities (Diaz 1999). HIP works with international partners that include the Fundación Minetti, Telefónica de España, the Fundación Falconbridge, and the Cemefi to strengthen the role of philanthropy in both the United States and Mexico.

The *International Community Foundation* (ICF), another intermediary, caters to wealthy donors and supports their philanthropic endeavors with a focus on giving to Mexico. Based in San Diego, ICF staff undertake due diligence for projects in Mexico and help ensure that gifts are tax deductible. ICF seeks to dramatically increase the level of philanthropy among

Latinos living in California. In fiscal year 2003, ICF provided $2.6 million in grants, 74% of which went to Mexico (Kiy 2001).

PITFALLS AND PROMISE OF PHILANTHROPIC ACTIVITY

These patterns of American foundation activity in and related to Mexico raise fundamental questions about philanthropic giving. Why do American foundations invest in Mexico? What are the pitfalls of transnational philanthropic engagement and how does it contribute to or detract from equitable development in Mexico? Certainly, the answers to these questions are not uniform across foundations. An examination of how American foundations began their work in Mexico, and the difficulties they encountered, highlights both compelling reasons for continuing to support Mexico-related projects and also the risks that these foundations face in Mexico today.

American foundations first began working in Mexico under the simple premise that medical diseases do not obey national boundaries. In the early 1900s, the Rockefeller Foundation extended its hookworm-eradication campaigns from the United States into Mexico and Latin America. Subsequently, both the geographic and substantive scope of activities continued to grow. In 1920, Rockefeller began training Mexican public health scientists and establishing centers to improve health, such as Mexico's premier Institute of Public Health in Cuernavaca (Ettling 1981; Fosdick 1952).

In the 1940s, the W. K. Kellogg Foundation began an initiative to train Mexican health professionals, which eventually expanded throughout Latin America. The MacArthur Foundation began population and environment programs in Mexico roughly 15 years ago, motivated by both the country's proximity to the United States and the affinity of its board of directors. These programs have grown, in part, because of the talents and networks cultivated by individual field officers based in Mexico, who have directed funding to successful civil-society organizations. The Carnegie Corporation, historically confined to grant making in the British Commonwealth (because of prohibitions in its original charter), eventually began working in Mexico due to its president's strong interest in Mexican health.

Throughout this rich history, charges of political and commercial self-interest have accompanied foundation work in Mexico. For example, the Standard Oil Company, then owned by John Rockefeller, Sr., had oil and shipping concerns in and around Veracruz, the site of early Rockefeller health programs (Birn 1996). The political unrest in the region at the time fueled accusations of the existence of ulterior political motivations behind the philanthropic work (Brown 1976).

There have also been political ties between American philanthropy and policy elite. For example, after witnessing poverty and hunger in Mexico that he considered politically destabilizing, then-U.S. Vice President Henry Wallace approached the Rockefeller Foundation, which responded by launching several decades of science-based agricultural development work that culminated in the Green Revolution (Cueto 1994).[3]

History shows that the transnational nature of many social problems, the interdependence of Mexico and the United States, and the significance of political and commercial ties between those two nations are among the reasons American foundations began to invest in Mexico. These reasons continue, and they have deepened. Today, one in five Californians is of Mexican descent, compared with fewer than one in 10 in 1970. In 1994, the passage of the North American Free Trade Agreement (NAFTA) signaled deepening commercial relationships and further opened an already porous border to free trade, which increased interdependence that extends to human, social, and cultural exchange. California is Mexico's second-largest trading partner after Texas, and Mexico is California's second-largest trading partner after Japan (Preston and Dillon 2004; Burgess and Lowenthal 1993). American corporations have an interest in developing a stable Mexico, for its inexpensive labor, as well as an economically thriving Mexico, for its expanding consumer base.

These trends indicate deepening U.S.-Mexican connections well into the future. Interlocking cross-border problems, such as environmental pollution and health threats, can readily become cross-border burdens of social welfare, public services, and unemployment. Given that these problems transcend national boundaries, funding in this environment is not without its challenges.

First, the track record for even the most "successful" philanthropic endeavors is dubious. For example, in the past, narrowly conceived disease-control programs, a priority for the foundations, were frequently in conflict with the Mexican government's more holistic approach to primary care. To give another example, many Mexicans believe that the Green Revolution, although widely heralded, had a disturbing impact on Mexican agriculture, because, as some argue, only those individuals already

---

[3] Norman Borlaug won the 1970 Nobel Peace Prize for his work at the International Maize and Wheat Improvement Center, the Mexico-based research institute supported by the Rockefeller and Ford foundations.

equipped with high-quality land and water were able to capitalize on the scientific breakthroughs of the Green Revolution.

Second, philanthropy itself is inherently inequitable, since the accumulation of wealth, the wellspring of philanthropy, typically arises from inequitable distribution of income and resources. One could argue that given their power within inequitable systems, philanthropists may not be motivated to support foundation investment strategies designed to tackle inequities. Some philanthropic engagement may be mere exercises in advancing self-interest abroad. In the context of rising anti-immigration sentiment in the United States, some view American philanthropic activity in Mexico as ultimately isolationist—seeking to stem migrant flows.[4]

Third, there is the potential for hubris if one assumes that philanthropy by itself can make significant differences in the structural inequities facing Mexico. As the data demonstrate, the scale of American philanthropy in Mexico is relatively modest. Whether or not philanthropy can really make a difference depends on how these limited yet valuable social funds are invested and whether new resources, partners, and alliances are forged.

Despite these challenges, there is tremendous promise that American philanthropy will be able to play a stronger, more strategic role in supporting Mexico's development. By strengthening ties with Mexico's burgeoning philanthropic and civil-society sectors and by exploring partnerships with diaspora communities and with institutions in home communities, American philanthropy can dramatically enhance its efficacy in Mexico. Yet, much work will be required to realize this promise.

THE WAY FORWARD

Foundations are uniquely positioned to be influential levers for change. Strategic philanthropy identifies root causes and generates self-sustaining, innovative solutions that continue long after initial support has ended. In

---

[4] The desire to stem this tide is apparent in the recent writings of Samuel Huntington (2004a, 2004b). In *Who Are We? The Challenges to America's National Identity*, he blames recent Latino immigration for eroding America's national identity. In his essay in *Foreign Policy*, he argues that America's deluge of Latino immigrants primarily contains individuals who are unwilling to adopt English, share in the nation's common civic rites, or espouse the virtues upon which U.S. republican self-governance depends. According to Huntington, Latino immigration, of which Mexicans constitute the largest portion, constitutes a major potential threat to the cultural and possibly political integrity of the United States.

Mexico, strategic philanthropy requires a commitment to social inclusion and to the capacity building of institutions that could adequately monitor progress on long-term sustainable solutions. Foundation money can be flexible. It does not require a return, as financial capital demands, nor does it respond to a political timeframe, as do government programs subject to election cycles. Because it does not seek immediate returns or short-term popularity, it can channel resources to voiceless, unpopular, or vulnerable groups. Many foundations that support civil society in Mexico are doing just that by addressing underlying structural inequities that are not met fully through government or markets.

Although there are currently over 15,000 organizations in Mexico's civil sector, fewer than 6,000 are properly registered and have government authorization to give tax-deductible receipts (the equivalent of the 501(c)(3) status in the United States). Of these, fewer than 80 are grant-making foundations that provide financial support to civil society (Sanz 2004). Through partnerships and joint investments, American foundations continue to support the growth of sister philanthropic institutions in Mexico as a way to promote and ensure the long-term sustainability of an engaged civil society. These cross-border ventures foster peer learning and sustainable impact on both sides of the border.

The number of philanthropic actors interested in Mexico, and therefore the amount of resources available, could be expanded through a stronger and better engagement with Mexicans living in the United States. These individuals often maintain links with their communities of origin, and they have a deep understanding of the complexities of Mexico-U.S. relations (see García Zamora and Orozco and Welle in this volume). By complementing and partnering with groups arising within the Mexican diaspora in the United States, especially hometown associations (HTAs), American foundations could increase the effectiveness of development efforts in Mexico undertaken by HTAs and other groups. HTA members understand the economic conditions that drive migration and are often well versed in the policies that foster successful integration and those that prevent realization of their full political, social, or economic rights as transnational citizens. Support is needed for efforts to better equip HTAs with access to information and with the ability to systematically analyze that information to generate new ways to address structural inequities. These are important steps for developing and advocating policy change on both sides of the border. By increasing the flow of philanthropic resources to Mexico from both domestic and diaspora sources, American foundations could help to enhance the sustainability of civil-society organizations within Mexico to work on long-term solutions to their most pressing equity needs.

These three avenues for leveraging American philanthropy's role in promoting equitable development in Mexico—working strategically, strengthening Mexico's philanthropic and civil-society sector, and partnering with members of the diaspora—depend on the dedicated work of individuals on both sides of the border. Through their efforts, disparate activities among these and many varied actors may begin to weave together forces for change. With greater exchange and cooperation among these actors, a new social fabric may ultimately unfold.

CAPÍTULO 6

Filantropía Transfronteriza y Equidad

Barbara J. Merz y Lincoln C. Chen

La filantropía transfronteriza entrelaza hilos de intencionalidad, innovaciones e ideales. Los patrones resultantes son de importancia porque la filantropía, al menos teóricamente, puede jugar un papel crucial en el impulso de la equidad. Las fundaciones filantrópicas tienen la capacidad de pensar y operar más allá de los parámetros políticos del gobierno y de los intereses comerciales de las empresas. Además, los donantes a menudo aportan no sólo recursos monetarios sino también nuevas perspectivas y enfoques innovadores para abordar problemas que son apremiantes para la sociedad.

No obstante su potencial, con frecuencia se entienden poco las implicaciones y consecuencias de las inversiones filantrópicas. Una mejor comprensión de esos factores permite a los donantes asignar los recursos filantrópicos más estratégica y eficazmente para favorecer un desarrollo equitativo en México. Por ello, con el fin de esclarecer las motivaciones históricas de estos tipos de inversiones e identificar tanto los riesgos como el potencial de esos flujos filantrópicos transnacionales, exploramos cómo fortalecer el papel de la filantropía estadounidense en el fomento de la equidad social en México.

México no es un país "pobre". Es rico en recursos naturales, con una economía moderna, universidades y académicos de clase mundial, y una democracia vivaz. No obstante, México sigue siendo un país inequitativo. Aunque México es mucho más próspero que hace pocas décadas, las brechas sociales y económicas que aquejan a México son significativas y se están ampliando. Por ejemplo, el coeficiente Gini[1] de México es 51,9, lo cual

---

Traducido por Mario Samper.

[1] El coeficiente Gini es un número entre 0 y 100, donde 0 representa la igualdad perfecta (lo que significa que todas las personas tienen los mismos ingresos) y

indica una disparidad dramática en la distribución del ingreso, que se compara desfavorablemente con los coeficientes de sus vecinos norteamericanos: 40,8 de los Estados Unidos y 31,5 de Canadá (UNDP 2003). En comparación con los demás países latinoamericanos, México pregona tener el mayor número de personas cuya riqueza supera los mil millones de dólares, pero más de la cuarta parte de su población vive con menos de US$2 diarios y una de cada diez personas sobrevive con menos de US$1 al día (UNDP 2004). Por consiguiente, México muestra serias inequidades en las áreas que históricamente han financiado las fundaciones estadounidenses: salud, educación y desarrollo económico. Centramos nuestra atención explícitamente en las inequidades, y no en las desigualdades, ya que la equidad se refiere a conceptos normativos relacionados con la justicia y difiere de la igualdad por cuanto que ésta describe diferencias objetivas en tanto que la equidad aborda dicha desigualdad desde una perspectiva moral.

Basados en el marco de referencia desarrollado por Amartya Sen, definimos el desarrollo equitativo como la expansión de las libertades o capacidades para mejorar la vida de las personas (Sen 1999, 74–76). El enfoque humano de Sen en lo referente al desarrollo se centra en la eliminación de los obstáculos que impiden lo que una persona puede hacer o ser en su vida –obstáculos tales como el analfabetismo, la mala salud, la falta de ingresos o la carencia de libertades civiles y políticas (Fukuda-Parr 2003). En el marco de referencia de Sen, el desarrollo implica aumentar la libertad de las personas mediante la ampliación del conjunto de posibilidades que pueden elegir los individuos. Entonces, el desarrollo equitativo significa emprender este proceso con una focalización explícita en la distribución de capacidades y libertades ampliadas, que hagan posible que las personas tengan acceso a la nutrición, a servicios de salud, a la alfabetización y a una participación significativa en la vida de la comunidad.

En la medida en que México continúe fortaleciendo sus reformas políticas, deberá ir logrando una distribución más equitativa de las oportunidades, como un ingrediente importante para sustentar una democracia saludable. Sen y Jean Drèze, en coautoría, han señalado que "la pertinencia medular de la equidad proviene del hecho de que una justa distribución del poder es un requisito básico –de hecho, fundamental– de la democracia" (Drèze y Sen 2002, 353). Y prosiguen:

---

100 la desigualdad perfecta (una persona recibe todos los ingresos y las demás nada).

[Un] gobierno "por el pueblo" debe finalmente incluir a todos el pueblo en forma simétrica, y esto también es esencial
para permitir que el gobierno sea "del pueblo y para el
pueblo". Por supuesto, ésta no es una cuestión del tipo "sí o
no". En la mayoría de las sociedades, la capacidad de una
persona para utilizar los derechos electorales, obtener protección legal, expresarse en público y en general aprovechar
las instituciones democráticas tiende a variar con la clase, la
educación, el género y otras características asociadas. En la
búsqueda de los ideales democráticos, la reducción de las
asimetrías de poder asociadas a estas desigualdades sociales
es uno de los retos medulares de la práctica de la democracia
en cada país institucionalmente democrático en el mundo
(Drèze y Sen 2002, 353).

Los esfuerzos por fortalecer las reformas democráticas y por reducir los
obstáculos estructurales a una participación eficaz ofrecen a las fundaciones estadounidenses que procuran abordar las inequidades sociales en
México importantes oportunidades para brindar apoyo financiero.

LAS DONACIONES DE FUNDACIONES ESTADOUNIDENSES EN EL EXTERIOR Y EN MÉXICO

Durante el último siglo las fundaciones estadounidenses se han expandido
tanto en tamaño como en alcance. Hoy en día hay casi 65.000 fundaciones
patrocinadoras en los Estados Unidos, en comparación con sólo un puñado
a principios del siglo XX. En 2002 estas fundaciones tenían US$435 mil
millones en activos de dotación y distribuyeron US$30,4 mil millones entre
miles de donatarios; además, los recursos subvencionados anualmente por
ellas han crecido en forma dramática, casi duplicándose desde 1997 (Renz
y Atienza 2004). Sin embargo, sólo una pequeña tajada de este pastel filantrópico estadounidense fue directamente a organizaciones del extranjero
(gráfica 6.1). En 2002, los dólares por subvenciones que se dedicaron al
trabajo internacional representaron únicamente el 14% del total, mientras
que el restante 86% se orientó hacia proyectos internos (Renz y Atienza
2004). De ese 14%, aproximadamente 9% lo recibieron grupos estadounidenses que trabajan internacionalmente, mientras que 5% lo recibieron entidades receptoras extranjeras (Renz y Atienza 2004).

Al abordar aquí los flujos filantrópicos desde los Estados Unidos a
México es pertinente definir ciertos términos: la filantropía "transfronteriza", que se refiere a las subvenciones que se otorgan a individuos mexi-

canos y a instituciones localizadas en México, y filantropía "internacional", que abarca tanto las subvenciones transfronterizas como las que reciben las instituciones de los Estados Unidos que estudian y abordan cuestiones internacionales de México. Nuestro conjunto de datos está centrado en las subvenciones transfronterizas; no obstante, cuando resulte apropiado señalaremos las áreas en que las fundaciones estadounidenses han financiado a organizaciones de los Estados Unidos para que puedan realizar un trabajo relacionado con México. Se puede decir, entonces, que la filantropía estadounidense ha potenciado su actividad en México con la creación de proyectos orientados a mejorar la comprensión que de este país tienen los estadounidenses y la generación de políticas y prácticas que lo beneficien. Tales proyectos han servido de complemento al trabajo transfronterizo realizado en México.

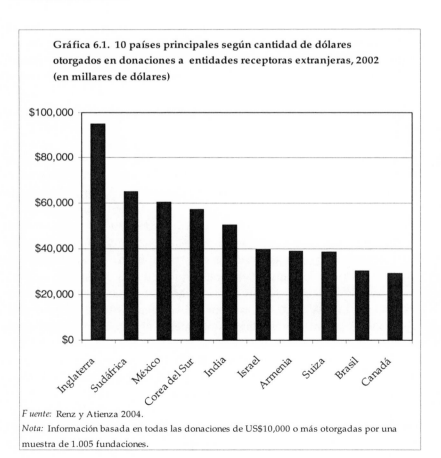

Gráfica 6.1. 10 países principales según cantidad de dólares otorgados en donaciones a entidades receptoras extranjeras, 2002 (en millares de dólares)

Fuente: Renz y Atienza 2004.

Nota: Información basada en todas las donaciones de US$10,000 o más otorgadas por una muestra de 1.005 fundaciones.

Las 25 fundaciones estadounidenses que en 2002 otorgaron la mayor cantidad de apoyo al trabajo en el extranjero donaron en conjunto más de US$1,6 mil millones y distribuyeron más de 4.500 subvenciones (cuadro 6.1). Algunas, como las fundaciones Rockefeller, Ford y MacArthur, tienen un largo historial de trabajo en el exterior, mientras que otras, como la Fundación Gates, son relativamente recientes en el ámbito de las donaciones internacionales.

México, que en 2002 recibió más de US$60 millones en 247 subvenciones de 44 fundaciones diferentes, ocupó el tercer lugar entre los diez países que recibieron más fondos de la filantropía estadounidense ese año (Renz y Atienza 2004). Aunque la toma de decisiones de las fundaciones acerca de la ubicación de los proyectos es un tanto *sui generis*, las cifras indican que las fundaciones estadounidenses consideran a México como una importante nación con la cual trabajar (gráfica 6.2).

Las donaciones de las fundaciones privadas estadounidenses son, por supuesto, sólo un componente de flujos sociales y filantrópicos transfronterizos más amplios. Es evidente que la ayuda gubernamental y las donaciones de fundaciones corporativas tienen importantes consecuencias en el desarrollo en México, como las tienen los flujos provenientes de agencias internacionales y de organizaciones no gubernamentales o de inspiración religiosa (gráfica 6.3). Además, los fondos más significativos no provienen solamente de Norteamérica sino también de otros países, especialmente de Europa occidental. Aunque no tenemos forma de cuantificar la magnitud comparada o el impacto relativo de dichos flujos, la interacción de estos recursos plantea cuestiones de relevancia acerca del papel de la filantropía. Dada la importancia y el volumen de los recursos gubernamentales, corporativos y de organizaciones con inspiración religiosa que también buscan apoyar el desarrollo mexicano, ¿cómo podrían las fundaciones planear y canalizar mejor sus recursos hacia las necesidades sociales prioritarias? ¿Dónde podrían surgir relaciones de colaboración o alianzas estratégicas eficaces?

Basándonos en un estudio centrado en ocho grandes fundaciones estadounidenses donadoras en México, calculamos que en 2002 las donaciones totales de estas fundaciones privadas en México[2] sobrepasaron los US$50

---

[2] Entre las fuentes de información sobre las fundaciones se encuentran las siguientes: Fundación Gates: http://www.gatesfoundation.org/Libraries/ InternationalLibraryInitiatives/MexicoLibraries.htm;Fundación Ford: http:// www.fordfound.org/grants_db/view_grant_detail1.cfm; Fundación Kellogg: http://www.wkkf-lac.org/Programming/Grants.aspx?NID=3&NID=3,15; Fundación Hewlett: http://www.hewlett.org/Programs/USLAR/; Fundación MacArthur: http://www.macfound.org/ grants/index.htm, y Fundación Rockefeller: http://www.rockfound.org.

Cuadro 6.1. Veinticinco fundaciones principales por cantidad de donaciones internacionales, 2002

Nombre de la fundación	Número de donaciones internacionales	Monto de donaciones internacionales (US$)	% del total de donaciones internacionales	% de las donaciones internacionales respecto del total de donaciones
1 Bill and Melinda Gates Foundation	90	525,754,545	24.0	52.4
2 Ford Foundation	1,701	324,734,119	14.8	62.0
3 Rockefeller Foundation	464	82,362,412	3.8	67.7
4 John D. and Catherine T. MacArthur Foundation	230	61,577,024	2.8	39.1
5 Freeman Foundation	201	60,795,048	2.8	74.6
6 William and Flora Hewlett Foundation	193	57,427,877	2.6	35.4
7 W. K. Kellogg Foundation	205	56,559,766	2.6	26.8
8 Starr Foundation	118	52,617,840	2.4	26.4
9 David and Lucille Packard Foundation	174	52,609,195	2.4	28.1
10 Lincy Foundation	7	41,556,927	1.9	87.4
11 Turner Foundation	115	39,244,018	1.8	57.2
12 Andrew W. Mellon Foundation	139	38,278,750	1.7	17.1
13 Carnegie Corporation of New York	123	37,818,500	1.7	26.8

14	Charles Stewart Mott Foundation	254	33,762,429	1.5	32.8
15	Harry and Jeanette Weinberg Foundation	38	22,341,763	1.0	21.9
16	Pew Charitable Trusts	12	18,328,000	0.8	11.2
17	AVI CHAI Foundation	7	17,996,815	0.8	77.4
18	Righteous Persons Foundation	9	17,660,387	0.8	84.2
19	Lilly Endowment	8	15,937,150	0.7	2.5
20	Open Society Institute	99	15,893,500	0.7	16.9
21	Arthur S. DeMoss Foundation	28	15,441,174	0.7	58.0
22	Citigroup Foundation	313	15,397,300	0.7	32.1
23	Gordon and Betty Moore Foundation	11	14,351,100	0.7	34.0
24	Packard Humanities Institute	24	12,940,550	0.6	38.8
25	Buffet Foundation	11	12,478,832	0.6	36.8
	Total	**4,574**	**$1,643,865,021**	**75**	

Fuente: "Top 10 Countries by Grant Dollars Awarded to Overseas Recipients, 2002," reimpresión tomada de International Grantmaking III: An Update on U.S. Foundation Trends. Con la autorización respectiva de The Foundation Center, 79 Fifth Avenue, New York, NY 10003, 212-620-4230, www.fdncenter.org. © 2004.

Nota: Esta información refleja donaciones de US$10,000 o más de cada fundación, excluyendo donaciones a individuos y los costos de mantenimento del programa.

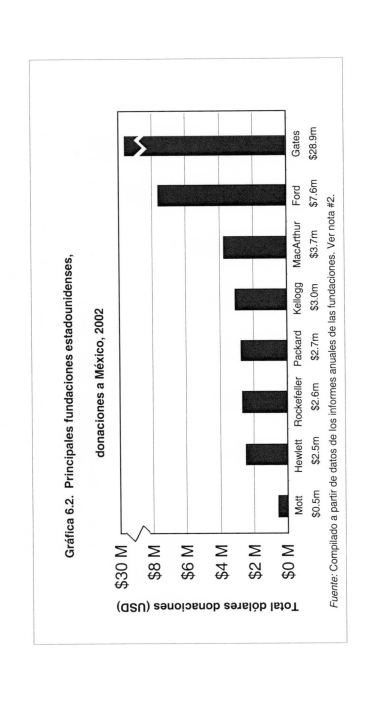

Gráfica 6.2. Principales fundaciones estadounidenses, donaciones a México, 2002

Total dólares donaciones (USD)

$30 M	
$8 M	
$6 M	
$4 M	
$2 M	
$0 M	

Mott	Hewlett	Rockefeller	Packard	Kellogg	MacArthur	Ford	Gates
$0.5m	$2.5m	$2.6m	$2.7m	$3.0m	$3.7m	$7.6m	$28.9m

Fuente: Compilado a partir de datos de los informes anuales de las fundaciones. Ver nota #2.

Gráfica 6.3. Fuentes de apoyo para el desarrollo en México

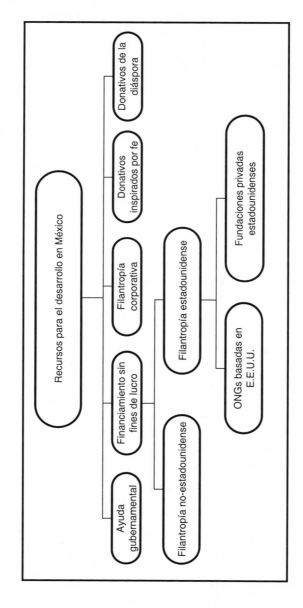

millones (ver gráfica 6.2). Estas ocho fundaciones aportan la mayor tajada del apoyo filantrópico estadounidense a México. Por consiguiente, el estudio de sus donativos brinda información acerca de los actuales intereses en lo referente al apoyo financiero y los patrones de donación de los mayores actores filantrópicos estadounidenses en México.

Es necesario mencionar tres puntos importantes a fin de contextualizar estas cifras de 2002. Primero, el apoyo financiero transfronterizo no es el único apoyo filantrópico estadounidense que procura impulsar el desarrollo equitativo en México. Una significativa cantidad de financiamiento se canaliza hacia organizaciones que no están localizadas en México pero que desarrollan proyectos que afectan directamente a México, a la gente mexicana y a organizaciones mexicanas. El trabajo de estos grupos resulta especialmente pertinente para abordar cuestiones transnacionales. Por ejemplo, el apoyo a fondos educativos internacionales, administrado por instituciones estadounidenses, puede beneficiar a mexicanos con becas para estudiar en Estados Unidos. Otro ejemplo son los esfuerzos de protección ambiental que se realizan al norte del Río Bravo pero que evidentemente benefician a los mexicanos que viven al otro lado del río. Segundo, esta panorámica de 2002 no refleja las grandes fluctuaciones en los niveles de financiamiento y en el enfoque de las donaciones que han ocurrido a lo largo de los años debido a cambios en el personal de las fundaciones, en las tendencias del financiamiento y en el desempeño de los fondos de dotación en el mercado. Tercero, como ya señalamos, las fundaciones sólo son un actor más en el ámbito del apoyo financiero para el desarrollo equitativo.

Las actividades filantrópicas generadas en México y por la diáspora mexicana tienen el potencial de opacar los flujos transfronterizos de las fundaciones estadounidenses. El crecimiento potencial de las donaciones de la diáspora mexicana depende de muchos factores, que se comentan en profundidad en otros capítulos de este volumen. Como indicación de ese potencial, en los Estados Unidos casi el 70% de la población latina es de origen mexicano y aproximadamente uno de cada tres inmigrantes es natural de México, lo que indica que los latinos de origen mexicano son la minoría que crece más rápidamente en los Estados Unidos, una tendencia que seguirá vigente por mucho tiempo (Migration Policy Institute 2004). Hay un gran potencial, pues, para que los inmigrantes mexicanos sean agentes de desarrollo en sus comunidades de origen (véase el capítulo de Orozco y Welle en este volumen).

Un desglose por categorías de los donativos que las fundaciones estadounidenses enviaron a México en 2002 revela que los propósitos de la filantropía transfronteriza son tan variados como los intereses y capacidades tanto de las fundaciones como de las entidades receptoras (gráficas 6.4 y 6.5). Aunque el enfoque de la filantropía estadounidense hacia México depende en gran medida de los intereses de las fundaciones individuales, varias áreas reciben una masa crítica de apoyo filantrópico: educación, ambiente, salud y población, filantropía y sociedad civil, cultura indígena, lo mismo que agricultura, migraciones, microfinanzas y derechos humanos. Dado que una sola gran subvención de la Fundación Gates para educación en el 2002 distorsionó el patrón general de financiación, la exclusión de esa subvención da una mejor idea del verdadero desglose por categoría (gráfica 6.5).

Ahora consideraremos la manera cómo definen las principales fundaciones sus patrones de financiamiento para México en este cuadro general. Examinaremos brevemente a las fundaciones Gates (Bill and Melinda Gates Foundation), Ford, Hewlett, Interamericana, MacArthur (John D. and Catherine T. MacArthur Foundation), Mott (Charles Stewart Mott Foundation), Packard (David and Lucile Packard Foundation), Rockefeller y W. K. Kellogg, y al Pew Hispanic Center de los Pew Charitable Trusts. También haremos la descripción de dos entidades intermediarias de los Estados Unidos: Hispanics in Philanthropy e International Community Foundation.

La *Fundación Gates*, establecida en 2000, es la más notable de las fundaciones que han aparecido recientemente en el escenario filantrópico estadounidense. Es el donante filantrópico más importante en el campo de la salud global, primordialmente en las áreas de prevención de enfermedades infecciosas, investigación en vacunas y programas de salud reproductiva e infantil. La prioridad de la Fundación Gates es dirigir sus esfuerzos hacia países con un producto interno bruto (PIB) per cápita inferior a US$1.000. Así, con su PIB per cápita relativamente alto (más de US$6.000), México no es un objetivo principal (Economist Intelligence Unit 2004, 27). Sin embargo, la fundación también subvenciona a la educación mediante el fortalecimiento de las capacidades digitales de bibliotecas de todo el mundo, y en 2002 otorgó US$28,8 millones por tres años al Consejo Nacional para la Cultura y las Artes (Conaculta) para apoyar el acceso a la tecnología y al Internet de las bibliotecas públicas de México. Ésta fue la mayor subvención individual que haya hecho a México cualquier fundación en ese año. La Fundación Gates también ha financiado esfuerzos educativos en la frontera mexicano-estadounidense.

La *Fundación Ford* tiene una oficina local en la ciudad de México que apoya proyectos de desarrollo económico, salud reproductiva, desarrollo comunitario y de recursos, y gobernanza y sociedad civil. La programación

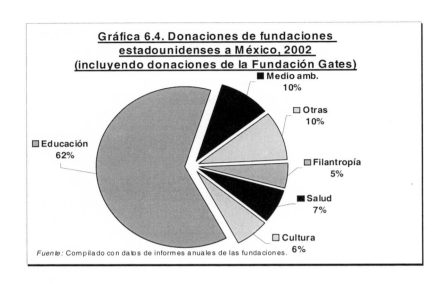

Gráfica 6.4. Donaciones de fundaciones estadounidenses a México, 2002 (incluyendo donaciones de la Fundación Gates)

■ Medio amb.
10%

□ Otras
10%

□ Filantropía
5%

■ Salud
7%

□ Cultura
6%

□ Educación
62%

Fuente: Compilado con datos de informes anuales de las fundaciones.

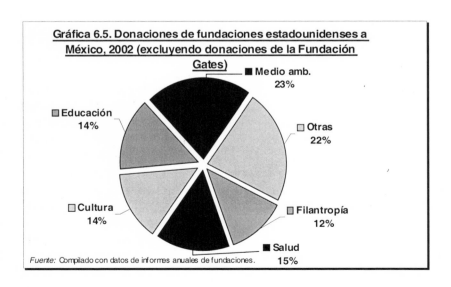

Gráfica 6.5. Donaciones de fundaciones estadounidenses a México, 2002 (excluyendo donaciones de la Fundación Gates)

■ Medio amb.
23%

□ Otras
22%

□ Educación
14%

□ Filantropía
12%

□ Cultura
14%

■ Salud
15%

Fuente: Compilado con datos de informes anuales de fundaciones.

de la Fundación Ford refleja la preocupación institucional por la persistente exclusión de amplios sectores de la sociedad, especialmente de la población indígena, y el crecimiento de la pobreza y de la inequidad, factores que amenazan la transición democrática en México. La Fundación Ford se esfuerza especialmente por apoyar a organizaciones que trabajan de cerca con comunidades rurales e indígenas marginales del sur de México – especialmente en Oaxaca y Chiapas. El surgimiento de sistemas políticos democráticos y el creciente número de organizaciones de la sociedad civil en México brindan una importante oportunidad de avanzar hacia las metas de la Fundación Ford en esta región.

La *Fundación Hewlett* también tiene donantes en la ciudad de México, guiados por una estrategia con tres componentes: (1) fomentar la transparencia, (2) movilizar recursos filantrópicos para una sociedad civil robusta y (3) fortalecer a las instituciones que sustentan el desarrollo mexicano. Como ejemplo de proyecto que persigue estas metas, un donatario de la Fundación Hewlett trabaja con la Secretaría de Hacienda y Crédito Público en la promoción de reformas técnicas que beneficien al sector no lucrativo. Además, la fundación está trabajando con las organizaciones captadoras de donativos y las entidades que los ofrecen en lo referente a eficacia organizacional y transparencia operativa –que son barreras significativas para el incremento en los niveles de las donaciones filantrópicas (Rubio, Salcedo y Villanueva 2002). La Fundación Hewlett también ha mostrado un compromiso sostenido con el apoyo a cuestiones ambientales y de salud reproductiva en México.

La *Fundación Interamericana* (FIA) es una agencia independiente financiada por el gobierno estadounidense que subvenciona a organizaciones no gubernamentales y de base comunitaria en América Latina y el Caribe para programas innovadores, sustentables y participativos. La FIA financia principalmente alianzas entre organizaciones de base y sin fines de lucro, empresas y gobiernos locales, cuya meta sea mejorar la calidad de vida de la gente pobre y fortalecer la participación, la rendición de cuentas y las prácticas democráticas. Tiene especial interés en el potencial de desarrollo de las remesas. Por ejemplo, representantes de esta fundación han auspiciado una serie de diálogos entre grupos de inmigrantes en importantes ciudades estadounidenses y sus contrapartes en el exterior para incrementar el valor productivo de las remesas. La FIA ha copatrocinado proyectos de desarrollo financiados por inmigrantes mexicanos en los Estados Unidos, en los cuales participan —e incluso dirigen— en sus comunidades de origen. La FIA sigue interesada en las remesas y donaciones de los migrantes como medio potencial para impulsar el desarrollo.

La *Fundación MacArthur* comenzó su trabajo en México a principios de los años noventa como parte de sus esfuerzos internacionales en las áreas ambiental, de género, de salud, de población y de derechos humanos. Al igual que las fundaciones Ford y Hewlett, la MacArthur tiene personal destacado en la ciudad de México. Tras una evaluación estratégica en el 2000, la fundación fue reduciendo progresivamente las subvenciones que otorgaba en el campo de la conservación y el desarrollo sostenible en México y reorientando las prioridades de su programa hacia otras partes del mundo. Actualmente cuenta con dos programas de otorgamiento de subvenciones en México, uno en el área de población y salud reproductiva y el otro en derechos humanos, cuyo objetivo es fortalecer al sector no gubernamental e impulsar las reformas estructurales en esos temas.

La *Fundación Rockefeller* apoya el desarrollo de diversas maneras. A través del North American Transnational Communities Program financia investigaciones realizadas por el Diálogo Interamericano (Inter-American Dialogue), el fortalecimiento de capacidades mediante Enlaces América (una iniciativa de la Heartland Alliance, con sede en Chicago) y capacitación en defensoría para clubes de migrantes (Cervantes 2003; Inter-American Dialogue 2004; Torres Blair s.f.). En 2003, al apoyar a la Federación Zacatecana basada en Los Ángeles, la Rockefeller se convirtió en la primera fundación privada que hizo una donación a un club de migrantes. También ha apoyado al Centro Binacional para el Desarrollo Indígena Oaxaqueño, Inc., en el fortalecimiento de sus capacidades con el fin de que la organización y sus contrapartes mexicanas respondan mejor a las necesidades de las comunidades transnacionales indígenas mexicanas. La Fundación Rockefeller también financia trabajo en México relacionado con su original enfoque en la equidad en la salud y en la Revolución Verde. Estas subvenciones permiten a científicos mexicanos realizar investigaciones sobre la productividad agrícola e introducir vacunas y medicamentos –a costos accesibles– contra las enfermedades de la pobreza.

La *Fundación Mott* financia proyectos que impulsan el desarrollo de la sociedad civil y el fortalecimiento de capacidades de organizaciones sin fines de lucro. Un ejemplo es la Alianza Fronteriza de Filantropía México-Estados Unidos (US-Mexico Border Philanthropy Partnership), que procura fortalecer las capacidades de las fundaciones comunitarias tanto en los Estados Unidos como en México. La Fundación Mott también apoya al Centro Mexicano para la Filantropía (Cemefi) en su trabajo para impulsar la filantropía y al sector no lucrativo de México. En los Estados Unidos, la fundación se enfoca en cuestiones atinentes a las relaciones étnicas y raciales y en los retos y oportunidades que enfrentan los nuevos migrantes, la mayoría mexicanos. Por ejemplo, la Fundación Mott apoyó una mini-serie de documentales sobre la migración de una familia a Garden City, Kansas, desde su comunidad de origen en Guanajuato, México.

La *Fundación W. K. Kellogg* fue establecida en 1930 para ayudar a la gente a mejorar su calidad de vida mediante la aplicación práctica del conocimiento y de los recursos. La Fundación Kellogg tiene un largo historial de otorgamiento de subvenciones en México, y apoya a las comunidades transnacionales. Por ejemplo, financia al Centro de Desarrollo Comunitario Centéotl, A.C., que ofrece capacitación vocacional a jóvenes en el Valle Central de California y en la región de la Sierra Sur de Oaxaca. También apoya la educación indígena cultural y bilingüe para contribuir a la conservación de los idiomas autóctonos.

Pew Charitable Trusts centra su atención en organizaciones locales que proveen investigación fáctica sobre cuestiones que plantean desafíos. Con esta finalidad, la fundación Pew estableció el Pew Hispanic Center, un centro de investigación en la Escuela de Comunicación Annenberg de la Universidad del Sur de California (University of Southern California). La misión del centro es mejorar la comprensión que se tiene de las diversas poblaciones hispanas asentadas en los Estados Unidos y registrar la creciente influencia de los latinos. Otro de sus objetivos es aportar al debate sobre cuestiones cruciales atinentes al desarrollo mexicano, tales como las remesas. La fundación Pew es un ejemplo de una fundación estadounidense cuyo trabajo está centrado en grupos que operan desde los Estados Unidos con miras a sus implicaciones tanto para el desarrollo mexicano como para las relaciones entre los Estados Unidos y México.

Además de estas fundaciones individuales, están surgiendo estructuras de intermediación para estimular y facilitar las donaciones que la diáspora mexicana envía a su país. Muchas iniciativas se orientan específicamente a la canalización de recursos para el cambio social y la equidad en México. Ciertas fundaciones comunitarias y otros grupos sin fines de lucro buscan concretamente el apoyo de miembros de la diáspora y procuran involucrar a mexicano-estadounidenses en sus programas.

Hispanics in Philanthropy (HIP) es uno de estos grupos intermediarios. Fundada en 1983, HIP es una asociación transnacional de organizaciones donantes que tiene por finalidad servir de catalizador de los recursos filantrópicos para el sector civil latino-estadounidense y latinoamericano, a fin de acrecentar la participación y el liderazgo latino en la filantropía e impulsar alianzas entre la filantropía organizada y las comunidades latinas (Diaz 1999). HIP trabaja con socios internacionales –entre ellos la Fundación Minetti, Telefónica de España, la Fundación Falconbridge y el Cemefi–

para fortalecer el papel de la filantropía tanto en los Estados Unidos como en México.

La *International Community Foundation* (ICF), otra entidad intermediaria, trabaja con donantes acaudalados y respalda sus esfuerzos filantrópicos centrando la atención en las donaciones a México. Con base en San Diego, el personal de la ICF se encarga de verificar con cuidado los proyectos en México y ayuda a asegurar que las donaciones sean deducibles de impuestos. La ICF procura incrementar de manera sustancial la actividad filantrópica entre los latinos que viven en California. Durante el año fiscal 2003, la ICF otorgó US$2,6 millones en donaciones, de las cuales el 74% se enviaron a México (Kiy 2001).

PELIGROS Y PROMESAS DE LA ACTIVIDAD FILANTRÓPICA

Estos patrones de actividad de las fundaciones estadounidenses en México y relacionadas con México plantean cuestiones fundamentales acerca de las donaciones filantrópicas. ¿Por qué invierten en México las fundaciones estadounidenses? ¿Cuáles son los riesgos del involucramiento filantrópico transnacional y cómo afecta positiva o negativamente al desarrollo equitativo en México? Ciertamente, las respuestas a estas preguntas no son las mismas para las distintas fundaciones. Al examinar cómo iniciaron su trabajo en México las fundaciones estadounidenses, y las dificultades que enfrentaron, destacan tanto las razones de peso que persisten para continuar apoyando proyectos relacionados con México como los riesgos que enfrentan ahora esas fundaciones.

Las fundaciones estadounidenses comenzaron a trabajar en México bajo la sencilla premisa de que las enfermedades no reconocen fronteras nacionales. A principios del siglo XX, la Fundación Rockefeller amplió sus campañas de erradicación de la anquilostomiasis de los Estados Unidos a México y América Latina. Posteriormente siguió incrementando el alcance geográfico y temático de sus actividades. En 1920, la Rockefeller comenzó a capacitar a científicos mexicanos en el campo de la salud pública y a establecer centros para el mejoramiento de la salud, tales como el primer Instituto de Salud Pública en Cuernavaca (Ettling 1981; Fosdick 1952).

En la década de 1940, la Fundación W. K. Kellogg emprendió una iniciativa para capacitar a profesionales mexicanos en el campo de la salud, que más tarde llevó a toda América Latina. La Fundación MacArthur implementó programas de población y ambientales en México hace aproximadamente 15 años, motivada tanto por la cercanía del país con los Estados Unidos como por la afinidad de su junta directiva. Estos programas han crecido, en parte, por el talento y las redes desarrolladas por los funcionarios de la fundación destacados en México, quienes han canalizado recursos hacia organizaciones exitosas de la sociedad civil. La Corporación Carnegie, que históricamente limitaba sus donaciones a la Mancomunidad Británica (por prohibiciones de su carta constitutiva original), empezó a trabajar en México por el gran interés de su presidente en cuestiones de salud en México.

A lo largo de su rica historia, las fundaciones han enfrentado acusaciones de tener intereses políticos y comerciales en el trabajo que llevan a cabo en México. Por ejemplo, la Standard Oil Company, que entonces pertenecía a John Rockefeller, Sr., tenía intereses petroleros y navieros en el área de Veracruz y sus alrededores, donde se desarrollaron los primeros programas de la Fundación Rockefeller en el campo de la salud (Birn 1996). El descontento político en la región en aquel tiempo alimentó acusaciones de que había motivaciones políticas más allá del trabajo filantrópico (Brown 1976).

También ha habido lazos políticos entre la filantropía estadounidense y la élite responsable de la formulación de políticas. Por ejemplo, tras observar la pobreza y el hambre que prevalecían en México, a las cuales consideraba políticamente desestabilizantes, el entonces Vicepresidente Henry Wallace acudió a la Fundación Rockefeller, que respondió lanzando varias décadas de trabajo en desarrollo agrícola con bases científicas, que culminó con la Revolución Verde (Cueto 1994).[3]

La historia muestra que la naturaleza transnacional de muchos problemas sociales, la interdependencia de México y los Estados Unidos y la importancia de los lazos políticos y comerciales entre ambas naciones estuvieron entre las razones por las que las fundaciones estadounidenses comenzaron a invertir recursos en México. Estas razones persisten, y se han profundizado. Hoy en día, uno de cada cinco californianos tiene ascendencia mexicana, en comparación con menos de uno de cada 10 en 1970. En 1994, la aprobación del Tratado de Libre Comercio de América del Norte (TLCAN) indicó la profundización de las relaciones comerciales y abrió aún más la ya porosa frontera al libre comercio, con lo que se incrementó una interdependencia que abarca intercambios humanos, sociales y culturales. California es el segundo mayor socio comercial de México después de Texas, y México es el segundo mayor socio comercial de California des-

---

[3] Norman Borlaug obtuvo el Premio Nobel de la Paz en 1970 por su trabajo en el Centro Internacional de Mejoramiento del Maíz y Trigo, instituto de investigación ubicado en México con apoyo de las fundaciones Rockefeller y Ford.

pués de Japón (Preston y Dillon 2004; Burgess y Lowenthal 1993). Las corporaciones estadounidenses están interesadas en el desarrollo de un México estable, por su mano de obra barata, así como de un México económicamente próspero, por la ampliación de su base de consumo.

Estas tendencias hablan de que las conexiones entre los Estados Unidos y México seguirán profundizándose en el futuro. Los problemas transfronterizos entrelazados, como la contaminación ambiental y las amenazas a la salud, pueden fácilmente convertirse en cargas transfronterizas en los programas de bienestar social, servicios públicos y desempleo. Dado que estos problemas trascienden las fronteras nacionales, el financiamiento en este ambiente ciertamente plantea retos.

Primero, el historial de las iniciativas filantrópicas, incluso las más "exitosas", es discutible. Por ejemplo, en el pasado, los programas de control de enfermedades concebidos en forma estrecha, que fueron prioritarios para las fundaciones, a menudo entraban en conflicto con el enfoque más integral de la atención primaria que ofrecía el gobierno mexicano. Para dar otro ejemplo, muchos mexicanos consideran que la Revolución Verde, aunque fue ampliamente pregonada, tuvo un impacto perturbador en la agricultura mexicana, porque, según arguyen, sólo los particulares que contaban con agua y tierra de alta calidad pudieron aprovechar los avances científicos que la sustentaban.

Segundo, la filantropía misma es inherentemente inequitativa, puesto que la acumulación de riqueza, que es la fuente de la filantropía, en general surge de una distribución inequitativa de los ingresos y recursos. Se podría argumentar que por su poder como parte de sistemas inequitativos los filántropos podrían no estar motivados para apoyar estrategias de inversión diseñadas para enfrentar las inequidades. En parte, el involucramiento filantrópico puede ser un mero ejercicio de interés propio en el exterior. En el contexto de un creciente sentimiento anti-inmigratorio en los Estados Unidos, algunos consideran que, en última instancia, las actividades filantrópicas estadounidenses en México son aislacionistas – procurando contener los flujos migrantes.[4]

---

[4] El deseo de contener esta corriente es claro en los recientes escritos de Samuel Huntington (2004a y 2004b). En *Who Are We? The Challenges to America's National Identity*, culpa a la reciente inmigración latina de socavar la identidad nacional de Estados Unidos. En este ensayo, aparecido en *Foreign Policy*, Huntington arguye que la inundación de inmigrantes latinos está conformada primordialmente por individuos que no están dispuestos a adoptar el inglés, a participar de los ritos cívicos comunes de la nación o a adoptar las virtudes de las que depende el autogobierno republicano estadounidense. Según Hun-

Tercero, hay un potencial de arrogancia suponer que la filantropía misma puede generar diferencias significativas en las inequidades estructurales que enfrenta México. Como lo demuestran los datos, el grado de involucramiento de la filantropía estadounidense en México es relativamente modesto. El que la filantropía pueda o no hacer realmente una diferencia depende de cómo se invierten esos recursos sociales limitados pero valiosos y de si se forjan nuevos recursos, socios y alianzas.

A pesar de estos retos, existe una gran probabilidad de que la filantropía estadounidense juegue un papel más firme y estratégico en apoyo del desarrollo de México. Al fortalecer los vínculos con los sectores filantrópicos mexicanos y de la sociedad civil en ese país y explorar alianzas con comunidades de la diáspora y con instituciones en las comunidades de origen, la filantropía estadounidense puede incrementar de manera muy significativa su eficacia en México. Sin embargo, se requiere de mucho trabajo para hacer realidad este potencial.

EL CAMINO HACIA ADELANTE

Las fundaciones se encuentran en una posición única para actuar como influyentes potenciadores del cambio. La filantropía estratégica identifica causas básicas y genera soluciones autosustentables e innovadoras cuyos efectos perduran mucho tiempo después de que ha concluido el apoyo inicial. En México, la filantropía estratégica requiere de un compromiso con la inclusión social y con el fortalecimiento de las capacidades de instituciones que puedan monitorear en forma adecuada los avances en lo referente a soluciones sustentables a largo plazo. Los dineros de las fundaciones pueden ser flexibles. No requieren su devolución, como lo exige el capital financiero, ni responden a un marco de referencia cronológico de índole política, como sucede con los programas de gobierno sujetos a ciclos electorales. Puesto que no se exige la devolución inmediata ni se busca una popularidad de corto plazo, es posible canalizar recursos hacia grupos sin voz, impopulares o vulnerables. Muchas fundaciones que apoyan a la sociedad civil en México están haciendo justamente eso al abordar inequidades estructurales subyacentes no plenamente atendidas por el gobierno ni por los mercados.

---

tington, la inmigración latina, de la cual los mexicanos constituyen la mayor parte, es "una importante amenaza potencial a la integridad cultural y posiblemente política de los Estados Unidos".

Aunque actualmente hay más de 15.000 organizaciones en el sector civil mexicano, son menos de 6.000 las que están registradas correctamente y tienen autorización gubernamental para emitir recibos deducibles de impuestos (el equivalente al mecanismo 501(c)(3) en los Estados Unidos). De ellas, no llegan a 80 las fundaciones patrocinadoras que apoyan financieramente a la sociedad civil (Sanz 2004). Mediante alianzas e inversiones conjuntas, las fundaciones estadounidenses siguen apoyando el crecimiento de las instituciones filantrópicas hermanas en México como una forma de impulsar y asegurar la sustentabilidad a largo plazo de una sociedad civil comprometida. Estas iniciativas transfronterizas fomentan el aprendizaje entre pares y los impactos sustentables en ambos lados de la frontera.

El número de actores filantrópicos interesados en México, y por consiguiente la cantidad de recursos disponibles, podría ampliarse mediante un mejor y más fuerte compromiso con los mexicanos que viven en los Estados Unidos. Estos individuos por lo general mantienen vínculos con sus comunidades de origen y tienen una honda comprensión de las complejidades de las relaciones mexicano-estadounidenses (véase García Zamora y Orozco y Welle en este volumen). Complementándose y desarrollando alianzas con grupos que surgen al interior de la diáspora mexicana en los Estados Unidos, especialmente los clubes de migrantes, las fundaciones estadounidenses podrían incrementar la eficacia de los esfuerzos de desarrollo que emprendan en México los clubes de migrantes y las fundaciones. Los miembros de los clubes de migrantes comprenden las condiciones económicas que impulsan la migración y no es raro que conozcan cuáles políticas fomentan una integración exitosa y cuáles impiden hacer realidad sus plenos derechos políticos, sociales o económicos como ciudadanos transnacionales. Se requiere de apoyo a esfuerzos para equipar mejor a los clubes de migrantes con acceso a información y con la capacidad de analizar sistemáticamente esa información a fin de generar nuevas formas de abordar las inequidades estructurales. Éstos son pasos importantes para impulsar y preconizar cambios en las políticas de ambos lados de la frontera. Al incrementar el flujo de recursos filantrópicos a México, tanto de fuentes internas como de la diáspora, las fundaciones estadounidenses pueden ayudar a incrementar la sustentabilidad de las organizaciones de la sociedad civil de México para trabajar en soluciones de largo plazo para sus más apremiantes necesidades en lo referente a equidad.

Estas tres rutas para potenciar el papel de la filantropía estadounidense en el fomento del desarrollo equitativo en México –trabajar estratégicamente, fortalecer el sector filantrópico y a la sociedad civil de México, y desarrollar alianzas con miembros de la diáspora– dependen del esmerado trabajo de individuos de ambos lados de la frontera. Mediante sus esfuerzos, las disímiles actividades realizadas por estos y otros muchos actores pueden comenzar a tejer en conjunto las fuerzas del cambio. Con mayores intercambios y cooperación entre estos actores, finalmente podría desplegarse un nuevo tejido social.

Bibliography/Bibliografía

Audley, John J., Demetrios G. Papademetriou, Sandra Polaski, and Scott Vaughn. 2003. NAFTA's Promise and Reality: Lessons from Mexico for the Hemisphere. Report for Carnegie Endowment for International Peace. Washington, DC: Carnegie Endowment for International Peace.

Birn, Anne-Emanuelle. 1996. Public Health or Public Menace? The Rockefeller Foundation and Public Health in Mexico, 1920–1950. *Voluntas* 7 (1): 35–56.

Brown, Richard E. 1976. Public Health in Imperialism: Early Rockefeller Programs at Home and Abroad. American Journal of Public Health 66 (9): 897–903.

Burgess, Katrina, and Abraham F. Lowenthal. 1993. *The California-Mexico Connection*. Palo Alto: Stanford University Press.

Cervantes, Alejandra. 2002. Los migrantes mexicanos y sus organizaciones: Profesionales de la inversión social. Mexico: Migración y Desarrollo, A.C. (MIDE).

———. 2003. Hometown Associations as Catalysts for the Development of Community Foundations: The Zacatecan Case. Draft document for the Center for the Study of Philanthropy, City University of New York.

Commission on Human Rights. 2001. Civil and Political Rights, Including Questions of: Independence of the Judiciary, Administration of Justice, Impunity. Report for the United Nations Economic and Social Council. New York: United Nations.

Cueto, Marcos, ed. 1994. *Missionaries of Science: The Rockefeller Foundation and Latin America*. Bloomington: Indiana University Press.

Diaz, William A. 1999. Philanthropy and the Case of the Latino Communities in America. In *Philanthropy and the Nonprofit Sector in a Changing America*, edited by Charles Clotfelter and Thomas Ehrlich, 275–92. Bloomington: Indiana University Press.

Drèze, Jean, and Amartya Sen. 2002. *India: Development and Participation*. Oxford: Oxford University Press.

Economist Intelligence Unit. 2004. Country Profile 2004: Mexico. London: The Economist Intelligence Unit Limited.

Ettling, John. 1981. *The Germ of Laziness: Rockefeller Philanthropy and Public Health in the New South*. Cambridge, MA: Harvard University Press.

Fanjul, Gonzalo, and Arabella Fraser. 2003. Dumping Without Borders: How U.S. Agricultural Policies Are Destroying the Livelihoods of Mexican Corn Farmers. Briefing paper for Oxfam International. Washington, DC: Oxfam International.

Fosdick, Raymond B. 1952. *The Story of the Rockefeller Foundation*. New York: Harper.

Fox, Jonathan. 1994. The Challenge of Democracy: Rebellion as Catalyst. *Akwekon Journal* (Summer): 13–19.

Fuentes, Ricardo, and Andrés Montes. 2003. Mexico: Country Case Study to-wards the Millennium Development Goals at the Sub-National Level. Occasional Paper for Human Development Report 2003. At http://hdr.undp.org/publications/papers.cfm.

Fukuda-Parr, Sakiko. 2003. The Human Development Paradigm: Operationalizing Sen's Ideas on Capabilities. *Feminist Economics* 9 (2–3): 301–17.

Green, Jonathan. 1990. *The Encyclopedia of Censorship*. New York: Facts on File.

Huntington, Samuel. 2004a. The Hispanic Challenge. *Foreign Policy* 141 (March–April): 30–45.

———. 2004b. *Who Are We? The Challenges to America's National Identity*. New York: Simon & Schuster.

Inter-American Dialogue Task Force on Remittances. 2004. All in the Family: Latin America's Most Important International Financial Flow. Report of the Inter-American Dialogue Task Force on Remittances. Washington, DC: Inter-American Dialogue.

Kapur, Devesh, Ajay S. Mehta, and R. Moon Dutt. 2004. Indian Diaspora Philanthropy. In *Diaspora Philanthropy and Equitable Development in China and India*, edited by Lincoln Chen, Peter Geithner, and Paula Johnson, 177–214. Cambridge, MA: Harvard University Press.

Kiy, Richard. 2001. The Ties That Bind Us: California's Transnational Community Development Initiative. The El Trapiche, Oaxaca Case Study. Presentation by International Community Foundation, Grantmakers Concerned with Immigrants and Refugees Conference, San Diego, CA, December 9–11.

Perry, Guillermo, Daniel Lederman, William Maloney, and Luis Servén. 2003. Lessons from NAFTA for Latin America and Caribbean Countries: Washington, DC: The World Bank Group. March.

Levitt, Peggy. 2001. *The Transnational Villagers*. Berkeley: University of California Press.

Lowell, B. Lindsay, and Rodolfo de la Garza. 2000. The Developmental Role of Remittances in U.S. Latino Communities and in Latin American Countries. Final report for the Tomás Rivera Policy Institute and the Inter-American Dialogue, Claremont, California and Washington, D.C.

Malloch Brown, Mark. 2004. Introductory Remarks. The International Seminar on: Democracy, Politics, and the State. Sponsored by the United Nations Development Programme (UNDP), Mexico City, September 8. At the UNDP's Speeches and Statements page: www.undp.org/dpa/statements/administ/2004/september/8sept04.html.

Migration Policy Institute. 2004. *Comparing Migrant Stock: The Five Largest Foreign-Born Groups in Australia, Canada, and the U.S.* Washington, DC: Migration Policy Institute. At www.migrationinformation.org/DataTools/migrant_stock_groups.cfm.

Myhre, David. 2003. Six Observations on the Roles of HTAs in Transnational Rural Development. Presentation for International Development Bank Conference, power point presentation to the conference on Remittances as a Development Tool in Central America: Empowering Microfinance, sponsored by the IDB-MIF, Guatemala City, September 3. At www.iadb.org/mif/v2/files/MyhreGU2003eng.pdf.

Newland, Kathleen. 2003. Migration as a Factor in Development and Poverty Reduction. June 1. Washington, DC: Migration Policy Institute. At http://www.migrationinformation.org/Feature/display.cfm?ID=136.

Orozco, Manuel. 2002. Globalization and Migration: The Impact of Family Remittances to Latin America. *Latin American Politics and Society* 44 (2) (Summer): 41–66.

———. 2003. Remittances, the Rural Sector, and Policy Options in Latin America. Unpublished case study for the Inter-American Dialogue, Washington, DC.

Pfitzer, Marc, Fay Hanleybrown, and Suder Ramakrishnan. 2003. Acting Locally. Thinking Globally? International Grantmaking Trends of U.S. Foundations. Boston: The Foundation Strategy Group.

Preston, Julia, and Samuel Dillon. 2004. *Opening Mexico: The Making of a Democracy*. New York: Farrar, Straus and Giroux.

Renz, Loren, and Josefina Atienza. 2004. *International Grantmaking III: An Update on U.S. Foundation Trends*. New York: The Foundation Center.

Renz, Loren, Josefina Atienza, Trinh Tran, and Rikard Treiber. 1997. *International Grantmaking: A Report on U.S. Foundation Trends*. New York: The Foundation Center.

Rubio, Rodrigo, Ante Salcedo, and Alejandro Villanueva. 2002. The Value of Transparency for Nonprofit Organizations in Mexico. Presentation by McKinsey and Company, November, Mexico City.

Sanz, Lourdes. 2004. *2004 Community Foundation Global Status Report: Part II: Country Profiles: Mexico*. Brussels: Worldwide Initiatives for Grantmaker Support. At http://www.wingsweb.org/information/downloads/gsr2004_p2-1.pdf.

Sen, Amartya. 1999. Development as Freedom. New York: Alfred A. Knopf.

Tavanti, Marco. 2001. Constructing Global Networks for Human Rights: Lessons from Chiapas Indigenous Communities in Resistance. Paper presented at the Networks and Transformations Conference, Manchester Metropolitan University, Manchester, United Kingdom, July 2–4.

Torres Blair, Mariana. n.d./s.f. The Potential of Mobilizing Resources through Mexican Hometown Associations in New York to the Puebla Community Foundation in Mexico. Working paper submitted to the Center on Philanthropy and Civil Society, the Graduate Center, City University of New York.

UNDP/PNUD (United Nations Development Programme). 2003. *Human Development Report 2003*. New York: Oxford University Press.

———. 2004. *Human Development Report 2004*. New York: Oxford University Press.

CHAPTER 7

Implications for U.S.-Mexico Migration Policies

Doris Meissner

The research in this volume reveals both the opportunities and limits of migration and remittances for strengthening equitable development in Mexico. We are witnessing an evolution as migration patterns shift and communities become truly transnational. Towns that once counted on a strong flow of remittances no longer receive them; other communities are just beginning to experience massive emigration of their working-age population and an influx of new resource flows. These shifts raise questions for policymakers. We must ask what the likely implications are for individuals, families, and communities in Mexico when remittance flows wane or disappear. We must consider how best to leverage the use of remittances for the well-being of the communities that count on them. It is clear that policies on both sides of the Mexico-U.S. border require fuller analysis and understanding of the realities of migration and poverty in Mexico.

If we generalize from the research findings presented in other chapters in this volume, the policy issues they suggest fall into three broad areas: (1) banking and remittance-transfer issues; (2) development, with particular focus on the relationship between migration and development; and (3) migration policies and practice.

BANKING AND REMITTANCE TRANSFERS

The central principle that must guide scholars and decision makers in thinking about remittances is that the money is privately earned and owned. That is to say, it belongs to the migrants who worked hard against great odds, often including dangerous trips across the U.S.-Mexican border, to earn it. This means that proposals that governments should tax the money, or employers withhold a percentage of earnings to invest in funds for development or other public uses, are not ideas that we should embrace.

At the same time, the amount of remittances is huge. For Mexico alone, remittances are now about $16 billion annually, and that estimate is probably conservative. Remittances represent Mexico's second largest source of foreign exchange next to oil. Thus, although the primary function of remittances in Mexico is household survival, the existence of this money raises broader issues and questions.

What are the costs to migrants of sending money to Mexico? Are the costs excessive? How can they be reduced? Is there room for greater competition in the transfers of such funds? What policy changes would be required by financial institutions and governments to enhance competition in this realm? Can remittance transfers contribute to building a more robust credit market in Mexico, enabling individuals to earn interest on the money that is transferred, borrow against it, or build savings and social insurance safety nets in health or education, for example? What roles should the private sector, government, philanthropy, and other civic society institutions play in this regard? How can those roles be activated?

DEVELOPMENT

The next category of issues deals with the relationship between household survival and economic development more broadly. Some analysts argue that remittances are the most effective development strategy in practice today. More than any other scheme, the money truly gets to those who need it the most, and often it results in dramatic improvements in the life circumstances of the poor. They make the decisions about their own needs, and those decisions are rational. They should be trusted to understand and act wisely in their own best interests.

Others argue that although such thinking is true and defensible, to rely on remittances as the central element of a nation's development strategy is to overlook and misunderstand what is truly needed to achieve sustainable development. Roads, water systems, and infrastructure investments needed to connect people to markets and services are not likely to be the result of remittance flows. Yet they are indispensable for development if individuals and communities are to have true choices in the long term. Because remittances provide a lifeline for large numbers of the disadvantaged in a society like Mexico, they can actually cushion the society and leaders from making hard decisions and setting priorities about development seen from this vantage point.

Can policy reconcile these differing perspectives? Does Mexico's Three-for-One Program provide a model for how public policy might bridge household survival goals with broader public development needs? How is the program functioning? Is it effective? Would scaling up carry with it the potential for more wide-ranging development results? Are there lessons to be learned from comparative experiences in other countries or regions?

Finally, there are profound issues of equity to examine in the juxtaposition of issues surrounding remittances and development. Remittance flows create winners and losers in communities and for a nation. If remittances are the only or the dominant path for escaping poverty, then migrant families are the highly advantaged, and the future for others is bleak indeed. Government actions—tacit or not—that offer little hope to the poor but to accept the terrible risks of international migration in order to provide for their families are cynical and do not measure up to the basic international norm of taking responsibility for the well-being of their citizens.

MIGRATION AND U.S. IMMIGRATION POLICIES AND PRACTICE

It is critical to develop a more refined understanding of the extent to which Mexico-U.S. migration and its effects are a consequence of U.S. and, to a lesser degree, Mexican policies, or whether they are fundamentally a manifestation of deeper forces, such as the laws of economic supply and demand, globalization, interdependent labor markets, and transnational economies.

We know that U.S. policy actions have influenced migration patterns and outcomes dating decades into the past. The Bracero Program, introduced during World War II to meet labor shortages in agriculture, lasted for almost 25 years. It gave rise to deeply embedded migration patterns for generations of workers and communities in both countries. When Congress ended it, responding to the 1960s consciousness of civil rights imperatives and widespread abuses that characterized the program, the labor market interdependence that had become institutionalized between the two countries continued, but the workers became illegal aliens.

Similarly, the Immigration Reform and Control Act of 1986 (IRCA) provided the opportunity for legalization to people without legal status. About 2.5 million Mexican nationals were beneficiaries, subsequently became lawful residents and citizens, sponsored family members, and now constitute the largest nationality group immigrating to the United States.

The success of IRCA's legalization provisions stands in marked contrast to its employer-enforcement provisions, which were flawed in both design and implementation. Over time, those have proven to be fatal flaws, because legal status has not become a labor standard for hiring and employment practices in many sectors of the economy, and the size of the illegal population has ballooned to levels significantly higher than when the law was enacted.

Massive investments to strengthen border controls along the U.S.-Mexico border began in the 1990s and have continued. Another example of national policy, border enforcement, has also markedly affected migration patterns and outcomes and has had unintended consequences for both the migrants and our two nations. Unauthorized flows of migrants are now primarily across the Arizona border, instead of through California (south of San Diego) and Texas (through El Paso). The dangers of crossing have escalated because of the intense summer heat and isolated expanses of the Arizona desert. These difficulties, along with more effective enforcement overall, have increasingly led migrants to stay in the United States once they arrive as well as to bring their families across more quickly.

This is a sharp contrast with the long-standing pattern of circularity in migration, occurring for several years or more preceding permanent settlement in the United States, which characterized Mexican migration for decades. The change has had profound, largely unforeseen implications, including in politics and diplomacy. Some analysts report that the issue Mexican voters raised most frequently and insistently with Vicente Fox when he campaigned for Mexico's presidency was the difficulty of crossing the border into the United States. It led to his placing the issue of a migration accord at the top of Mexico's bilateral agenda. This had never happened in the history of the relationship. The lack of progress on the migration issue has been a major disappointment for the Fox administration and has contributed importantly to widespread public disappointment with his leadership.

So, there is little doubt that national policies, especially those of the United States, matter greatly in helping to understand Mexican migration and in thinking about actions that might shape the road ahead. Nonetheless, immigration policy does not account for the economic boom of the 1990s, the longest sustained period of job growth in U.S. history, the demographics of aging in the United States and younger workers in Mexico, and the growth of a large, low-wage service economy that has replaced the industrial economy of earlier years. In the face of these overarching societal and global trends, it is important not to rely too heavily on the idea that migration policy can be the ultimate arbiter for the future.

Instead, the conceptual task should perhaps be more one of imagining how to manage, channel, and mitigate migration realities in a world of increasing economic interdependence and shrinking populations in the developed world and growing numbers of working-age people in many less developed countries.

An example of the difficulties and urgency of gaining a better understanding is illustrated in the research done in the municipality of Jerez (see García Zamora and Orozco and Welle in this volume). The research on the town of Jerez shows that the well-being of a sizeable share of the population depends on family remittances. In the rural areas of the municipality, well-being is improving based on the flow of collective remittances into those communities. There is a contradiction here with United States immigration policy, whose principal goal is family unification. Legal immigration is built on the premise of settlement in the United States with family members. (Family is defined in the statute as spouses, minor children, parents, and siblings.) From the standpoint of social policy, this goal contributes to the well-being of both the migrant and American communities.

However, the implication for migrant-sending communities is that the period during which those in the United States are likely to remit is relatively short because close relatives are not likely to be left behind for long, and once together in the United States, a family will focus on building a new life in a new place. This is consistent with the Jerez research, which documents that the remittances levels began to abate about 12 years after the passage of IRCA. A broad-based legalization program in the United States would probably shorten that timeline.

One lesson is that anti-poverty policies that rely heavily on international migration to buttress household survival are precarious. This helps to explain why Mexico has placed such a high value on migrant circularity and guest-worker approaches, which institutionalize a continual replenishment of the flow. That, in turn, generates continuing remittances. An unanswered question is whether policy can bridge the divide between these differing migration objectives for the two countries.

A broad array of similar questions is suggested by the debate that is unfolding around President George W. Bush's call for U.S. immigration policy reform that is grounded in a large-scale guest-worker scheme. Such a program would be open to all countries, but Mexico would be the dominant participant. Mexico has called for such a program since President Vicente Fox took office in 2000.

The Bush proposal has not been fully developed, but one of its criteria would be permission for temporary worker status in the United States for three years, with the possibility of an additional stay for three more years. After six years, the worker would be required to return, and the permission to be in the United States for work purposes could not be a precondition for obtaining permanent status or citizenship. Proponents of this proposal often say that the money the workers would earn could help them create new businesses in their communities of origin, which would contribute to the development of their countries.

Can such a policy framework succeed? Interviews that have been carried out by the Pew Hispanic Center with undocumented migrants in response to the president's proposal show that most migrants do not intend to return to their home communities.[1] They prefer to take their chances in the U.S. labor market, its difficulties notwithstanding. As to entrepreneurship, the data for the town of Jerez show very low levels of new business formation and a culture that is risk averse (see García Zamora in this volume). These examples illustrate the wide gap between what we know and what decision makers assert, indicating that this is ripe for analysis and debate.

In the current debate, the approach that is being swept aside is a policy framework based on the traditional precepts of U.S. immigration policy, which has been to encourage permanent immigration and settlement of people who can make desirable contributions. Within that policy framework, migrants have historically prospered in the United States. Contributions to their home countries and communities have been a function of the dynamics of their diasporas, not of circularity in the migrant-labor sense. To understand the effects on communities and national development of the diaspora model, one might look at comparative examples, such as India and China.

Broadening the migration policy discussion in such ways would almost inevitably lead to considerations of global equity. Equity issues are clearly suggested by the research that has been presented but are almost entirely absent from the public debate. Where Mexico and the United States are

[1] For more information on the Pew study, see "Survey of Mexican Migrants (Part I): Attitudes about Immigration and Major Demographic Characteristics," by Roberto Suro, Director, Pew Hispanic Center, March 2, 2005 (available at www.pewhispanic.org).

concerned, issues of equity are particularly troubling and unanswered in the policy preferences being advanced by the presidents of both countries. That is not surprising, for the two countries are locked into a relationship of twin addictions: Mexico is addicted to remittances; the United States is addicted to cheap labor, which is largely illegal. As a result, Mexicans have few rights, few true choices, and when crossing the border, take great risks, including, for some, death.

Further institutionalizing this asymmetry through a guest-worker program could deepen existing development inequities and reduce the likelihood that Mexico would make the difficult systemic changes required to accomplish a transformational development agenda that would improve the life chances and prospects for all its citizens. Most observers and experts agree that Mexico needs to make comprehensive reforms in many sectors (energy, banking, education, and so forth), which would create an enabling environment conducive to entrepreneurship and investment, so that higher wages and standards of living can ensue. Research and policy analysis should look at guest-worker and other immigration-reform proposals in light of these overall goals and questions of equity.

Significados para las Políticas Migratorias Estados Unidos–México

Doris Meissner

Las investigaciones presentadas en este volumen revelan tanto las oportunidades como los límites de la migración y las remesas para el fortalecimiento del desarrollo equitativo en México. Estamos ante una evolución en la que se modifican los patrones y las comunidades devienen realmente transnacionales. Pueblos que alguna vez contaron con un fuerte flujo de remesas ya no las reciben, y otras comunidades apenas están comenzando a experimentar la emigración masiva de su población en edad laboral y una afluencia de nuevos recursos. Estos desplazamientos plantean interrogantes a los responsables de la formulación de políticas. Debemos preguntarnos cuáles son las implicaciones probables para individuos, familias y comunidades en México cuando los flujos de remesas disminuyen o desaparecen. Debemos considerar cómo apalancar mejor el uso de remesas para el bienestar de las comunidades que dependen de ellas. Está claro que las políticas de ambos lados de la frontera mexicano-estadounidense requieren de un mayor análisis y comprensión de las realidades de la migración y la pobreza en México.

Si generalizamos a partir de los resultados de investigación presentados en otros capítulos de esta obra, las cuestiones que sugieren en lo referente a políticas corresponden a tres grandes áreas: (1) banca y transferencias de remesas; (2) desarrollo, con un énfasis especial en la relación entre migración y desarrollo, y (3) políticas y prácticas migratorias.

Traducido por Mario Samper.

BANCA Y TRANSFERENCIAS DE REMESAS

El principio central que debe orientar a investigadores y tomadores de decisiones en relación con las remesas es que el dinero se gana en forma privada y es propiedad privada. En otras palabras, pertenece a los migrantes que para ganarlo han trabajado duro, desafiando a las condiciones más adversas, a menudo afrontando viajes peligrosos para cruzar la frontera entre los Estados Unidos y México. Esto significa que las propuestas en el sentido de que los gobiernos deberían cobrar impuestos sobre este dinero, o que los empleadores deberían retener un porcentaje de las ganancias para invertir en fondos para el desarrollo o para otros usos públicos, no son ideas que debamos endosar.

Al mismo tiempo, la cantidad de remesas es enorme. Sólo en México, las remesas representan en la actualidad unos US$16 mil millones al año, y esta estimación probablemente es conservadora. Las remesas constituyen la segunda fuente de divisas más importante de ese país, después del petróleo. Así, aunque la función primordial de las remesas en México es la supervivencia familiar, la existencia de este dinero plantea cuestiones e interrogantes más amplias.

¿Cuáles son los costos para los migrantes de enviar dinero a México? ¿Son excesivos esos costos? ¿Cómo pueden reducirse? ¿Hay espacio para una mayor competencia en la transferencia de esos fondos? ¿Qué cambios de políticas se requerirían de las instituciones financieras y de los gobiernos para fortalecer la competencia en este ámbito? ¿Pueden las transferencias de remesas contribuir a la construcción de un mercado crediticio más vigoroso en México, que permita a los individuos ganar intereses por el dinero que transfieren, obtener préstamos sobre ese dinero, o ahorrar y tejer redes de seguridad social en salud o educación, por ejemplo? ¿Qué funciones deberían desempeñar a este respecto el sector privado, el gobierno, la filantropía y otras instituciones de la sociedad civil? ¿Cómo pueden activarse esas funciones?

DESARROLLO

La siguiente categoría de cuestiones se refiere a la relación entre la supervivencia familiar y el desarrollo económico en su sentido más amplio. Algunos analistas afirman que las remesas son la estrategia de desarrollo más eficaz que se practica actualmente. Más que cualquier otro sistema, éste realmente hace llegar dinero a quienes lo necesitan más, y a menudo produce mejoras impresionantes en las circunstancias de vida de los pobres.

Los receptores toman decisiones sobre sus propias necesidades y esas decisiones son racionales. Debería tenerse la confianza de que comprenderán y actuarán sabiamente de acuerdo con sus propios intereses.

Otros argumentan que, aunque esa idea es cierta y defendible, depender de las remesas como componente central de la estrategia de desarrollo de una nación significa dejar de lado y no comprender lo que en realidad se necesita para lograr un desarrollo sostenible. No es probable que el flujo de remesas resulte en los caminos, los sistemas de agua y las inversiones de infraestructura que requiere la gente para conectarse con los mercados y los servicios. No obstante, las remesas son indispensables para el desarrollo si los individuos y las comunidades han de tener verdaderas opciones de largo plazo. Puesto que sirven de salvavidas a un gran número de personas desfavorecidas en una sociedad como la mexicana, ellas pueden efectivamente, desde el punto de vista del desarrollo, atenuar la necesidad de que la sociedad y los dirigentes tomen decisiones difíciles y fijen prioridades.

¿Pueden las políticas reconciliar estas perspectivas distintas? ¿Brinda el Programa Tres por Uno de México un modelo de cómo podrían las políticas públicas tender un puente entre las metas de supervivencia familiar y las generales necesidades de desarrollo público más amplias? ¿Cómo está funcionando el programa? ¿Es eficaz? ¿Podría el dimensionamiento del programa a mayor escala conllevar el potencial de alcanzar resultados de más largo alcance en cuanto al desarrollo? ¿Qué lecciones podemos aprender de la comparación con experiencias de otros países o regiones?

Finalmente, hay profundas cuestiones de equidad para el análisis en la yuxtaposición de las cuestiones que giran en torno a las remesas y el desarrollo. Los flujos de remesas crean ganadores y perdedores en las comunidades y para una nación. Si las remesas son la única ruta para escapar de la pobreza, o la ruta predominante para ello, entonces las familias migrantes son muy privilegiadas, mientras que el futuro de las demás ciertamente es poco prometedor. Las acciones –tácitas o no– del gobierno que ofrecen poca esperanza a los pobres, salvo la aceptación de los terribles riesgos de la migración internacional a fin de sostener a sus familias, son cínicas y no cumplen con la norma internacional básica de asumir la responsabilidad por el bienestar de sus ciudadanos.

LA MIGRACIÓN Y LAS POLÍTICAS Y PRÁCTICAS MIGRATORIAS

Es crucial desarrollar una comprensión más refinada del grado en que la migración entre México y los Estados Unidos y sus efectos son consecuencia de políticas estadounidenses y, en menor grado, mexicanas, o si básicamente son la expresión de fuerzas más profundas, tales como las leyes de la oferta y la demanda económicas, la globalización, los mercados laborales interdependientes y las economías transnacionales.

Sabemos que las acciones estadounidenses en sus políticas han influido en los patrones migratorios y en los resultados desde hace décadas. El Programa Bracero, implementado durante la Segunda Guerra Mundial para resolver la escasez de brazos en la agricultura de los Estados Unidos, duró casi 25 años. Dio origen a patrones migratorios fuertemente arraigados en generaciones de trabajadores y comunidades de ambos países. Cuando el Congreso puso fin a este programa, en respuesta a la conciencia de los años sesenta sobre los imperativos de los derechos civiles y los generalizados abusos que caracterizaron al programa, continuó la interdependencia del mercado laboral que se había institucionalizado entre los dos países, pero los trabajadores se convirtieron en extranjeros ilegales.

De manera semejante, la Ley de Reforma y Control de la Inmigración (Immigration Reform and Control Act, IRCA), de 1986, brindó la oportunidad de regularizar su situación a personas que carecían de condiciones de legalidad. Alrededor de 2,5 millones de mexicanos se beneficiaron de esta ley, los que posteriormente se convirtieron en residentes legales y ciudadanos, ayudaron a miembros de sus familias a migrar, y actualmente conforman el mayor grupo nacional inmigrante en los Estados Unidos. El éxito de las disposiciones de la IRCA sobre legalización contrasta fuertemente con sus disposiciones relativas a los empleadores, que tienen fallas tanto de diseño como de ejecución. Con el tiempo, estas fallas han demostrado ser funestas, pues la condición de legalidad no se ha convertido en una norma laboral para las prácticas de contratación y empleo en muchos sectores de la economía, y el tamaño de la población ilegal se ha incrementado hasta niveles bastante más altos que los que prevalecían cuando se aprobó la ley.

Las inversiones masivas en controles reforzados en la frontera entre los Estados Unidos y México se iniciaron en los años noventa y han continuado. Otro ejemplo de políticas nacionales, el control fronterizo, también ha afectado notablemente a los patrones y resultados migratorios, y ha tenido consecuencias imprevistas tanto para los migrantes como para nuestras dos naciones. Los flujos no autorizados de migrantes ahora pasan primordialmente por la frontera de Arizona, ya no tanto por California (al sur de San Diego) y Texas (por El Paso). Los riesgos al cruzar se han incrementado por el intenso calor del verano y las amplias extensiones aisladas del desierto de Arizona. Estas dificultades, junto con un control que en términos generales es más eficaz, han llevado a que los migrantes permanezcan cada vez más en los Estados Unidos una vez que llegan y, también, a que traigan más rápidamente a sus familias.

Esto contrasta fuertemente con el patrón de circularidad migratoria establecido desde tiempo atrás, según el cual los migrantes iban y venían por varios años antes de establecerse permanentemente en los Estados Unidos, lo que fue una característica de la migración mexicana durante varias décadas. El cambio ha tenido hondas consecuencias, la mayoría de ellas imprevistas, incluso en la política y la diplomacia. Algunos analistas señalan que la cuestión planteada más frecuente e insistentemente a Vicente Fox durante su campaña por la Presidencia de México fue la dificultad de cruzar la frontera hacia los Estados Unidos. Esto nunca había sucedido en la historia de esta relación. La falta de avances en la cuestión migratoria ha desilusionado a la administración Fox y ha contribuido a la insatisfacción generalizada con su liderazgo.

Así, pues, hay pocas dudas de que las políticas nacionales, especialmente las de los Estados Unidos, son muy importantes para comprender la migración mexicana y para pensar en acciones que puedan dar forma al camino por seguir. No obstante, las políticas migratorias no explican el auge económico de los años noventa, el período más prolongado de crecimiento del empleo en la historia del país, los datos demográficos de envejecimiento en los Estados Unidos y de trabajadores más jóvenes en México, y el crecimiento de una amplia economía de servicios, con bajos salarios, que ha sustituido a la economía industrial anterior. Teniendo en mente estas tendencias generales en el plano de la sociedad y del mundo, es importante no contar demasiado con la idea de que las políticas migratorias se conviertan en el árbitro último del futuro.

En cambio, la tarea conceptual podría ser más bien imaginar cómo manejar, canalizar y atenuar las realidades de la migración en un mundo de interdependencia económica en aumento y poblaciones decrecientes en el mundo desarrollado y cantidades crecientes de personas en edad de trabajar en muchos países menos desarrollados.

Un ejemplo de las dificultades y de la urgencia de lograr una mejor comprensión es la investigación realizada en el municipio de Jerez (véase García Zamora, y Orozco y Welle en este volumen). La investigación en el pueblo de Jerez muestra que el bienestar de una parte considerable de la población depende de las remesas familiares y que en las zonas rurales del municipio el bienestar está mejorando gracias al flujo de remesas colectivas. Aquí hay una contradicción con la política migratoria estadounidense, cuya meta principal es la unificación de las familias. La inmigración legal se basa en la premisa del establecimiento en los Estados Unidos con miembros de la familia. (La familia se define legalmente como el grupo de cónyuges, hijos menores de edad, padres y hermanos). Desde el punto de vista de la política social, esta meta contribuye al bienestar de las comunidades tanto migrantes como estadounidenses.

No obstante, la consecuencia para las comunidades expulsoras de migrantes es que el período en que probablemente envíen remesas quienes se encuentran en los Estados Unidos es relativamente corto, pues resulta poco probable que los parientes cercanos queden atrás por mucho tiempo, y una vez que esté junta en los Estados Unidos la familia concentrará sus esfuerzos en construir una nueva vida en un nuevo lugar. Esto concuerda con la investigación sobre Jerez, que muestra cómo la cantidad de remesas comenzó a declinar 12 años después de la aprobación de la IRCA. Un amplio programa de legalización en los Estados Unidos podría probablemente acortar ese tiempo.

Una lección es que las políticas contra la pobreza que dependen fuertemente de la migración internacional para sostener la supervivencia familiar son precarias. Esto contribuye a explicar por qué México ha puesto tanto énfasis en la circularidad migratoria y en los enfoques de trabajador huésped, que institucionalizan una constante reposición del flujo. Ello, a su vez, genera remesas continuas. Una pregunta no resuelta es si las políticas pueden tender un puente sobre la línea divisoria entre esos objetivos discrepantes de los dos países en lo referente a la migración.

El debate sobre el llamado del Presidente George W. Bush en favor de una reforma de la política de inmigración que se base en un programa de trabajador huésped a gran escala sugiere un amplio conjunto de interrogantes parecidas. Un programa de este tipo estaría abierto a todos los países, pero México sería el principal participante. Este país ha estado pidiendo un programa de este tipo desde que, en el 2000, asumió el poder el Presidente Vicente Fox.

La propuesta de Bush no se ha desarrollado por completo, pero uno de sus criterios sería autorizar a los migrantes su permanencia como trabajador temporal en los Estados Unidos durante tres años, con la posibilidad de una estadía adicional de otros tres años. Después de seis años, el trabajador tendría que regresar a su país, y el permiso para trabajar en los Estados Unidos no implicaría que se pudiera obtener el estatus permanente o la ciudadanía. Quienes impulsan esta propuesta a menudo dicen que el dinero que podrían ganar los trabajadores los ayudaría a crear nuevas empresas en sus comunidades de origen, lo cual contribuiría al desarrollo de sus países.

¿Podría tener éxito un marco de políticas como ése? Una serie de entrevistas realizadas por el Pew Hispanic Center con migrantes indocumentados en respuesta a la proposición del presidente muestra que la mayoría de los migrantes no tiene la intención de regresar a sus comunidades de origen.[1] Prefieren apostarle al mercado laboral estadounidense, a pesar de sus dificultades. En cuanto al empresariado, los datos del pueblo de Jerez muestran muy bajos niveles de formación de nuevas empresas y una cultura con aversión al riesgo (véase García Zamora en esta obra). Estos ejemplos muestran la gran brecha existente entre lo que sabemos y lo que afirman los tomadores de decisiones, lo cual sugiere que es oportuno analizar y debatir esta cuestión.

En el debate actual, el enfoque que se está haciendo a un lado es un marco de políticas basado en los principios tradicionales de la política migratoria estadounidense, que ha sido estimular la inmigración y el asentamiento permanente de personas que pueden hacer contribuciones valiosas. En este marco de políticas, históricamente los migrantes han prosperado en los Estados Unidos. Las contribuciones a sus países y comunidades de origen han estado en función de la dinámica de sus diásporas, no de la circularidad en el sentido del trabajo migrante. Para comprender los efectos del modelo de diáspora en las comunidades y el desarrollo nacional, uno puede observar ejemplos comparados, tales como India y China.

La ampliación de la discusión sobre políticas migratorias por estas vías conduciría casi inevitablemente a consideraciones de equidad en el plano mundial. La investigación aquí presentada trata claramente cuestiones de equidad, pero las mismas están casi totalmente ausentes en el debate público. En lo referente a México y los Estados Unidos, las cuestiones de equidad son especialmente preocupantes e irresueltas en las preferencias de políticas impulsadas por los presidentes de ambos países. Esto no es sorprendente, pues los dos países se encuentran atrapados en una relación de dobles adicciones: México es adicto a las remesas; Estados Unidos, a la mano de obra barata, que en gran medida es ilegal. En consecuencia, los mexicanos tienen pocos derechos, pocas verdaderas opciones, y al cruzar la frontera asumen grandes riesgos, incluyendo, para algunos, la muerte.

---

[1] Para más información sobre el estudio del Pew Hispanic Center, véase Roberto Suro (director), "Survey of Mexican Migrants (Part I): Attitudes about Immigration and Major Demographic Characteristics," Pew Hispanic Center, 2 de marzo de 2005 (disponible en www.pewhispanic.org).

Una mayor institucionalización de esta asimetría a través del programa de trabajador huésped podría ahondar las actuales inequidades en desarrollo y reducir la probabilidad de que México pueda efectuar los difíciles cambios sistémicos que se requieren para lograr una agenda de desarrollo transformadora que mejore las oportunidades y perspectivas de vida para todos sus ciudadanos. La mayoría de los observadores y expertos concuerda en que México debe realizar reformas integrales en muchos sectores (energía, banca, educación, y otros parecidos), lo cual crearía un ambiente propicio para la actividad empresarial y la inversión, de modo que puedan lograrse salarios y niveles de vida más altos. Las investigaciones y los análisis de políticas deberían abordar el proyecto del trabajador huésped y otras propuestas de reforma migratoria a la luz de estas metas generales y cuestiones de equidad.

The Authors

EMMANUELLE BOUQUET is a rural development and rural finance specialist who has lived in Mexico for 12 years, conducting academic and applied research on those topics. She has collaborated with the Mexican federal government, donors, and major rural finance and microfinance networks. Dr. Bouquet has published papers on rural household economics and policy analysis, including a policy report on rural finance that was published by the Commission for Rural Development of the Mexican Congress. She holds a PhD in rural development economics from the University of Montpellier, France.

KATRINA BURGESS is assistant professor of international political economy at The Fletcher School, Tufts University. Her research focuses on international and comparative political economy, political economy of development, comparative politics, and Latin American politics. She has written numerous articles on labor politics, Mexican political economy, and U.S.-Mexican relations. Dr. Burgess received a master's degree from the University of Southern California, and a doctorate in politics from Princeton University.

LINCOLN CHEN is a renowned expert on international public health, population, and social development, and he has published extensively on world social development. He founded the Global Equity Initiative in 2001 when he returned to Harvard after serving as executive vice president for strategy at the Rockefeller Foundation. From 1987 to 1996, he was professor at the Harvard School of Public Health and director of the Harvard Center for Population and Development Studies. For 14 years, he worked with the Ford Foundation in India and Bangladesh. Dr. Chen received his MD from Harvard Medical School.

RODOLFO GARCÍA ZAMORA is professor of economics at the Universidad Autónoma de Zacatecas (UAZ) in Mexico, where he also conducts research with the UAZ doctoral program on development. Dr. García specializes on U.S.-Mexico migration, regional development, and migrant remittances, and he has authored six books and numerous articles. He is a member of the Sistema Nacional de Investigadores (level I), the Red Economía Social, and the Foro Migraciones in Mexico. Dr. García received a doctorate in economics from the Universidad Autónoma de Barcelona in Spain.

DORIS MEISSNER, former commissioner of the U.S. Immigration and Naturalization Service (INS), is currently a senior fellow at the Migration Policy Institute, where she conducts policy research on U.S. immigration policy and immigration policymaking in an era of globalization. While INS commissioner from 1993 to 2000, her accomplishments included reforming the nation's asylum system, creating new strategies for managing U.S. borders in the context of open trade, improving services for immigrants, and strengthening cooperation with Mexico, Canada, and other countries.

BARBARA MERZ leads the Philanthropy Program at the Global Equity Initiative. Prior to joining the Initiative, Ms. Merz worked with the Hewlett Foundation, promoting strategic philanthropy and international giving. She has worked in the private sector for McKinsey & Company in the United States, Europe, and South Africa. Ms. Merz was awarded a Fulbright Fellowship to research indigenous rights and international law in New Zealand. She received the juris doctorate from Stanford Law School, an MA in politics from Victoria University, and an AB in public policy from Princeton University.

MANUEL OROZCO is a senior fellow for the Inter-American Dialogue, director for the Remittances and Development Program, and chair of Central America and the Caribbean at the United States Foreign Service Institute. In addition to his academic work, he has been a policy consultant, developing programs on democracy and governance issues as well as on migration and remittances. Dr. Orozco holds a doctorate in political science, a master's degree in public administration and Latin American studies, and a degree in international relations from the National University of Costa Rica.

KATHERINE WELLE has research interests in political science and international affairs, with an emphasis on Latin America and migration studies. While working with the Inter-American Dialogue, Ms. Welle conducted field research, including interviews with community and hometown association leaders from municipalities in Zacatecas, Mexico. Ms. Welle is a graduate of Colorado College.

Los Autores

EMMANUELLE BOUQUET, doctora en economía del desarrollo rural por la Universidad de Montpellier, en Francia, es una especialista en desarrollo y finanzas rurales que ha vivido en México durante 12 años realizando investigaciones académicas y aplicadas sobre esos temas. La Dra. Bouquet ha sido colaboradora del gobierno federal mexicano, de agencias donantes y de importantes redes financieras y microfinancieras rurales. Entre sus publicaciones se cuentan trabajos sobre economía doméstica rural y análisis de políticas, incluyendo un informe de políticas sobre finanzas rurales que fue publicado por la Comisión de Desarrollo Rural del Congreso de la República Mexicana.

KATRINA BURGESS obtuvo su maestría en la University of Southern California y es doctora en política por la Princeton University. Es profesora auxiliar de economía política internacional en The Fletcher School de la Tufts University. Sus investigaciones están centradas en economía política comparada e internacional, economía política del desarrollo, política comparada y política latinoamericana. Ha escrito numerosos artículos sobre política laboral, economía política mexicana y relaciones Estados Unidos–México.

LINCOLN CHEN es un connotado experto en salud pública internacional, población y desarrollo social, y ha publicado una gran cantidad de textos sobre desarrollo social mundial. Fundó la Global Equity Initiative en el 2001, tras su regreso a Harvard después de fungir como vicepresidente ejecutivo de estrategia en la Fundación Rockefeller. Entre 1987 y 1996 fue profesor en la Escuela de Salud Pública de Harvard y dirigió el Harvard Center for Population and Development Studies. Durante 14 años trabajó con la Fundación Ford en India y Bangladesh. El Dr. Chen obtuvo su título de médico en la escuela de medicina de la Harvard University.

RODOLFO GARCÍA ZAMORA es profesor investigador de economía en la Universidad Autónoma de Zacatecas, en México, y también realiza investigaciones en el programa del doctorado en estudios de desarrollo por la misma universidad. El Dr. García se especializa en la migración de México a los Estados Unidos, desarrollo regional y remesas de migrantes. Ha publicado seis libros y numerosos artículos. Es miembro del Sistema Nacional de Investigadores (nivel I), de la Red Economía Social y del Foro Migraciones en México. El Dr. García obtuvo el doctorado en ciencias económicas en la Universidad Autónoma de Barcelona, en España.

DORIS MEISSNER, comisionada del U.S. Immigration and Naturalization Service (INS) entre 1993 y el 2000, actualmente es investigadora distinguida en el Migration Policy Institute, donde estudia las políticas estadounidenses sobre inmigración y la formulación de esas políticas en el ámbito de la globalización. Como comisionada del INS tuvo logros como la reforma del sistema de asilo de los Estados Unidos, la creación de nuevas estrategias para el manejo de las fronteras estadounidenses en un contexto de libre comercio, el mejoramiento de los servicios para inmigrantes y el fortalecimiento de la cooperación de los Estados Unidos con México, Canadá y otros países.

BARBARA MERZ dirige el Programa de Filantropía en la Global Equity Initiative. Antes de incorporarse a la Iniciativa, la Lic. Merz laboró para la fundación Hewlett, impulsando la filantropía estratégica y las donaciones internacionales. Ha trabajado en el sector privado para McKinsey & Company en los Estados Unidos, Europa y Sudáfrica. La Lic. Merz recibió una Beca Fulbright para estudiar los derechos indígenas y el derecho internacional en Nueva Zelanda. Obtuvo el doctorado en derecho de la Stanford Law School, la maestría en ciencias políticas de la Victoria University y el bachillerato en políticas públicas de la Princeton University.

MANUEL OROZCO es investigador distinguido del Inter-American Dialogue, director del Programa de Remesas y Desarrollo, y presidente para Centroamérica y el Caribe del United States Foreign Service Institute. Además de su trabajo académico, ha sido consultor de políticas y ha desarrollado programas sobre cuestiones de gobernanza y democracia, así como también sobre migraciones y remesas. El Dr. Orozco tiene el doctorado en ciencias políticas, la maestría en administración pública y estudios latinoamericanos, y un título en relaciones internacionales otorgados por la Universidad Nacional de Costa Rica.

KATHERINE WELLE es especialista en ciencias políticas y asuntos internacionales, con énfasis en América Latina y en el estudio de las migraciones. En su etapa de colaboración con el Inter-American Dialogue, la Lic. Welle efectuó investigación de campo, incluyendo entrevistas con dirigentes de clubes de migrantes y con líderes de comunidades de diversos municipios del estado de Zacatecas, México. Se graduó en el Colorado College.

Index

Índice